地方財政論

持田信樹［著］

東京大学出版会

PRINCIPLES AND PRACTICE OF LOCAL GOVERNMENT FINANCE
Nobuki MOCHIDA
University of Tokyo Press, 2013
ISBN 978-4-13-042140-9

はしがき

地方公共団体は，私たちに身近な公共サービスを提供している．地方公共団体の「家計」に相当するのが，地方財政である．個人の所得や消費が増えても，例えば町並み，医療，福祉など集合的消費財である身近な公共サービスに不具合が生じると，豊かさやゆとりは実感できない．また財政の仕組みを理解するには，「遠い」存在である国よりも，「目の届く」範囲にある地方財政の方が，素材としてはわかりやすい．

本書は，多様な地方政府の経済活動を理論的・制度的・政策的な側面から明らかにしようとした大学生向けの教科書である．私がこの教科書を書いたのは，学生が理解しやすいように工夫された知識を受動的に丸暗記するのではなく，物の考え方や理論を実際の問題に応用する能力を養う教材を提供したいという動機からである．そのために，専門用語の百科全書的な解説や興味津々の逸話の盛り込みにではなく，経済学・財政学の原理・原則に関する基礎概念から始まって，それがいかに具体的な問題に応用できるかという手順にこだわった．

地方財政に関する優れた教科書は少なくない．本書の教科書としての特色を挙げると，次のようになろう．第1に，世界の理論的潮流に照準を定め，わが国の制度を新たな視点から照らし，あるべき政策を考察していることである．〈理論〉を志向すると，地方財政の〈制度〉に関する理解は浅くなる．〈制度〉の解説を志向すれば，それと表裏一体の関係性にある〈政策〉に関心が傾き，根本にある〈理論〉が手薄になる．本書は，その難題に挑戦し〈制度〉・〈理論〉・〈政策〉を1冊の教科書で有機的に結合して，釣り合いのとれた議論を展開しようとした．大手製菓会社の宣伝文句に「1粒で2度おいしい」というのがある．その顰（ひそみ）に倣うならば，本書は「3度」楽しめるはずである．

第2に，最近の地方財政論の成果を吸収して，所得再分配における地方財政の意義と問題点をやや詳しく概観している．このため，本書では経費論を予算論の一部として展開するのではなく，予算論から独立した３つの章を立てて（教育［４章］，医療・介護［５章］，福祉［６章］），やや詳しく概観した．それによって，地方財政論における歳入論偏重ともいうべき傾向を緩め，経費論の位置づけを高めようとした．地方財政の役割を資源配分機能の世界に閉じ込めるのはやや時代遅れである，という真意を汲んでいただければ幸いである．

第３に，できるだけ消費者・納税者の目線に立ち，地方財政が身近な問題領域であることを実感できるよう工夫した．同時並行的に発生する挿話的出来事，例えば法定外税に関する司法判断等については，各章の「コラム」で言及した．また読者の居住地の地方公共団体に目を向けてもらうよう，各章の最後に決算カードの活用法を紹介した．理解度を確認するための「演習問題」を各章末に配置したが，二者択一の正誤問題や選択問題，あるいは計算問題を精選し，かつ多数収録した．理論を学んでもこれを応用しなければ空疎であるが，応用ばかりで原理・原則との緊張関係を見失うと，独断に陥って危険である．原理・原則と演習問題の間を往還して，自分の頭で考える楽しさを実感されんことを希望する．

本書を学習するには，専門学部において経済学ならびに財政学の基礎を一応習得していることが前提となる．これらの前提知識をいちいち本書に盛り込むことは，紙幅の関係上できない．財政学については，本書の姉妹品ともいうべき持田信樹『財政学』（東京大学出版会）にゆずることにし，脚注に該当ページを記した．また経済理論・財政理論についてはほとんど数式を使わない形で図解などによって説明を加えた．どうしても数式が必要な場合は「補論」に回した．これらの工夫によって，地方財政に関心のある社会人や経済学部以外の専門学部学生でも本書を読み通すことができるだろう．

本書は，東京大学で筆者がここ数年行ってきた講義や少人数演習での講義録が土台になっている．簡潔でありながら奥行きが深く，多様な話題を扱いつつも一本の太い筋が通った教科書となるよう推敲を重ねた．本書の草稿は，学部演習の学生諸君に目を通してもらった．一人ひとりの名前は省略するが，利用者としての立場から真摯かつ厳しい論評を寄せられた諸君に感謝したい．草稿の細部については橋都（はしづめ）由加子氏，演習問題の解答は石田三成氏にそれぞれ細心の検討を加えていただいた．両氏の献身的な支えのおかげで本書を安心して世に送り出すことができる．本書の出版にあたって終始お世話になった東京大学出版会の山田秀樹，大矢宗樹の両氏にお礼を申し上げたい．『財政学』と『地方財政論』を上梓できる機会に恵まれたことは，まことに感慨深い．学者冥利に尽きるというほかない．

2013 年秋

持田信樹

目　次

Column 一覧

第 1 章

現代経済と地方財政

本書は，多様な地方政府の経済活動を理論的・制度的・政策的な側面から明らかにしようとするものである．1章は，次章以降で取り上げるテーマについてのイントロダクションとしての役割を果たしている．はじめに，1節では「等身大の地方財政」像の単純な延長ではなく，確固とした羅針盤の必要性を説く．2節では，「市場の失敗」を是正し，必要な資源の適正な配分を行うことが，政府の大切な役割であることを学ぶ．公共財とは何か，政府はなぜ費用負担を租税に求めるのかという問いかけを行う．

次に3節では，政府は一枚岩ではなく，中央と地方というように重層的な構造になっているのはなぜなのか，その理由について解説する．地方政府の自律的な財政活動には，地域選好の反映や政府間競争等の長所がある．その反面，スピル・オーバー，租税外部性，小規模の不経済といった非効率，不公平が生じる．

4節では，わが国の地方財政のどこがユニークなのかを学ぶ．日本の中央・地方の財政関係は，単純な中央集権型ではない．多くの欧米諸国とは違って，日本では福祉国家化に伴って，その中核をなす業務が上級政府に吸い上げられることなく，市町村なり都道府県なりはほとんどすべての行政分野を担当している．財政力の弱い地方公共団体でもそれが可能なのは，中央が強力な財政力均衡化政策をとっているからである．

1. 地方財政論の意義

地方財政論は，地方政府の経済活動を対象とする学問である．もっとも，この言葉から浮かぶイメージは，人によって様々である．無料で配付される「市政たより」には児童福祉から高齢者福祉に至るまで，福祉サービスが所狭しと列挙されているし，公立図書館を利用したり，市町村の運動場やテニスコートで汗を流したりする経験は誰にでもある．行政サービスには財源による裏付けが必要であるが，勤労者になると居住地の地方公共団体に税金を納める義務を負う．こうして，私たちは**「等身大の地方財政」像**を持つに至る．とはいうものの，地方財政は民間の経済活動とは明らかに異なる行動原理によって動いており，奥が深い．２つの例を挙げてみよう．

はじめに注目しておいてよいのは，給付と費用の対応関係である．私たちがスマートフォンや携帯型ゲーム機を家電量販店で購入するときは，その度に商品の対価を支払っている．個別的な報償関係は可視化される．地方政府の公共サービスも無料ではなく，租税や社会保険料の形で前払いされている．しかし，地方公共団体の供給する公共サービスの消費と，それに対する対価の支払（租税）とは，空間的にも時間的にも切り離されている．すなわち，それぞれ独自に議会で審議される予算を経て決定されるという形をとっている．一般的な報償関係である．地方公共団体の果たしている役割は社会にとって有益であるが，そのものは見えにくく，その便益を数量化することになじまないものが多いのである．

いまひとつは，地方政府の経済活動が非居住者にも影響を及ぼすことに端を発する問題である．私たちは，一国全体の地方財政を直接に「見る」ことはできない．それどころか，ミクロの地方公共団体の活動が合理的であっても，マクロ的に観察すると必ずしも合理的でないことが多い．例えば，地方政府が税制を用いて地域振興を行うことは望ましいことであるが，他の地方公共団体がこれに追随すると，社会全体では資源配分が非効率になることがある．地方政府は税率を引下げることによって，工場を自分の地域に誘致できる．しかし，周辺の地方政府もみすみす工場が流出することを見過ごすことはできないので，やはり税率を引下げて対抗する．両方の地方政府が減税競争をした後では，税収はともに減少しているであろう．部分最適は必ずしも全体最適ではない．合成の誤謬である．

このように，「等身大の地方財政」像を単純に延長するだけでは，地方財政についての理解はいっこうに深まらないし，場合によっては非効率や不公平を助長しかねない．地方財政を理解するためには，確固たる羅針盤が必要である．それが地方財政論を学ぶ意義である．

2. 政府の経済活動

この節では，市場経済システムにおいて政府が存在する理由を明らかにする．現代経済では，希少な資源の配分は原則として市場機構に委ねられている．しかし，市場機構の働きは完全とはいえない．これを「**市場の失敗**」という．このような欠陥を是正し，必要な資源の適正な配分を行うことが，政府の大切な役割である．

2.1 公共部門の規模

はじめに，国民経済計算（SNA）を用いて，公共部門全体の制度を概観しておく（図1.1）．政府の経済活動は，大きく分けて一般政府（行政的な要素が強い活動や，事業的な色彩があるとしてもほとんどサービスの対価の支払を直接に必要としない活動）と，公的企業（独立採算の事業）に分かれる．両者を合わせて公的部門という．

このうち一般政府とは，通常の産業活動では経済的に供給されないような公的サービスを，無償もしくは生産コストを下回る価格で社会に供給している主体である．一般政府は，中央政府と地方政府，そして社会保障基金の3つの主体に分かれる．このうち，中央政府の一般会計と地方政府の普通会計は，経常的支出を主として租税によってまかなう会計であり，政府活動の中心的な部分である．また社会保障基金は，強制的に徴収された掛金（社会保険料）によって，年金の支払等を行う特別会計や組合等を示す．ここには国が運営する厚生年金や，地方公共団体が保険者となる国民健康保険等が含まれている．

公的企業は，原則として政府に所有，支配されている企業のことをいう．製品やサービスを販売して，その対価によって事業を独立採算で行っている

図 1.1　国民経済計算における公的部門

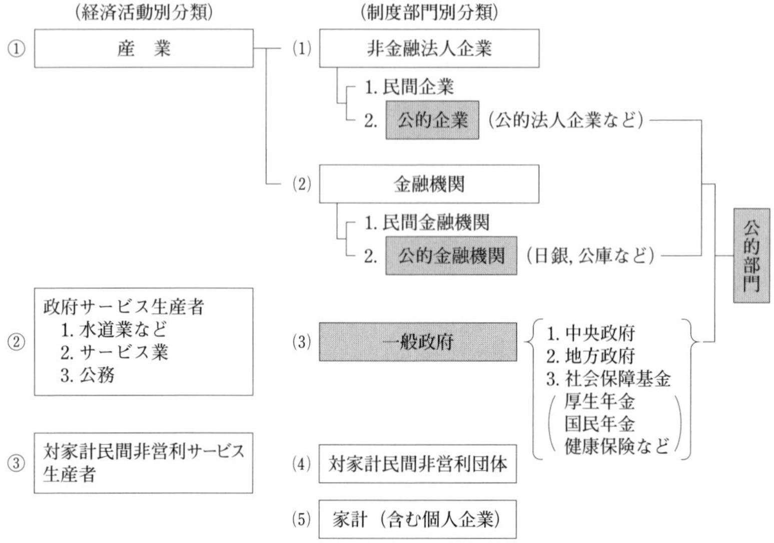

(資料) 西田安範編『図説　日本の財政』平成 24 年度版より.

図 1.2　国内総支出と政府部門

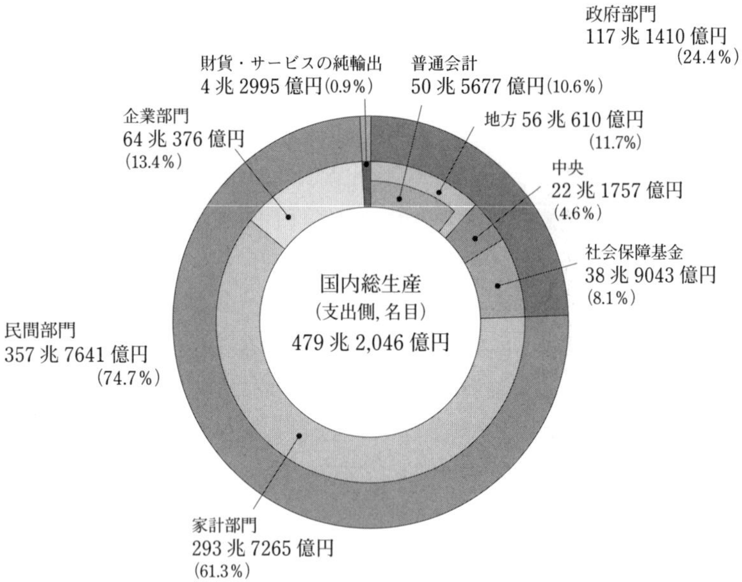

(資料) 総務省編『地方財政白書』平成 24 年度版より作成.

のであり，利潤動機がない点では民間企業とは異なるが，経済活動として似ている点も少なくない．国の特別会計や地方の公営事業会計等が，公的企業に分類されている．

SNA 体系で公的部門をとらえる場合，国内総支出に占める公的支出の割合が有益な指標となる．図 1.2 によると，政府部門の比重は 24.4% とほぼ 4 分の 1 となっている．単一の経済主体でこのような規模を持つ主体は他に存在しえないであろうから，政府規模の大きさが特筆されるべきである．いまひとつ注目されてよいのは，中央政府と地方政府の比率である．国内総支出に地方政府と中央政府が占める比重は，それぞれ 11.7%，4.6% であり，地方が中央と並んで公共部門を支える車の両輪であることがわかる．もっとも「政府支出」の定義に含まれるのは，最終消費と固定資本形成のように，年々の付加価値の生成に貢献するものである．現金による社会保障給付や国債費，補助金といった移転支出は，SNA 体系における公的部門の支出には含まれないので注意が必要である．

2.2　公共財・準私的財の供給

政府の古典的な役割は，社会にとっては必要不可欠とされる財・サービスを国民に提供することである．その典型は，国防，司法，警察，消防等といったサービスである．外交や国防，警察サービスは，社会的に必要なサービスであるが，その利益は広く一般の人々に及び，人々がそのための代償を払ったか否かには依存しない．

例えば，A さんは税を払っていないからといって，A さんの家に泥棒が入っても警察が見て見ぬふりをするわけではないし，他の人の負担で治安がよくなれば，その利益は当然 A さんにも及ぶ．したがって，人々が合理的に行動する限り，進んで費用を負担しようとしないので，市場メカニズムは機能しない．このように，市場が成立しないため政府が供給する役割を担う財・サービスを，**純粋公共財**という．純粋公共財には，ある人の消費と他の人の消費が競合する性質がない．また対価を支払わない人を，消費から排除できない．

しかし，政府は純粋公共財だけを供給しているわけではない．それどころか，純粋公共財の比重はかなり低下している．これに対して，教育，医療，福祉，年金，住宅等対価を支払わない人を，その消費から排除することのできる財・サービスも，政府は供給している．政府の第2の役割は，市場は成立するけれども，その供給が社会的に見て望ましくない結果となる財・サービスを供給することである．市場が成立するが，あえて政府が供給する財・サービスを，**準私的財**という．これらの財・サービスは日本でも，企業年金や私立学校のように民間セクターが供給しているか，もしくは公的部門と私的部門の両方が供給している．例えば，市町村が供給している保育園と同じようなサービスが，私立の幼稚園によって供給されている．それにも関わらず，教育や福祉サービスが政府によって供給されているのは，次のような理由による．

第1は，その便益が直接にサービスを受けた個人を超えて，社会全体に帰属する有益なサービスを供給するためである．このような性質を外部性という．例えば，日本では憲法で義務教育が保障されている．義務教育を受けることは本人が市民生活を営む上でも大変貴重なことであるが，国民一人一人に最低限の知的資源を供与するために，社会全体としても便益が大きい．そのような社会全体への便益（「外部性」という）から見て，義務教育は公共財とされる．すなわち，国民全員の税金によって財源を調達する価値があるとみなされるのである．

第2は，恵まれない人々に教育や保育の機会，介護サービスを等しく保障するためである．これらのサービスを民間部門に任せると，料金が高くなり，そのサービスを受けることができなくなる人々が出てしまう．例えば，義務教育では親が子どもの代わりに教育サービスを受けることを決定している．多くの親は子どもたちへの支出を利他主義的に考え，収益が高いならば子どもたちに投資を行う．しかしそのように考えない親もいるかもしれない．子どもが教育を受けることは，両親の金銭的能力や利他主義的な考え次第によるべきでないという考え方に基づいて，政府は税を財源に，無料で国民に等しく受益の機会を提供している．これは政府の所得再分配機能と呼ばれる．

第3は，民間保険の失敗に対処するために，政府の強制力を用いて人々を保険に加入させて，将来の病気や退職に伴う所得減少等のリスクに備えることである．ある人が知っている情報を別の人が知らないことを，情報の非対称性という．保険会社は，保険に加入する人よりもリスクの性質について少ない情報しか持っていない．経済学では，このように情報の非対称性が大きいときには，民間の保険市場は十分には機能しないことが明らかにされている．政府は自らが社会保険を組織して，この問題に対処しなくてはならない．

2.3　政府の費用負担

政府は「市場の失敗」を是正するために，どのように費用を負担するのだろうか．政府は，日常的な行政事務を遂行するために必要なパソコンや消耗品，公共事業を実施するために必要な原材料，防衛のための戦車や航空機購入の経費を支出している．政府は，公務員や国公立学校の教員，公企業の従業者等に給与を支払う必要がある．

民間企業であれば，財・サービスを生産物市場で販売して代金を獲得し，労働力の購入や設備投資を行う．家計は労働力を販売して賃金を得て，財を購入する．これに対して，政府は排除原則が働かない純粋公共財を供給している．個別的報償関係（個々の財貨・サービスの価格を支払って消費するような関係）なしに，公共サービスを国民に提供しているので，費用を代金で回収することはできない[1]．

それはなぜだろうか．第1に私的財の場合には，他人の負担において供給された財の便益が自分に及ぶことがないのに対して，公共財の場合にはそのような財の便益も自分に及ぶことが（非排除性），費用を代金で回収できない原因である．このことが原因となって発生してしまう，他人の負担に便乗しようとする行動をただ乗りと呼び，各消費者は公共財の負担をしようとしないのである．これを**ただ乗り問題**（free rider problem）という．

第2に，救貧的な所得の再分配も，病気や退職に伴うリスクに備えた社会保険に対する費用負担も，人々の自発的な行動に期待することは難しい．高所得者が，累進税率の所得税で低所得者への現金給付を行う所得再分配に，賛成することはありえないことではない．なぜなら，高所得者の効用水準が自分自身の所得だけではなく，低所得者の所得にも依存している場合には，

1)　経済循環における政府部門について『財政学』（持田信樹，東京大学出版会，2009年．以下同），2–6頁参照．

低所得者の所得増加による効用水準の上昇が，高所得者の所得減少に伴う効用水準の減少より大きい限り，高所得者にとって所得再分配は合理的だからだ．しかし，他人の負担で行われた所得再分配の効用にただ乗りできるので，各人は自発的に所得再分配を行おうとしない．

現在の時点で最も望ましいとされる行動が，将来の時点になると望ましくなくなり，事前の決定が覆される性質を，時間に関する不整合（time inconsistency）と呼ぶ．例えば，将来のリスクに備えないで現役時代を怠惰に生活した人を，政府が救済しないと約束したとする．しかし，老後貧困に苦しむ人々を政府は見て見ぬふりをするだろうか．もし人々が，政府の事前の決定が覆されると予測すると，救済を期待するようになる．このような状況では，人々が自発的に民間保険に加入して，病気や退職に伴うリスクに備える確率は低いだろう．

政府は社会にとって必要不可欠な公共サービスを供給するのに，その費用を代金で回収することや自発的な所得再分配に期待することはできない．この矛盾を解決する方法が，法律によって費用負担を定め，強制的に徴収することである．これが租税であり，社会保険料である．租税は反対給付なしに，強制的に購買力の一部を政府に納めるものであり，それが政府の活動を支える．国民の側から見ると社会の存立のために，そのコストを拠出する義務が生じる．

3. 地方政府の役割

3.1 中央と地方の役割分担

前節では市場経済システムにおいてなぜ，政府が存在するのかを学んだ．しかし，実際には政府は一枚岩ではなく，中央と地方というように重層的な構造になっている．したがって，地方政府の役割を理解するには政府の役割を中央と地方でいかに担当すべきかを押さえておかなければならない．

その際の「政府の役割」として，**マスグレイブ**（Musgrave）による標準的な機能分割，すなわち資源配分機能，所得再分配機能，そして経済安定化機能の3つを念頭に置くのが便利である（Musgrave［1959］）[2]．市場で効率的に配分される私的財と違って，市場の価格メカニズムでは効率的な水準で供給されない性質を持つ公共財を供給することを，資源配分機能と呼ぶ．また，高所得者から低所得者への所得移転に関する政府の役割を，所得再分配機能という．さらに経済は，しばしば不況やインフレーションの状態に陥るが，経済を安定的に保つために政府がなすべき機能を，経済安定化機能と呼んでいる．標準的な考え方によれば，このうち所得再分配機能と安定化機能は中央政府に割当てられるべきであり，地方政府はある種の公共財を供給する資源配分機能に特化すべきであるとされる（Oates［1972］）．

しかし，地方政府の機能は，**サミュエルソン**（Samuelson［1954］）によって定式化された古典的な意味での公共財の供給に限られているわけではない．公共財は，私的財と違って，対価を支払わない人を消費から排除できない（非排除性），ある人の消費が他人の消費量をまったく減少させない（非競合性）という性質がある．本書で明らかにされるように，地方政府の主たる役割は，教育（4章），医療（5章），社会福祉（6章）等の準私的財（quasi-private goods）の供給にある．準私的財というのは，排除性や競合性があるという点では私的財であるが，それにも関わらず政府によって供給されている財である．これらを地方政府が供給していることを効率性の観点だけから正当化することは難しく，所得再分配の必要性や，情報の非対称性の問題に目配りする必要がある．

詳しくは各章にゆずるとして，ここでは国内総支出に占める一般政府の比重を，中央政府，地方政府，社会保障基金の3者に分けて，考察しておく．表1.1によると，一般政府の最終消費支出と公的資本形成のいずれをとっても，中央政府よりも地方政府の方が比重は高い．国民が等しく享受する「現実最終消費」では67%，公共投資等の「総固定資本形成」では75%を占めている．公共財の供給に果たす地方政府の役割の大きいことが特筆されるべきであろう．これに対して，便益の帰属が個別的な「現物社会移転」では，地方政府の比重は26%にとどまる．また現金給付を主体とする「社会給付」においては，15%となっている．しかしこのことは，地方政府が所得再分配機能において脇役の位置にあるということを意味しないのである．こ

2）政府の役割について『財政学』7-13頁参照．

表 1.1　一般政府の支出配分（2010 年度）

	中央政府	地方政府	社会保障基金	小　計
現物社会移転	2.9%	26.7%	70.4%	100.0%
現実最終消費	32.8%	67.1%	0.1%	100.0%
社　会　給　付	1.9%	15.8%	82.3%	100.0%
総固定資本形成	24.7%	75.1%	0.3%	100.0%
総　　　額	11.3%	36.3%	52.4%	100.0%

（資料）内閣府『国民経済計算』より作成.

の点については，3 章 1 節で詳しく説明する.

問題は中央政府と地方政府のどちらが公共財を供給した方が，社会全体の厚生水準が高くなるのかということである．以下では単純化のため，ある国が独立した地方政府から成り立っているとする．各地方政府は，主としてそのメンバーの厚生水準を最大化する意思決定を行っている．独立した地方政府による決定は，国が市民全体の厚生水準を最大化するために行う決定とどこが違うのだろうか．独立した地方政府の意思決定は，メリットがある反面，資源配分の非効率と分配の不公正をもたらすことが明らかになっている．以下では図 1.3 を念頭に置いて，独立した地方政府の優位性と問題点を考えよう．

3.2　スピル・オーバーと規模の経済

独立した地方政府の経済活動がもたらす第 1 の問題点は，地方公共財のスピル・オーバー（漏出）の問題である．便益がある特定の地方政府のメン

図 1.3　独立した地方政府の優位性と問題点

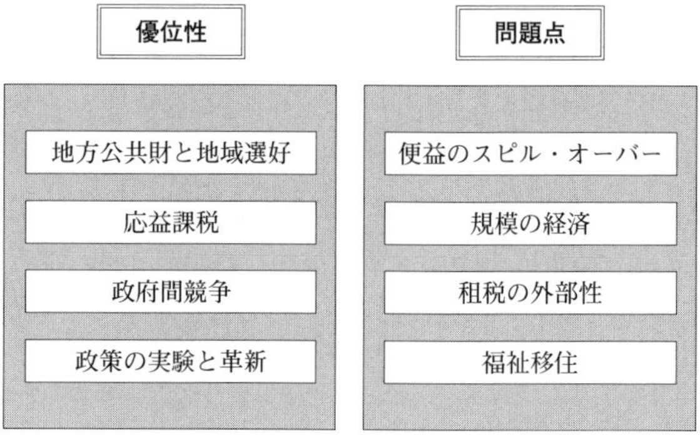

バーに帰属する公共財は，地方公共財（local public goods）と呼ばれる．例えば，埼玉県さいたま市の公共図書館のサービスは，茨城県水戸市の住民の厚生には何ら影響を及ぼさない．

しかし，ある地方政府の公共サービスの便益の一部が，他の地方自治体の非居住者に帰属することは少なくない．例えば，横浜，千葉，埼玉の住民が東京に通ってくるときに，東京は通勤者や通学者に道路整備や水の供給を行わなければならない．これはスピル・オーバー，すなわち行政管轄圏外への便益の漏出問題とも呼ばれる．地方政府は互いに外部性を（正と負の両方）与えあう．もし個々の地方政府がそのメンバーだけに配慮するのであれば，これらの外部性は見過ごされてしまうだろう．標準的な議論によれば，正の外部性が発生すると公共サービスの供給は過少になり，資源配分は非効率になる．

第2の問題点は，規模の経済に関する問題である．公共サービスにおける1人当たりの費用は，利用人口が増大するにつれて逓減する．例えば，公共図書館の利用者が増えると，1人当たりの費用は低下する．したがって，個々の地方政府が別々に図書館を建設すれば，利用者1人当たりの費用は必要最低限のものより高くなってしまう．人口1人当たりの歳出額（縦軸）とそれに対応する当該都市の人口（横軸）を散布図として示した場合，一般的に1人当たり歳出は人口が小さい領域においては逓減し，規模が大きい領域では混雑現象が発生して逓増するというU字型を示す．

林正義（2002）によれば，1人当たりの平均費用が最小になる「**最小効率規模**」の値は，31万人から46万人までの幅を持つ値となり，実際の人口規模が小さい市は推定の対象となった市全体の約94%を占める．反対に中央政府であれば，ひとつの図書館を建設できるので，「規模の経済」の恩恵を受けることができる．もちろん公共サービスの種類ごとに，最適な規模は異なる．地方政府が規模の経済を享受するには，合併や一部事務組合のような共同事業，あるいは民営化といった選択肢がありうる．

3.3 財政外部性と福祉移住

独立した地方政府の経済活動がもたらす第3の問題点は，財政外部性に関わる．地方財政では，ヒト・モノ・カネが地方政府の境界をまたいで自由に移動する．その結果，地方財政では，ある地方政府の租税政策が，他地域に住む住民の厚生に影響を与えることが問題になる．これは財政外部性と呼ばれる．このうち，水平的外部性とは同じレベルの政府間において生じる財政外部性を指すが，それには租税競争と租税輸出がある．

租税競争は，独立した地方政府が租税によって地域振興を行うことは，必ずしも社会全体にとって好ましい状況ではないことを示す現象である．資本の供給が仮に国全体では一定であり，地方政府の間では自由に移動するとしよう．このとき，地方政府は企業誘致を行うため，固定資産税や資本課税の税率を近隣地域より低い水準に下げるだろう（8章を参照）．しかし，近隣地域にとっては逆に企業が流出するので，これに追随して税率を下げざるをえない．その結果，社会全体では非効率な資源配分となり，公共財の供給水準が過少になることが知られている．わが国では，地方税法第6条で認められた課税免除や不均一課税についての裁量権を用いて，地方公共団体は事実上の租税競争を行っている．

次に，**租税輸出**を取り上げよう．観光地のホテル宿泊行為にホテル税を課税すると，他地域の住民や外国人がホテル税を通じて，他地域の税を負担するだろう．このように，非居住者がある地域で行う財・サービスの消費に課税するとき，非居住者に税負担が転嫁・帰着することを租税輸出という．わが国では，平成12年の地方分権一括法による地方税法改正で，法定外目的税が創設された．法定外税の新設にはそれまでは国の許可が必要であったが，総務大臣の同意を要する協議制へと簡素化されたため，多くの地方自治体で新税が導入された．しかし，一部の地方自治体が申請した法定外目的税には，放置自転車税や勝馬投票券発売税のように，非居住者や特定の業者に負担が転嫁されるものが含まれていた．これを租税輸出（tax exportation）という（8章を参照）．

公共財が効率的に供給されるためには，1単位追加したときの社会的便益の増分（社会的な限界便益）と，社会的費用の増分（社会的な限界費用）が一致する点が均衡となる．しかし租税輸出によって費用の一部が他地域に輸出されると，地方政府の認識しうる限界費用は社会的な限界費用よりも低くなるので，公共サービスの供給は社会的な観点からは過大になる．

第4の問題点は，所得再分配に関わる．ベンサム流の功利主義によれば，高所得者から低所得者への所得再分配によって社会的厚生が最大化される．問題は，どのレベルの政府がそれを行うかである．ある地方政府が，独自に所得再分配を行うとしよう．例えば，東京都のある区が住民税の税率を現行の一律10％ではなく，10％と15％との2段階の累進税率に変更して，かつ小中学校に通学するのが困難な児童への就学援助を拡大したとする．中央政府と違って地方政府レベルでは，人々はパスポートなしに，自由に移動できる．

地方政府の間での人の移動が自由であれば，この区には他の地域から低所得者が流入してくるだろう（**福祉移住**）．低所得の住民が増大するにつれて，所得再分配政策に必要な費用も増大するが，恩恵を受けない高所得者はその区から流出していく．

一般に，現金給付を通じる所得再分配（低所得層を対象とした救貧的な施策）を地方政府が独自に行うことは福祉移住のため困難であり，それは中央政府が行うべきものとなる．もっとも，現物給付（医療，教育等）であれば，低所得層というより全市民を対象にした普遍主義的なサービスであるから，住民移動による再分配政策への制約は大きくはない（3章を参照）．

3.4　地域選好と応益原則

ここまでは，独立した地方政府の活動に伴うコストについて考察した．他方，地方政府の活動には中央政府にはないような優位性がある．以下では，代表的な議論を考察する．

独立した地方政府の第1の優位性は，住民の選好に沿った公共財の供給である．地方政府が供給する公共サービスは，地方公共財（local public goods）と呼ばれる．道路，公園，警察，消防等が典型的である．これら地方公共財は，「その便益が空間の一部分に限定される公共財」と定義される公共財である．経済学では，「地域の人々の選好に従って地方政府が公共サービスを地域ごとに供給することが好ましい」ことがわかっている（3章を参照）．中央政府は人々の選好が異なるにも関わらず，画一的な公共サービスを提供しがちである．細川護熙(もりひろ)元総理大臣は，熊本県知事在任中，国に権限を握られていることを痛感し，国の中枢に入って改革をする必要があると考えた．その際，「バス停の設置場所を数メートル移動させるだけでも運輸省の許可を得るのに大変な手間がかかる」という例が引合いに出され話題となった．

わが国において，これまで公共財の供給量については，地方公共団体による裁量の余地は小さいと考えられてきた．近年，日本の地方公共団体レベルの歳出決定でも，住民の選好が反映される場合があることがわかってきた．政府の意思決定が単純多数決の場合，中位の投票者（小さい順に並べて中央の値）の選好が結果を支配することを，中位投票者仮説という．高橋・宮本(2004) は，日本の都道府県レベルにおいて，「歳出総額」では中位投票者仮説は観察されないが，地方政府が裁量権を持つ「土木費中の普通建設事業費」に関しては，中位投票者仮説が成立していることを実証的に明らかにした．

独立した地方政府の第2の優位性は，住民が公共サービスの限界費用を考慮しながら，その水準を決定することができることである．税の公平の原則には，応益原則と応能原則がある．**応益原則**は，公共サービスから受ける受益の程度に応じて税を負担することを公平とする考え方であり，応能原則は，経済力に応じて税を負担することが公平だという考え方である．地方分権的な所得再分配政策では，福祉移住が発生すると考えられるので，地方政府の課税では応能原則の採用は望ましくない．

これに対して，地方公共財の場合には住民は自動的に便益を享受できる立場にいるので，居住者に応益原則による税によって負担してもらうことが可能であり，かつ公平であると考えられている．住民税には所得税にはない均等割があることや，累進税ではなく比例税であることがその例である．地方政府が地方公共財を供給し，その財源を応益原則に基づく地方税でまかなう場合には，追加1単位に伴う費用の増分（限界費用）と便益の増分（限界便益）が一致するので，社会的にも望ましい結果が生まれる（8章を参照）．

西欧には，The man who pays the piper calls the tune（オルガン弾きにお金を払った人が，曲をリクエストできる）という諺がある．税を進んで「納め」，何に用いられるのかその使途面まで監視することは，何億人もいる国レベルでは実際には難しいかもしれない．しかし「目の届く」範囲の地方自治体であれば，納税者の監視はうまく機能する．

3.5　政府間の競争と政策革新

独立した地方政府の第 3 の優位性は，政府間の競争である．一般的に中央政府の行政官や議員には，最小限の費用で公共サービスを供給する動機付けが弱い．民間企業では，利益を上げられなかった経営者は，責任をとって辞任しなければならない．中央政府の行政官や議員は浪費しても，ただちに辞職届けを提出しなくてもすむ．しかし，独立した地方政府の場合には，杜撰（ずさん）な運営を続ける地方政府から住民は流出していく．住民移動は，地方政府が効率的な財政運営を行うプレッシャーとなる．アメリカの学者**ティブー**(Charles Tiebout, 1924–1968) による，「足による投票」仮説はそれを理論的に定式化したものだ．あまり良いサービスをしないで税率も高い地方自治体の住民は流出してしまって，良いサービスを提供したり税率の低い地方自治体に移動してしまう．人が移動するという形で地方公共団体間の競争を刺激するのが，**「足による投票」仮説**のエッセンスである．

わが国では，どこの市町村でも税率は同じで，行政内容も似通っていたので，「足による投票」というイメージはわかないだろう．しかし，地方公共団体間の競争が実質的に働くメカニズムがあるといわれている．どこかがひとつの物差しを提供すると，その物差しに合わせて競争するインセンティブが働くことを，ヤードスティック・コンペティションという．それと同じように，実際に競争しているわけではないが，どこかがいいことをやっていると，みんな同じことをやらないと不満が起こってくるというような形で，間接的な競争が起こりうる．

独立した地方政府の経済活動の第 4 の優位性は，革新と実験である．多くの政策課題について，正しい答えが何であるかは誰にもわからない．ある解決策が，すべての状況に利用できるかも不明である．その解答を見つけ出すひとつの方法は，個々の地方政府にそれ自身のやり方を選ばせて，結果を比較することであろう．中央政府が実験を行えば失敗のリスクは大きくなるが，このように地方政府であれば，どれがうまくいくかを実験で確かめることができるであろう．

景観条例を対象にして，地方政府レベルの政策革新をダイナミックに描くことに成功しているのが伊藤 (2006) である．地域の政策課題に直面して，いくつかの自治体が新政策の検討を開始し，相互参照を通じて，他の自治体の動向を把握しつつその採用に踏み切る．採用自治体の増加は，マス・メディア等を通じて，国への政策採用圧力を高める．これによって国が同種の政策を採用すると，今度は自治体の横並び競争が始まり，採用自治体が急増する．こうした相互参照と横並び競争を通じて，あたかも生物の進化のように，多様化と淘汰のプロセスが働き，初期の未完成の政策が完成へと近づいていくという．

このように独立した地方政府にはコストとメリットの両面がある．中央政府からの独立，分権化に伴う非効率，財政的不公平を是正しながら，地方分権の本来のメリットを引き出すには，どうしたらよいか．本書は，この点について読者と一緒に考察していく．

4. わが国の地方財政

4.1 中央集中と地方分散

日本の地方財政は，明治の初めから中央政府の強い規制の下に置かれており，その点が欧米諸国に比べた日本の地方財政の特徴であった．強烈な外圧の下でごく短期的に近代国家を形成し，先進諸列強に追いつき追い越さねばならなかった日本に，地方自治や地方財政を最優先し，小さくて弱体な中央政府がその後に従う，という道を選択する余裕はなかった．富国強兵・殖産興業の道は，中央集権型国家によってのみ実現可能な道であった．財政もそれを反映して中央が強力であり，アメリカやカナダなどの連邦制国家とは反対に，中央が最大限の税収をまず確保し，残余が地方に分かち与えられる，という体制となった．もっとも，大正デモクラシーと1930年代の昭和恐慌の時期には，経済政策へ動員されて国に匹敵する規模に膨らんでいく．しかし，日中戦争により軍事費に資源を集中したため，地方の地位は再び落ち込むのである．

第2次世界大戦の敗戦に伴って新憲法体制に変わり，シャウプ勧告等をきっかけにして地方自治制度が飛躍的に整備されたが，中央・地方の財政関係は以前にもましてつまっている．すなわち，戦後，特に1960年代以降，地方の歳出は恒常的に国を上回り現在に至るが，膨張する経費を地方政府は独自財源によっては到底まかなうことができずに，補助金や交付金といった依存財源によって支えられてきた．

ここで注意しておいてよいのは，日本の地方財政はアメリカやカナダのような連邦制国家と違って，国の強い規制の下に置かれてはいるが，中央・地方の財政関係は，単純な中央集権型ではないということである．20世紀を通じてほとんどの国で，中央政府の財政の占める地位が高まり，逆に地方(市町村)が低下し，州や県などの中間政府が緩やかに上下するといった傾向が読み取れる．

イギリスの財政学者ピーコック（Alan T. Peacock, 1922-）とワイズマン(Jack Wiseman, 1919-1991）は，この現象を**集中仮説**（concentration process）と名づけた．これを簡単に要約すれば，第1次，第2次大戦という総力戦をきっかけにして，一国全体の財政支出水準が戦前から不連続に高まり(転位効果)，しかも中央で財政支出が飛躍的に高まる（集中過程）ということになる（Peacock and Wiseman [1961]）．

そうした世界の流れの中にあって，日本は異なった態様を示している．量的に観察する限り，第1次大戦，第2次大戦を通して，わが国では集中も転位も起こっていないのである．集中が生じなかったことについていうならば，多くの欧米諸国とは違って，日本では福祉国家化に伴って，その中核をなす業務が上級政府に吸い上げられることなく，市町村なり都道府県なりはほとんどすべての行政分野を担当していることを挙げうる．

財政力の弱い地方公共団体でもそれが可能なのは，中央が強力な財政力均衡化政策をとっているからである．また中央政府がそれをなしうるのは，中央が自ら消費するよりはるかに多くの税を徴収し，それを地方への再分配に充てうるからである．ここでは集中過程が起こっていないのではなく，税の中央集中は世界の流れに沿って生じているものの，それを地方に再分配することによって歳出の地方分散が生ずるという複雑な形を作りだしている．

4.2　経費と租税の分担関係

この点を端的に示すのが，図1.4の中央・地方を通ずる租税と経費の実質上の分担関係である．いうまでもなく，地方公共団体は教育，警察，福祉

図 1.4　国と地方の税財源配分と支出配分

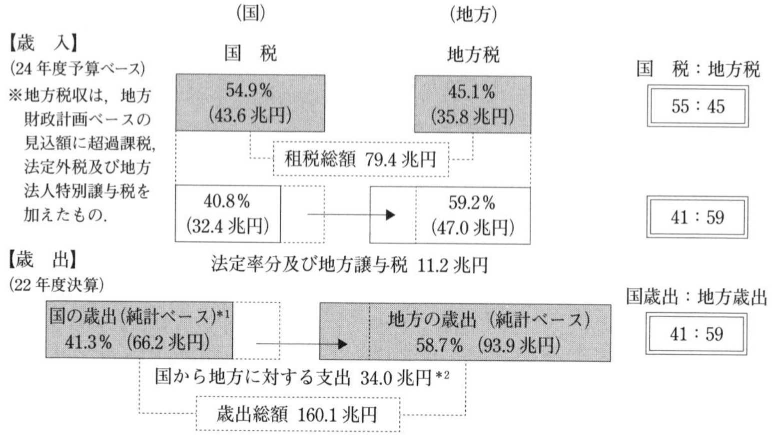

（資料）西田安範編『図説　日本の財政』平成 24 年度版より．原資料は総務省「地方財政の状況」．

注）＊1　国の歳出総額は，一般会計と交付税及び譲与税配布金特別会計，エネルギー対策特別会計，年金特別会計（児童手当及び子ども手当勘定のみ），食料安定供給特別会計（国営土地改良事業勘定のみ），国有林野事業特別会計（旧治山勘定の一部），社会資本整備事業特別会計の 6 特別会計との純計決算額である．

＊2「国から地方に対する支出」は，地方の歳入決算額のうち地方交付税，地方特例交付金，地方譲与税及び国庫支出金（交通安全対策特別交付金及び国有提供施設等所在市町村助成交付金を含む）の合計額である．なお，別途，「地方から国に対する支出」（地方の歳出決算額のうち国直轄事業負担金に係る国への現金納付額）0.9 兆円が存在する．

等，国民生活に密接に関連する行政サービスを提供しているが，地方の経費については，次の点に留意する必要がある．すなわち，国家財政と地方財政には相互に重複する部分が相当含まれている．国の歳出には，地方公共団体に対する支出が含まれる一方，地方公共団体の歳出には，国に対する支出が含まれている．したがって，地方財政の姿を理解するには，このような重複分を除いた純計の形にして，国・地方のいずれがその金額を最終的に支出したかを比較する必要がある．図 1.4 に見られるように，純計ベースで見ると国が約 66 兆円であるのに対して，地方は約 94 兆円となり，地方財政の実質的な規模は，国の財政の実質規模の 1.4 倍になっている．

しかしながら，上記のような地方政府の比重の高さは，その財源調達における比重には対応していない．独自の財源である地方税の規模は，30 兆円台半ばにすぎない．**経費と租税の実質的な分担関係**が逆転しているわけであるが，その差額は中央から地方への財源移転によってまかなわれる．その財源移転には国の公債収入金も含まれるし，地方の側でも財源の一部は地方債収入によって補われている．しかし，ともかく**中央から地方への租税資金の再配分**によってそれが埋め合わされることとなるのは間違いない．その主要なルートとなるのは，補助金と地方交付税交付金という移転財源である．

このうち，前者の補助金は事務の性質上，中央が当然に一定程度の責任があると考えられるものについて，定率で負担するもので，地方財政法第10条に定められている．国庫負担金によって義務教育，生活保護，介護保険等の全部または一部を国が負担している．

補助金と並んで大きな中央・地方財政関係のパイプは，地方交付税である．わが国では義務教育，福祉，生活保護等，国に当然責任がある事務を地方公共団体は執行している．国庫負担金による財源の保障は全額ではないので，地方自治体は自己財源を拠出しなければならない．地方税には地域間格差が大きいので，一般財源が補塡(ほてん)されないと，義務づけされた行政サービスを提供できない団体が多数発生してしまう．この矛盾を解決するのが，地方交付税の役割であるとされる．

すなわち，標準的な歳出を国全体で確保するために，税収不足額を埋める仕組みを財源保障機能といい，地方交付税の役割のひとつとされている．このため地方交付税は所得税，法人税，消費税等の有力な国税の一定割合を原資にして，地方自治体の標準的な財政需要と，標準的な財政収入の差額を埋めるように配分されている．

こうした中央から地方への財源移転が，どのような領域で，どの程度の規模で行われているかは表1.2に示されている．それによると平成22（2010）年度の場合，中央・地方歳出純計160兆円のうち，58.7%にあたる93.9兆円は地方の手によって支出されている．また中央歳出と地方歳出はそれぞれ100兆円，94.7兆円であるが，中央歳出のうち33.9兆円は中央から地方に対する支出である．その中で最大の地方財政費19.6兆円は，ほぼ地方交付税とみなしうる．補助金では教育費と国土保全・開発費がそれぞれ3.1兆円と1.9兆円で，社会保障関係費が8.3兆円で，これら3つだけで全体の39%に当たり，これに地方財政費を合わせれば97%と，中央からの支出のほとんどすべてに当たっている．ここに中央・地方の財政関係の焦点があることがわかるであろう．

このように地方の分担割合が大きいといっても，それらの財源の少なから

表 1.2　国・地方の目的別歳出（平成 22 年度）

（単位：億円，%）

区分	歳出合計 国[*1] (A)	歳出合計 地方 (B)	国から地方に対する支出[*2] (C)	地方から国に対する支出[*3] (D)	国・地方を通じる歳出純計額 (A)-(C)+(B)-(D) (E)	国・地方を通じる歳出純計額 構成比	総額中地方の占める割合 [(B)-(D)]／(E)
機関費	49,544	156,323	5,164	-	200,703	12.5	77.9
一般行政費	18,301	96,529	4,201	-	110,628	6.9	87.3
司法警察消防費	14,727	49,906	962	-	63,671	4.0	78.4
外交費	8,797	-	-	-	8,797	0.5	-
徴税費	7,573	9,889	1	-	17,461	1.1	56.6
貨幣製造費	146	-	-	-	146	0.0	-
地方財政費	197,516	-	196,459	-	1,057	0.1	-
防衛費	46,782	-	335	-	46,447	2.9	-
国土保全及び開発費	77,855	131,020	19,958	8,507	180,410	11.3	67.9
国土保全費	12,884	17,220	4,883	1,538	23,683	1.5	66.2
国土開発費	62,486	112,201	14,252	6,961	153,473	9.6	68.6
災害復旧費	1,095	1,600	823	8	1,863	0.1	85.5
その他	1,390	-	-	-	1,391	0.1	-
産業経済費	57,504	75,489	2,438	-	130,555	8.2	57.8
農林水産業費	20,324	11,591	2,197	-	29,718	1.9	39.0
商工費	37,181	63,897	241	-	100,837	6.3	63.4
教育費	57,512	164,298	31,463	-	190,347	11.9	86.3
学校教育費	44,352	130,572	28,667	-	146,256	9.1	89.3
社会教育費	1,652	11,659	494	-	12,818	0.8	91.0
その他	11,508	22,067	2,302	-	31,273	2.0	70.6
社会保障関係費	291,881	290,494	83,597	-	498,777	31.2	58.2
民生費	260,214	220,464	74,660	-	406,017	25.4	54.3
衛生費	7,738	58,124	6,262	-	59,600	3.7	97.5
住宅費	2,374	11,124	2,086	-	11,412	0.7	97.5
その他	21,555	782	589	-	21,748	1.4	3.6
恩給費	7,085	287	-	-	7,372	0.5	3.9
公債費	195,439	129,791	95	-	325,135	20.3	39.9
前年度繰上充用金	-	49	-	-	49	0.0	100.0
その他	19,989	-	2	-	19,987	1.1	-
合　計	1,001,107	947,750	339,511	8,507	1,600,839	100.0	58.7

（資料）総務省編『地方財政白書』平成 24 年度版より作成.

注）＊1 国の歳出総額は，一般会計と交付税及び譲与税配付金特別会計，エネルギー対策特別会計，年金特別会計（児童手当及び子ども手当勘定のみ），食料安定供給特別会計（国営土地改良事業勘定のみ），国有林野事業特別会計（旧治山勘定の一部），社会資本整備事業特別会計の 6 特別会計との純計決算額である.

＊2「国から地方に対する支出」は，地方交付税，地方特例交付金，地方譲与税及び国庫支出金（交通安全対策特別交付金及び国有提供施設等所在市町村助成交付金を含む）の合計額であり，地方の歳入決算額によっている.

＊3「地方から国に対する支出」は，地方財政法第 17 条の 2 の規定による地方公共団体の負担金（地方の歳出決算額中，国直轄事業負担金に係る国への現金納付額）で，地方の歳出決算額によっている.

ぬ部分が中央から地方へ移転されることによって支えられているのであり，**財源の中央集中と支出の地方分散**というパターンが明瞭に表れている．これは日本の行政システムが中央政府の企画・統制の下，地方政府が執行と費用を負担するというシステムであることを反映している．

演習問題

1．次のURLから居住地の市町村・都道府県の「決算カード」をダウン・ロードしなさい．http://www.soumu.go.jp/iken/zaisei/card.html　住民基本台帳人口，産業構造，面積，人口密度を確認しなさい．
2．分権的な地方政府による経済活動の，コストとメリットを議論しなさい．
3．次のうち，公共財に該当するのはどれか．競合性と排除性に着目して説明しなさい．
　①冬の除雪サービス，②フランスを舞台にした有名な自転車ロード・レース，
　③ケーブル・テレビの番組，④ラジオの番組，⑤ゴミ収集サービス，
　⑥公立学校
4．わが国の地方財政の特徴は何か．中央・地方間での経費と租税の分担関係に着目して答えなさい．
5．政府が提供する行政サービスの費用負担が，租税によって行われる理由を説明しなさい．

文献案内

独立した地方政府の経済活動によるメリットと問題点については，Rosen（2005）Ch.20と宮島（1994）が整理されていてわかりやすい．わが国の地方財政の歴史について詳しく学びたい読者は，金澤（2010），宮本（2005），持田（1993）に挑戦してほしい．地方財政全般についての入門的なテキストとしては，以下の文献が参考になる．林健久編（2003），林宜嗣（2008），中井・斉藤・堀場・戸谷（2010），長沼（2011），諸富・門野（2007）．地方財政の中上級の研究書としては，貝塚啓明・財務省財務総合研究所編（2008），堀場（1999），中井（2007），持田（2004），Mochida（2008）等がある．財政連邦主義の理論についてより深く学びたい読者には，次の文献を薦める．Oates（1972），スティグリッツ（2004），Boadway and Shah（2009），Rosen（2005）．本書は財政学の一定の知識を前提にしている．財政学の入門書として，持田（2009）がある．

第2章

予算制度と経費の膨張

2章では，地方政府の予算制度と経費の膨張について学ぶ．はじめに1節では，予算制度を解説する．予算は一定の形式に従って首長によって編成され，地方議会に提出され審議される．会計年度独立の原則，総計予算主義等の意味や予算循環を解説する．次に2節では，市町村と都道府県では支出パターンにどのような違いがあるのかを問うことにする．目的別分類と性質別分類では，予算の見方がいかに異なるだろうか．

3節では，地方の予算ではないが，地方公共団体全体の普通会計を総合した地方財政計画について解説する．わが国では地方経費のうち，少なくない部分は国から事業の実施やその基準を義務づけられている．このため，国は個別の地方公共団体に対して，国庫負担金や地方交付税によって財源を保障している．これに対応して，毎年，国全体の地方財政の歳出と歳入を均衡させているのが地方財政計画である．

1世紀前と比べると，地方歳出の対国民総生産比は3倍に増えている．4節では，地方経費はなぜ膨張するのかという問いかけを行う．増分主義，予算最大化行動，需要の所得弾力性，労働集約的な生産技術といった4つの考え方に焦点を当てる．最後の5節では，予算制度の改革論とその背景について学ぶ．官庁会計には，どのような問題点があるのだろうか．公会計と行政評価という，2つの改革論の内容と意義を学ぶ．

1. 予算とは何か

1.1 予算原則

予算は，家計にも企業にも用いられるが，地方公共団体の予算は単なる見積もりではない．それは1年間の地方公共団体の歳入歳出の見込み費用であり，一定の形式に従って首長によって編成され，地方議会に提出され審議されるべきことが法律によって定められている．一方，地方公共団体の執行機関から見れば，これは1年間の政府の行政活動をまかなうために，地方議会に提出する収入支出の承諾要求書である．地方議会からいえば，予算の審議議決を通じて，住民の意思に従って執行機関を統制し，制約することが可能になる．政府の財政活動は，中央であれ地方であれ，最大限に民主主義的な手続きに従って行われる必要がある．これを**財政民主主義**というが，「予算」はその最も大切な要素でもある[1]．

ただし具体的な予算制度を設計し，これを運用するためには，財政民主主義を制度化する指針となるような原則が必要である．地方公共団体の予算の基本的な形式や原則は，地方自治法や地方財政法に規定されており，その理念や方式はほぼ国の場合に準じている[2]．まず，財政を規律し，議会の予算審議権を保障するためには，予算の承認と執行の期間，すなわち会計年度を規定しておく必要がある．通常1年を単位としているが，1年以上の長期では予算統制の目的を達しにくいのがその理由である．地方公共団体の会計年度は，4月1日から翌年の3月31日の1年間である（地方自治法第208条1項）．

次に，会計年度は独立していなければならない．各会計年度における経費は，その年度の歳入によって調達すべきという原則を，会計年度の独立の原則という．地方財政法208条2項に，この会計年度独立の原則が規定されている．もっとも，会計年度独立の原則を徹底すると繰越が認められないため，予算を使い切ろうとする風潮が生まれやすい．

1つの会計年度に生じる収入や経費をすべて対比して，予算に計上すると

1）予算の意義については『財政学』75頁参照．
2）予算原則については『財政学』79頁参照．

いう原則も重要である．この原則は，総計予算主義と呼ばれる（地方自治法第210条）．収入と経費の差額だけを計上したのでは，地方公共団体の財政活動を住民や議員が十分にコントロールすることはできない．また会計年度がはじまるまでに，予算が地方議会によって議決されていなければならない．これは事前議決の原則ともいう（地方自治法第211条）．通常，前年度の3月に開かれる定例議会に予算案は提出されるが，会計年度開始までに議決されない場合には，暫定予算が組まれる．

この他に，明瞭性の原則といわれるものがある．これは，歳入と歳出を一定のルールに従って，明瞭に理解される形式で予算書に明記することをいう．地方公共団体の歳入は，その性質に従って「款」に大別し，各款中においては「項」に区分される．歳出は，その目的に従って「款」，「項」に区分しなければならない（地方自治法第216条）．

1.2　予算の内容

次に，予算の内容について説明しよう．地方議会に提出される「予算」は，歳入歳出予算だけではない．地方自治法では，①歳入歳出予算，②継続費，③繰越明許費，④債務負担行為，⑤地方債，⑥一時借入金，⑦歳出予算の各項の経費の金額の流用，の7つの項目が予算の内容として規定されている（地方自治法第215条）．歳入歳出予算は予算の本体であり，それぞれの総額と内訳を示している．歳出予算では，款・項・目によって，地方公共団体が行う事業の目的別に分類し，さらに「節」によって，給料・旅費・需用費・工事請負費・備品購入費等，経費の性質を示している．ただし歳入歳出予算では，款・項だけが示されればよい．

会計年度独立の原則には，例外がある．継続費，債務負担行為，あるいは繰越明許費（くりこしめいきょひ）の3つがそれである．継続費とは，完成までに数年度を必要とする事業に関して，その総額と年割額とを定め，事業が始まる年度の予算で，来年度以降の支出権限を与える制度である（地方自治法第212条）．コンサートホールやゴミ焼却場の建設等が代表例である．歳出予算の中には，年度内にその支出が終了しないと予想されるものがある．これについて，事前に地方議会の議決を得て翌年度にも使用することができるようにしておくのが，繰越明許費である（地方自治法第213条）．道路や公共施設の予算は確保されたが，用地買収や地元関係者との調整が難航している場合などに用いられる．

債務負担行為とは，地方公共団体が将来のある時点で一定額の支払いを行う契約を認めることである（地方自治法第214条）．約束に基づいて支払いを実行するときは，その年度の歳出予算にその金額を計上しなければならない．債務負担行為には，工事の発注のように将来確実に支出を伴うことがはっきりしている場合と，損失補償のように，確実にそうなるとは限らないが，その可能性がある場合との2種類がある．地方債は，年度を越える地方公共団体の債務である．一時借入金は，年度を越えない資金繰りのための債務である．歳出予算の各項の経費の金額の流用は，歳出予算の拘束性を緩めて，弾力性を持たせるための決まりである．同じ「款」の中の「項」の間での流用について，特に予算で定めた場合だけ認められている．

1.3　予算の循環

毎年の予算は前年度中に編成審議され，年度開始とともに執行され，翌年度に入り決算されて終結する．こうした予算の流れを予算循環という[3]．予算編成作業は，地方公共団体の仕事のうちで最大の行事であり，住民の意見の吸収，各部課での検討，国や都道府県との折衝，議会審議等あらゆる活動が集中して行われる作業である．

予算の編成を行うのは首長である（地方自治法第211条）．これは，各部局課が翌年度に計画する事業を行うための予算を要求する資料を，予算担当の部局課に提出する手続きから始まる．各部局課における予算要求に先立って，その指針となる予算編成方針が示される．前年度に比べて，要求額の上限をどれくらいにするかなどの基準が示される．各部局課からの予算要求が提出されるのは，大体，10月から12月の間である．

それを受けて，予算担当部局課は，要求の内容についてヒアリングを行う．最終的に予算案のすべての内容は，首長によって決定される．この手続きを予算査定と呼ぶ．予算の編成権は，首長にあるのである（地方自治法第149条の2）．予算査定が終わるのは通常2月であり，これを3月の定例議会

3）　予算循環については『財政学』83頁参照．

に予算案として提出するのが普通である.

年度の途中になって，事情の変化に対応するために当初予算に変更を加える必要が出た場合には，補正予算が組まれる．地方議会は年4回（3月，6月，9月，12月），定例会が開かれる．地方交付税や国庫補助金の額が確定する9月定例会では，一番重要な補正予算が組まれる．

予算の執行は，会計年度独立の原則により，年度の最終日である3月31日までに行わなければならない．しかし，現金の収受が年度を越えてしまう場合もあるため，5月31日に前年度予算に関する出納を封鎖する．4月1日から5月31日までを出納整理期間という．執行が終わると予算は，決算プロセスに入る．決算を作るのは会計管理官であり，8月31日までに首長に提出する．こうして，決算が地方議会に提出され，議会がこれを認定すると，首長の予算責任が解除されて，予算の循環プロセスは終了する．

地方公共団体の予算には，国の予算にはない特徴がある．第1に，予算も決算も議決の後，都道府県は総務大臣に，市町村は知事に報告すべきものとされている．また，地方税の課徴についても，税目や税率等重要な事項は法律で定められていて，地方独自の税でも総務大臣の同意を要する等，様々な統制に服すべきものとされている．

第2は，予算案の提出権に関わる問題である．地方自治制度では，議会及び首長の両者が議会の議決すべき事件について原則的に提案権を有しているが，予算案の提出権は首長に専属している．すなわち，地方公共団体の予算は当該団体の首長が編成して，議会が審議議決することによって成立する．この点は国の予算編成と同様であるが，国に比べると**首長の権限**が強いのが特徴である．

▶ Column-1 ◀ 専決処分

地方自治法第179条に基づく専決処分制度は，首長が専決処分できる要件が4つ規定されているが，運用の実態は「長において議会を召集する暇がないとき」を理由とするものになっている．また，首長は専決処分をしたときは次の議会に報告し，議会の承認を求めなければならないとされているが，実際には承認されなくても，法律上処分の効力に影響はないと解釈されている．例えば，地方税法の改正案は通常，3月末に国会で成立するので，これを受けた税条例は専決処分で年度内に改正されることが多い．しかし，近年では地方議会と首長が政治的に対立する場合が多く見られ，専決処分事由の拡大解釈や，これに基づく安易な専決処分が問題になっている．これらは議会の住民代表機能を損ねるものであることから，地方自治法の改正が議論されている．

ひとつの例は専決処分である．これは，首長が「議会を召集する暇がないと認めるとき」には，首長が議会を召集しないで議決すべき案件について決定することができるというものである．**専決処分**は，自然災害が発生した場合の補正予算や，地方税法を基にした税条例の改正等に用いられることが多い．いまひとつの例は，原案執行権である．義務的経費について，長として議会の議決に異議がある場合，もう一度議決にかけることができ，その結果同じ結論が出されても，3分の2以上の同意がなければ長の原案執行権が認められている．

第3の特徴は，地方公共団体の予算が中央依存であることとの関係で，補正予算の回数が多いことである．後述の通り，現在，地方公共団体収入のおよそ2分の1は国からの依存財源であるにも関わらず，国と地方の予算編成は同時になされるため，地方では中央からの収入が未確定のまま予算編成作業を行わざるをえない．補助金・交付金が確定するたびに，補正予算に計上する必要が生じるのである．

2. 地方の経費構造

2.1 目的別歳出

経費は，いくつかの異なった基準で分類・整理される．目的別分類とは，毎年の地方公共団体の政策選択の重点がどこにあるのかを示すものである．目的別分類は，歳出予算の予算科目「款・項」に基づく分類である．図2.1によって都道府県と市町村の歳出純計額を見ると，民生費，教育費，公債費，土木費の割合が高く，地方政府が住民に身近で広範な政策を実施していることがわかる[4]．

4) 一般政府の経費構造については『財政学』30-34頁参照．

図 2.1　目的別歳出の構成比（平成 22 年度）

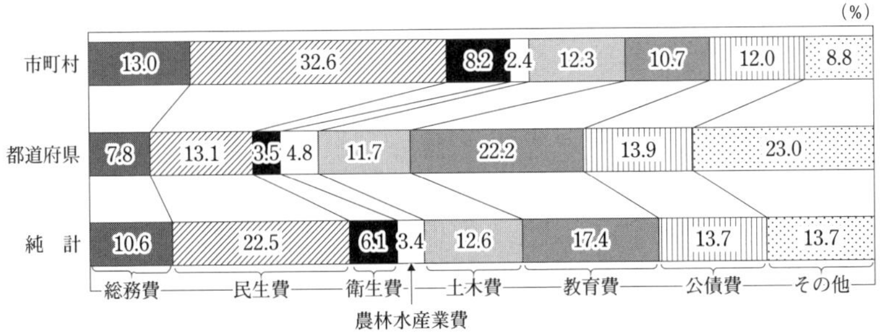

（資料）総務省編『地方財政白書』平成 24 年度版より作成.

しかし，これを都道府県と市町村に分けてみると，やや様相が異なってくる．都道府県では，教育費の割合が高く，民生費の割合は 13% にすぎない．これに対して市町村では，民生費が断然トップで，やや離れて土木・公債・教育費が続いている．都道府県で教育費のウェートが高いのは，義務教育の教職員の給与を負担していることと，公立高等学校のほぼ 9 割が都道府県立であることが影響している．義務教育については，全国一定の水準を維持するために，小中学校教職員の給与の 3 分の 1 が国庫負担されている．市町村は，主として小中学校の施設建設と維持を負担していて，これについても国から 2 分の 1 の補助金が交付されている．

民生費は，国の社会保障関係費に対応する経費で，老人福祉・児童福祉・社会福祉・生活保護等から構成されている．特に近年は，老人福祉費と生活保護の増加が大きく，最も大きな比率を占めている．また，民生費については市町村の割合が高く，これらの政策が住民に最も近い市町村で担われていることがわかる．

土木費については，都道府県・市町村とも約 12% 程度の比率であるが，その内容は都道府県では規模の大きな補助事業（道路建設等）が中心であり，市町村では生活関連の都市整備（都市計画等）が中心になっている．わが国では景気対策のための公的資本形成が，国とともに地方政府によって実施されているが，この実際の政策が目的別分類では土木費に表れている．最後に残った主要経費である総務費は，地方政府自身を維持していくための経費ということができる．これには大きく 2 つの種類の経費がある．1 つは一般管理費，企画費，徴税費，住民基本台帳費等の管理的経費である．もう 1

つは，退職手当，退職金等の共通経費である．

2.2　性質別歳出

経費の性質別分類とは，歳出予算の予算科目「節」に対応している．この性質別分類は，地方政府が要素市場から要素サービスを購入するのか，生産物市場から財・サービスを購入するのか，それとも貨幣のみの一方的な支出を行っているのかを示す．図 2.2 は性質別分類を示したものであり，義務的経費と投資的経費とに分類される．

義務的経費は，地方政府が自由に削減できない経費であり，人件費・扶助費・公債費から成り立っている．人件費は事実上，非弾力的である．扶助費も法令で支出が義務づけられているため，裁量の余地は少ない．公債費は，元利償還の額と期日が定められているため，任意に削減することができない．一方，投資的経費は普通建設事業費が大半を占めており，補助事業費と単独事業費とに分類される．

地方経費の性質別分類について，近年の特徴として挙げられるのは，投資的経費の大幅な減少である．これは，景気対策のために土木費等によって地方の歳出がなされていたものが，政策の転換により急速に減額された結果である．他方，地方債残高の増加を反映して，公債費が急速に伸びている．財政状況の悪化を反映したものであるといえよう．しかしながら，義務的経費の扶助費及び人件費は財政悪化にも関わらず，その減額が容易ではないことを示している．このような義務的経費のシェアが高ければ，その歳出構造は硬直的ということになる．義務的経費より，やや広い概念に経常的経費があ

図 2.2　性質別歳出の構成比（平成 22 年度）

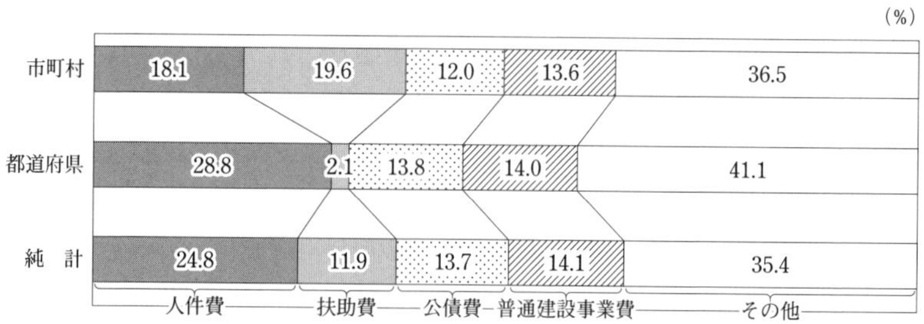

（資料）総務省編『地方財政白書』平成 24 年度版より作成．

る．経常経費の主なものは，人件費・扶助費・公債費である．この他，物件費，補助費，維持補修費，繰出金の中の経常経費部分も含まれる．

これら経常的支出に充てられた一般財源が，経常的に収入される一般財源に占める比率を経常収支比率といい，歳出構造の硬直性と財政の健全性を示す指標として用いられている．経常的支出が経常一般財源を上回れば，経常的支出を臨時的収入によってまかなっていることを意味し，地方財政が危機的状況にあることを意味する．

$$\text{経常収支比率}=\frac{\text{経常経費充当一般財源等}}{\text{経常一般財源等}+\text{減税補塡債}+\text{臨時財政対策債}}\times 100$$

3. 地方財政計画

3.1 地方財政計画

わが国では地方経費のうち，少なくない部分で国から事業の実施やその基準を義務づけられている．このため，国は個別の地方公共団体に対して，国庫負担金や地方交付税によって財源を保障している．これをミクロの財源保障という．これに対応して，国が地方公共団体に委任した事務について，毎年，国全体の地方財政の歳出と歳入を均衡させているのが，地方財政計画である．これは，**マクロの財源保障**と呼ばれる．地方財政計画の法律上の根拠は，地方交付税法の第7条であり，翌年度の地方公共団体の歳入歳出総額の見込み額に関する書類を作成し，国会に提出しなければならない．

図2.3は，国の予算と地方財政計画の関連を示している．左側は国の一般会計の歳出を示したものである．地方交付税法定5税分として，有力な国税（交付税対象税目という）のおよそ3割が，地方交付税の原資（法定5税分）として確保されている．これに対応して歳出側では，地方交付税と国庫支出金が一般会計に計上されている．その結果，一般会計総額90.3兆円のうち，16.6兆円が地方交付税に，11.8兆円が国庫支出金として地方政府へ交付されることになる．

地方交付税は，国の一般会計から地方公共団体へ直接交付されるのではなく，図2.3の真ん中にあるように，交付税及び譲与税配付金特別会計を経由

図 2.3　国の予算と地方財政計画（平成 24 年度当初）

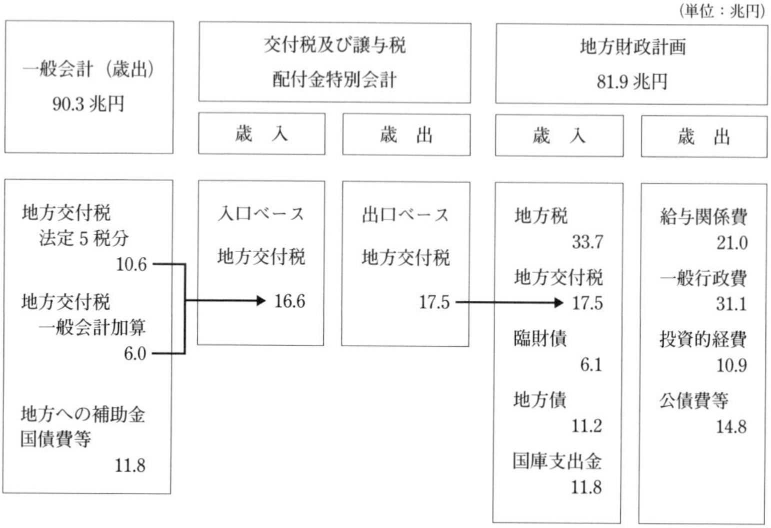

してから，地方公共団体に交付される．ちなみに，特別会計が一般会計から歳入として受取る場面を「入口ベース」，逆に特別会計から地方公共団体へ歳出として出て行く場面を「出口ベース」という．

図 2.3 の右側に目を転じて，地方財政計画の歳入・歳出を考察しよう．地方財政計画の歳入・歳出は，それぞれ約 81.9 兆円である．歳出側の最初に計上されているのは，給与関係費の約 21 兆円である．また投資的経費が，約 11 兆円計上されている．この経費には，補助事業費と単独事業費との 2 つがある．補助事業は中央省庁の政策によって事業規模が決まるので，地方政府の裁量の余地は多くないが，地方単独事業については，地方政府の裁量が働く余地がある．投資的経費をまかなう財源として，歳入側に約 11.2 兆円の地方債が計上されている．

投資的経費と地方債の発行額の間には，充当率というルールで密接なつながりがある．充当率というのは，ある事業を実施するときに補助金を除いた一般財源のうち，地方債を充てることができる割合である．充当率は 60% 前後で，かなり低く抑えられている．充当率で結びついた地方債が発行されると，その地方債の償還費が，地方財政計画の歳出側に計上される．したがって，投資的経費，地方債，そして地方債の元利償還費，これらがいわば密接に関連して計上されているということになる．

次に，地方財政計画の歳入側について見てみよう．最初に地方税として，約 33.7 兆円が計上されている．本来であれば，各地方公共団体が税率を変更して地方税の量を調節するべきものであるが，地方財政計画では翌年度の経済成長率と地方税の所得弾性値を掛けて推計されている．このため，地方税は裁量的に調整できるものではなく，機械的に計算されている．国庫支出金には 11.8 兆円が計上されている．

国庫支出金は補助要綱で 2 分の 1 とか 3 分の 1 といった形で補助率が定められているので，その金額はこれまた法律によって決まる．地方債に計上されている 11.2 兆円は，投資的経費に充当率を乗じて推計されている．このように，地方税と国庫支出金と地方債は，地方財政計画の上では所与のものとして，客観的・自動的にその規模が決定されるという性質がある．したがって，地方財政計画を均衡させるためには，

D＝[歳出総額] －（[地方税] ＋ [法定 5 税分] ＋ [国庫支出金]
＋ [地方債] ＋ [その他]）

がゼロにならなければならない．D＞0 の場合に，地方財政計画の収支均衡を確保するのが地方交付税である．もっとも，地方交付税の法定 5 税分は，国税 5 税の一定割合に定められているから，財源不足の調節弁にはならない．D＝0 となるように，本来の地方交付税である法定 5 税分に，一般会計からの特例加算と将来の地方交付税で償還される臨時財政対策債を加えて，財源不足が解消されている．これは次のように表せる．

D＝ [一般会計加算] ＋ [臨時財政対策債]

地方交付税総額＝ [法定 5 税分] ＋ [一般会計加算] ＋ [臨時財政対策債]

右辺第 2 項と第 3 項は「**地方財政対策**」と呼ばれるもので，通常は 12 月末に総務大臣と財務大臣との大臣折衝で決定される．

4. 地方経費膨張の理論

地方経費の対 GDP 比は，過去 40 年間で約 4 ～ 5 ％ 上昇している．さらに 100 年前と比べると，地方歳出の対国民総生産比は 3 倍に増えている．なぜ，地方経費は膨張するのだろうか．この問に対しては，いくつかの解答が

ある．本節では，増分主義，予算最大化行動，需要の所得弾力性，労働集約的な生産技術の 4 つの理論を取り上げる．

4.1　増分主義的予算編成

地方経費の膨張要因としては，予算編成プロセスに着目しよう．地方公共団体の予算は，毎年度，各部局課から提出された予算要求に基づいて，財政担当部局が配分を決めている．これらの点を考慮に入れたモデルによって，予算がどのように増大するかがわかる．t 期の予算を B_t とすると，$t+1$ 期の要求額は，次のようになる．

$$B^c_{t+1}=[1+\alpha]B_t$$

α は予算要求の対前年度増加率を示している．このルールは，前年度予算をベースに微小な変化を加える，**増分主義的予算編成**を表している．もちろん，このような編成は効率的とはいえない．予算担当部局は，各部局課の予算要求を受けて一律の削減率を提示し，最終的な配分額が決まる．

$$B_{t+1}=[1-r]B^c_{t+1}=[1-r]\times[1+\alpha]B_t$$

ここで r は削減率を示し，$0\leq r\leq 1$ である．この式は，ある年度の予算が前年度予算からどのように増加するのかを示す．ここで簡単化のため $\alpha r\fallingdotseq 0$ と置くと，$[1-r]\times[1+\alpha]=1+\alpha-r$ となる．したがって，$\alpha\geq r$ ならば予算は必要性とは関係なく，自動的に膨張していく．また $\alpha\leq r$ であれば，予算は縮小していく．実際の予算編成では，$\alpha\geq r$ となるケースが多い．このモデルは，地域社会の必要性とはある程度無関係に予算が膨張していくプロセスを説明している．

4.2　事業部局と予算最大化

次に，予算を作成する各事業部局の行動様式に着目しよう．地方公共団体の行政組織は，生活文化局，都市整備局，福祉保健局，建設局，港湾局，環境局等の事業部局によって構成されている．地方公共団体の事業部局は，地域と住民の利益に奉仕することが求められる．しかし，事業部局が組織としての効用最大化を図っている可能性は排除できないだろう．もっとも民間企業の CEO と違って，業績がそのまま給与のアップにつながるわけではない．しかし，非金銭的な要因からの効用最大化を図ることであれば可能である．民間への影響力や社会的な名声は，事業部局の予算規模に関連していると考えられる．非金銭的な効用を最大化するために，事業部局は**予算を最大化**しようとする．

いま，事業部局が供給するサービスのアウトプットを y，また $B(y)$ をアウトプット y に対応する便益とする．アウトプットが増大すると便益も高まるが（$0 \leq B'(y)$），限界便益 MB は逓減するとする（$B''(y) \leq 0$）．一方，公共サービスの費用は $C(y)$ で示され，限界費用 MC は逓増する（$C'(y) \geq 0$ かつ $C''(y) \geq 0$）．

このとき地方議会はこうした費用構造は知らずに，事業部局のみが知っているとする．制約要因となるのは予算が均衡していることだけである．事業部局の行動を予測するには，予算均衡という制約の中で，$B(y)$ を最大化する y を見つければよい．

これをラグランジュ関数で示すと次の通りである[5]．

$$L = B(y) + \lambda\,[B(y) - C(y)]$$

λ はラグランジュ乗数であり，第 2 項は便益と費用が一致していることを示す．この式を y で偏微分すると，事業部局から見た最適なアウトプット y^b を得ることができる．

$$\frac{\partial L}{\partial y} = B'(y) + \lambda B'(y) - \lambda C'(y) = 0$$

$$B'(y^b) = \frac{\lambda}{1+\lambda}\,C'(y^b)$$

このとき，$\lambda > 0$ なので $B'(y^b) < C'(y^b)$ となる．

この結果を，地方議会が費用構造について情報を有している場合と比較しよう．最も簡単な比較対象は，利潤極大を目的関数とした企業行動である．$B(y) - C(y)$ で表される利潤を最大化する y^* は，$B'(y^*) = C'(y^*)$ という条件を満たさなければならない．図 2.4 では効率的な公共サービスの水準は y^* で示されているが，官僚制の下での予算決定では $B'(y^b) \leq C'(y^b)$ となるので，y^b は必ず y^* より右側に位置する．実際，a の面積と b の面積が同じなら

5) ラグランジュ乗数法については奥野編『ミクロ経済学』42–43 頁参照．

図 2.4　事業部局と予算最大化

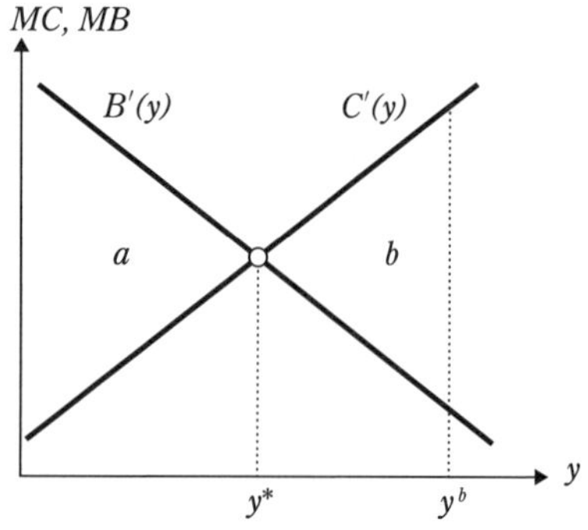

ば予算は均衡している．

このモデルは，事業部局による予算最大化が経費膨張の一要因であることを示唆する．地方公共団体が取り組んでいる課題は，関係予算が各事業部局に散らばっていて，予算の全体像は明らかではない．介護保険を例にとると，総務部では介護保険システム設計委託費，民生部では老人保健センター運営費，保健衛生部では老人保健健康診査費のように，いろいろな事業部局に分散している．

4.3　需要の所得弾力性

地方経費の膨張を理解するには，財・サービスへの需要や生産技術が，民間部門のそれとどのように異なるかを知ることが大切である．公共部門の供給する財には，需要の所得弾力性（income elasticity of demand）が高いという性質がある．このことを最初に発見したのは，19 世紀の財政学者である**ワグナー**（A. Wagner）である．教育，文化・レクレーション，医療等を念頭に置けば，この説明が合理的であることがわかる．需要の所得弾力性の高さを前提にした場合，経済成長によって所得水準が増大すると，公共サービスへの需要が高まることになる．いわゆる「ワグナーの経費膨張法則」である．ワグナー法則が厳密に成立するか否かについては，多くの実証研究がある．いま t 期の財政支出 G_t に対する需要が次の式で与えられるとする．

$$G_t = [Y_t]^{\alpha}$$

Y_tはt期のGDPである．このとき需要の所得弾力性E_dは次の式で定義される．

$$E_d=\frac{\partial G_t}{\partial Y_t}\times\left[\frac{Y_t}{G_t}\right]=\alpha\,[Y_t]^{\alpha-1}\times\frac{Y_t}{G_t}=\alpha$$

ワグナー法則が成り立つには，財政支出に対する需要が所得弾力的でなければならない．これは$\alpha\geq 1$の場合である．財政支出の対GDP比は，次の式で与えられる．

$$\frac{G_t}{Y_t}=\frac{[Y_t]^{\alpha}}{Y_t}=[Y_t]^{\alpha-1}$$

GDPの微小な変化に対する，財政支出の対GDP比の変化の割合は，

$$\frac{\partial}{\partial Y_t}\left(\frac{G_t}{Y_t}\right)=(\alpha-1)\,[Y_t]^{\alpha-2}$$

となる．上の式は$\alpha\geq 1$であれば正の値をとるので，**ワグナー法則**が成り立つ．すなわち，GDPに占める財政支出の割合は，$\alpha\geq 1$であれば所得水準が上昇すると増大する．実証的には，一義的な回答は得られていない．しかし，様々な点から見て，ワグナー法則は公共部門の増大をうまく説明している．ただし，問題点は公共サービスに対する需要にもっぱら経費膨張の原因を求めている点である．

4.4　労働集約的な生産技術

地方経費の膨張は，需要サイドだけではなく，供給サイドの要因によっても起こる．地方政府は教育，医療，福祉等の準私的財を主として供給しているため，民間部門に比べると労働集約的（labor intensive）である．一方，労働市場での競争を通じて，地方政府部門での賃金水準は，民間部門のそれに準拠したものになる．もちろん，両者の間で競争が完全に機能するわけではないが，両者の賃金水準は大幅には乖離（かいり）しない．

いま，何らかの理由で労働コストが上昇したとしよう．民間部門では資本によって労働を代替することができるし，技術進歩によって生じた生産性の上昇で吸収できる．しかし，地方政府では生産性上昇の余地が乏しく，労働を資本で代替することに制約がある．例えば，公立病院では患者1人当たりの看護師や医者の人数が規定されているし，学校教育では1クラス当たりの

生徒数の上限が定められていて，教師数の下限も決まる．

このように，地方政府では労働を資本によって代替することが困難なため，民間部門での労働コストが上昇したときに，それを生産性の上昇によって吸収できない．地方政府の産出量を一定に保つならば，財政支出は自動的に増大していく．

これが，公共部門の相対的比重が上昇することを主張する「**ボーモル病**」である．アメリカの経済学者ボーモル（William J. Baumol, 1922–）は 1960 年に，モーツァルトの弦楽四重奏を演奏するのに必要な音楽家の数は 5 人であり，1770 年と現在とで変わっていないということを指摘した．つまり，クラシック音楽の演奏の生産性は上昇していない．他方，自動車製造部門や小売部門のような商業部門では，機械や器具の技術革新によって絶えず生産性は上昇している．それに対して，芸術や看護，教育のような労働集約的な部門では人的活動に大きく依存しているため，生産性はほとんどあるいはまったく上昇しないと指摘した．

もっとも，労働の資本による代替が公共部門ではまったく起こらないとはいえない．例えば，病院の設備投資は看護師を代替することがありうるし，技術進歩は大学や病院でも起こる．

5. 予算制度の改革論

本節では，公会計と行政評価という 2 つの改革論に焦点を当てて，予算制度のあり方を考察する[6]．

5.1 発生主義と現金主義

地方公共団体の予算の形式とこれによって統制される官庁会計は，民間の会計方式，特に企業会計とは異なっている．民間企業の会計処理は，一般的に「現金主義」（cash basis）から「発生主義」（accrual basis）へと発展していった．官庁会計の基本は，現金主義である．これは，あらゆる収入と支出とを現金の出入りの時点を基準としてふるい分ける会計処理の方式である．

6） 国の予算制度改革について『財政学』89 頁参照．

これに対して発生主義とは，収益（収入）や費用（支出）を発生時点でとらえ，これを計算する会計処理の方式である．例えば，工事代金では，発生主義では契約を結んだ時点で支出があったとして整理するが，現金主義では，支出手続きの完了時点で整理する．巨大な固定資本が生産に投じられるようになるにつれて，貸借対照表や損益計算書や財産目録等の財務諸表によって，一定期間に生じた財産の増減や損益をつかむ複式会計の方式が発展したのは当然であった．

もっとも，企業会計と官庁会計とを直接的に比較することには慎重でなければならない．両者の間には相違がある．この相違は改めていうまでもなく，企業は利潤獲得を目的にしているのであり，地方公共団体は「**住民の福祉の増進**を図ることを基本として，地域における行政を自主的かつ総合的に実施する役割を広く担う」（地方自治法第1条の2）権力団体であることに起因する．現金主義の会計方式は，民間企業のような複雑な債権債務関係があまりない地方公共団体の財務行政をコントロールする手段としては，わかりやすく単純明快である．したがって，官庁会計は現在でもその必要性は失われてはいない．

また，地方公共団体の予算が，時代遅れのまま足踏みしていたとはいえない．地方公共団体の行政活動が，企業経営にまで拡大される場合には，官庁会計の原則の例外が認められてきたのである．例えば，地方公営企業については，一般会計から切り離された企業会計原則に基づき，原則として独立採算方式で行われている（地方公営企業法第20条）．

5.2　官庁会計の問題点

それにも関わらず，地方公共団体において国と同じように官庁会計が一般的な形式であることに変わりはない．しかも官庁会計は，包括性や年度性の原則に縛られ，かつ伝統的な現金主義に基礎をおいているがゆえに，多くの欠陥や問題点を抱えている．

❏ **事業別予算と包括性**　第1に，地方公共団体の歳出予算は事業別に編成されていない．地方公共団体の予算では，予算の執行責任が首長に統一されるため，国の予算のようにまず各省庁等の組織に分類されることがない．歳出はその目的によって「款」・「項」・「目」に分類され，さらに経費の性質によって「節」に細かく分解されて歳出予算に計上される．予算書だけでは事業の統一的な姿，またはその統一的な費用対効果はつかめない．

このような欠陥を補うために，多くの地方公共団体は「事業一覧」を行政組織別に作成することになる．しかしながら，ひとつのまとまった行政活動や事業に，多数の縦割れ，もしくは横割れの状態にある行政部局が，実施，監督，検査等の様々な責任や権限を持って参加しているため，全体像は見えない．例えば，介護保険は総務部，保健衛生部，教育委員会と様々な組織にまたがっているため，すべての予算から拾い出さないと高齢者福祉対策の全体像は明らかにできない．

したがって，予算編成は毎年度，**各行政部局の分取り競争**の様相を呈することにもなる．特に各行政部局に地域の各階層の様々な利害が結びつき，プレッシャー・グループがこれに働きかける場合には，予算はいよいよふくれ上る傾向にある．より具体的には，前年度予算を既定費として，税収の増分を新規事業に配分する増分主義的な予算編成が行われる．

第2に，予算の包括性の原則から出てくる問題点を見よう．1つの会計年度に生じる収入や経費の支出は，すべて予算に計上するという総計予算主義（地方自治法第210条）については，すでに述べた．あらゆる現金収支を予算上の歳出歳入にふるい分ける結果，財産の取得や借入金の返済や現金の貸付も「支出」であり，財産の処分や新たな借入や貸付金の取立ても「収入」とされる．借金である地方債が「収入」に計上されるのは，欠陥の最たるものである．

このようにしてまったく質の異なる収入や支出が，歳入歳出として総括されているのであり，収入支出の間の因果関係はもちろん，政府の所有する正味資産の増減も明確にとらえられない．例えば，定年退職者が増えるのに応じて退職手当が急増することになっているとしても，その状況はわからないし，学校や道路等の維持修繕や建替え等のメインテナンス費用がいくらかかるのかもわからない．

❑ ノン・アフェクタシオンと年度性　第3に，一般財源＝一般経費（ノン・アフェクタシオン）の原則から出てくる問題点を考えよう．民間の企業では，１会計年度にどれだけ経費をつかって，どれだけ利潤を上げ，損失を出したかの決算は，決定的な意味を持っている．官庁会計では，特定財源を特定経費に充てる多数の特別基金を排除して，あらゆる収入がいったんプールされ，そこから目的に応じて支出される**ノン・アフェクタシォン**の原則が採られている．例えば，人口 10 万人の市議会では，議員 1 人当たり 1400 万円の費用がかかるし，保育園児 1 人当たりにかかる費用は，180 万円前後であるが，こうした行政コストは，予算面において収入と支出の両者が分離されている官庁会計では把握できない．

むろん，地方公共団体についても「その事務を処理するに当っては，住民の福祉の増進に努めるとともに，最少の経費で最大の効果を挙げるようにしなければならない」（地方自治法第 2 条の 14）と規定されている．しかしながら，費用対効果が組織的に検討されることは少ない．こうした問題点は，地方公共団体の議会が住民に代わって行政をチェックするという本来の役割を果たしていないために，増幅されている．

第 4 に，予算の年度性について考えよう．すでに述べたように，議会の予算審議権を保障するため，1 年を単位とする会計年度が定められている（地方自治法第 208 条 1 項）．現年度の剰余を次年度に繰越流用を許さないところから，年度末には予算の濫費や流用が見られるのも，官庁会計の特色である．この年度性のために，年度間にまたがる行政事務や事業の計画性が損なわれるのである．行政の計画性は，予算の年度性と矛盾することが多い．

5.3　財務書類 4 表

現代の予算制度の改革論は，以上に述べたような欠陥を持つ予算制度と，官庁会計制度の改革論である．ここではまず公会計の導入から見ていくことにしよう．

現在，各地方公共団体は，発生主義と複式簿記の考え方の導入を図り，貸借対照表，行政コスト計算書，純資産変動計算書，資金収支計算書の 4 表の整備を図っている．これら財務 4 表は，地方公共団体が「どのようにお金を集め」，「何に投資し」，「利益をどれくらい上げたか」，という基本活動が理解できる財務情報である．図 2.5 を参照しながら説明する．

図 2.5　公会計の財務書類 4 表（改訂モデル）

（単位：億円）

貸借対照表：BS

借　方		貸　方	
公　共　資　産	224	固　定　負　債	55
		地　方　債	40
		損 失 補 償	5
		退職手当引当金	10
		流　動　負　債	7
投　資　等	9	純　資　産	180
流　動　資　産	9		
うち歳計現金	3		

行政コスト計算書：PL

コスト		収　益	
人に関連事項	14	経　常　利　益	2
物に関連事項	12	純経常行政コスト	44
移転に関連事項	18		
そ　の　他	2		

純資産変動計算書：NWM

期首純資産残高	174
純経常行政コスト	△44
一　般　財　源	40
補　助　金　等	8
そ　の　他	2
期末純資産残高	180

資金収支計算書：CF

経　常　収　支	11
公共資産整備収支	△6
投資・財務的収支	△6
当期歳計現金増減	△1
期首歳計現金残高	4
期末歳計現金残高	3

注）財務書類 4 表を概念化したもの．

❑ **貸借対照表**　まず，「どのようにお金を集め」てきたのかを表すのは，貸借対照表（Balance Sheet, BS）の右側である．企業会計では，他人から借りたものを「負債」，資本金等を「純資産」と呼ぶが，公会計では「負債」は地方債，損失補償，退職引当金等，将来世代から調達した財源を，また，「純資産」は地方税や補助金・交付金等，現役・過去の世代から調達してきた財源を示している．

これに対して，**貸借対照表**の左側は「何に投資」しているのかを表している．調達した資金は，現金のまま残っているものもあれば（流動資産），有価証券に投資されたり基金に積み立てられたりしたもの（投資等），あるいは土地や建物に姿をかえたもの（公共資産）等，様々であるが，何らかの形で地方公共団体の「資産」として存在している．集めたお金がどのような資産として残っているかはBSを見ればわかるのであるから，当然BSの右と左は一致することになる．

そして，**行政コスト計算書**（Profit and Loss Statement, PL）は，地方公共団体の1年間の行政サービスのコストが，当該年度の経常収益でどの程度まかなわれたかを計算する財務書類である．当年度の行政サービスの費用を，将来の納税者に転嫁してはならないという「期間衡平性」を計る財務情報といってもよい．企業会計の損益計算書では，商品を仕入れて販売したときに，どれだけ「損失」と「利益」が発生するかを計算するが，行政コスト計算書で売上高に対応するのは，手数料等の「経常収益」であり，また売上原価に対応するのが「経常行政コスト」である．いうまでもなく，収益とコストの差が「純経常行政コスト」であり，これは地方税や補助金でまかなうべきコストがどのくらい必要かを示している．

❑ **純資産変動計算書**　これらの貸借対照表と行政コスト計算をつなぐものが，次の純資産変動計算書（Net Worth Matrix, NWM）の役割である．純資産変動計算書は，貸借対照表の純資産が，前年度末から今年度末にかけてどのような要因によって増減したかを示す財務書類である．すなわち，期首の純資産残高に，一方では資産の増加要因である地方税や補助金を加算し，他方においては減少要因である経常行政コストを減算することによって，期末純資産残高が計算される．図2.5にあるように，これが貸借対照表の純資産とつながっているのである．

もうひとつ，資金収支計算書（Cash Flow Statement, CF）とは何であろうか．これは発生主義を補完するため，地方公共団体の活動で現金がどのように動いたかがわかるにようにした表である．すなわち，地方公共団体が事業活動を行う上での現金の出入りを，お金を集めて（投資・財務的収支），何かに投資し（公共資産整備収支），利益を上げる（経常収支）という3つの分野に分けて説明している．3つの収支純計である期末歳計現金残高が，図2.5にあるように，貸借対照表の左側にある歳計現金と一致していなければならない．興味深いことは，この4つの財務書類がそれぞれにつながっていることである．そしてこのつながっているということこそが，公会計の仕組みに他ならない．

5.4　公会計の意義

新しい公会計制度では，これまで予算制度の原則とされた包括性と年度性の考えに代わって，貸借対照表と損益計算書（行政コスト計算書）によって，「見えないコスト」を明示し，資産・負債の総体を一覧的に把握する思想が現れてきていることがわかる．これによって，将来の資産更新必要額や退職金の引当を推計して，財政運営に計画性を持たせることができる．また，公会計の新潮流は，一切の収支をそれぞれ総括して，全体として両者を均衡させるという総額予算や，一般財源＝一般経費の原則に対して，事業別・施設別の行政コストを正確に認識することも目的にしている．これをアウトプット指標と対比させることによって，**行政評価との連携**を図ることも可能になる．さらに，連結ベースでの財務状況を整理することによって，公営企業や第3セクター等を含む財務状況を把握できるため，健全化判断比率へ会計的な考え方を導入することにも資するといえよう．

どうして発生主義のような，複式簿記の考え方が公会計に浸透してきたかといえば，近年，地方公共団体の一部が，地方債残高や第3セクター・地方公社への損失補償をきっかけに破綻し，債務償還に支障が出るのではないかという懸念が広がり，これまでの予算の原理や官庁会計の方式では，実態がとらえられないものになってきたからである．また，団塊世代の大量退職を控えて，将来的な支払債務を可視化する必要があることや，1960年代に集中投資されたインフラ資産が次々に更新期を迎えるため，詳細な資産情報が必要になったことも，公会計制度の整備を後押ししている要因である．

新しい公会計制度の必要性は，40年以上も前から指摘されていたが，長い間，理論の段階にとどまっていた．その後，1980年代末から90年代にかけて，熊本県，三重県，大分県臼杵市など，一部の地方公共団体が首長のイニシアティブによってバランスシートを作成していくが，全国的な広がりを欠いた．普及のきっかけとなったのは，2000 年に発表された旧自治省報告書『地方公共団体の総合的な財政分析に関する調査研究会報告書』である．さらに 2006 年 7 月の「経済財政運営と構造改革に関する基本的方針」において，「資産圧縮」等の資産・債務改革の推進のため公会計モデルの導入が要請された．

5.5　行政評価

公会計の導入と一体をなす改革論に，「**行政評価**」がある．これがむしろわが国では，地方公共団体の行政のあり方や，予算編成の改革を推進する力となっている．行政評価の目的は一口でいえば，何にどれだけ使うのかという「投入」に焦点を当てた旧来の予算編成を，行政活動によって住民の生活の質がいかに変わったかという「成果」を考慮して編成・執行する方式に改めようとするものである．そのために，投入資源の配分と使用に関する権限を，予算査定部門から所管部門（部課）に移譲する，いわゆる「枠配分方式」と一体的にすすめることが，いまひとつの柱となっている．

ここで，投入（input）とは政策の実施に投下した資源を，結果（output）とは提供した行政サービスの種類や量を，そして，成果（outcome）とは住民に対して実際にどのような成果がもたらされたかを表すものとされる．表 2.1 に乳幼児医療費助成事業の事例を掲げる．これは，乳幼児の健やかな成長に寄与するため，疾病の早期発見と治療を促進するとともに，保護者の医療費自己負担を助成して，負担軽減を図る制度である．

「投入」は，それに関係する予算すべてである．ここでは，事業費と人件費の合計である．行政サービスの量である「結果」は，助成総レセプト数や助成総医療費がどのくらいであったかで測られる（活動指標）．そして「成果」は，乳幼児 1 人当たりの助成額や，市の子育て支援サービスに満足している子育て世帯の割合で測定される．枠配分方式とは，所管部門が予算要求を行い，財政・主計部門が査定を行う旧来の個別査定方式を改めて，企画・財政部門においてあらかじめ施策別・部局別に予算枠を設定し，個別の事務事業の内容については，所管部門に権限委譲しようとする方式である．

このように行政評価には，一般財源＝一般経費（ノン・アフェクタシオン）

表 2.1　行政評価の事例（福島県伊達市，平成 22 年度）

乳幼児医療費助成事業のケース

				単位	実　績	指標の算定方法
投入量	事業費	財源内訳	国庫支出金	千円		–
			都道府県支出金	千円	31,544	–
			地方債	千円		–
			その他	千円		–
			一般財源	千円	70,273	–
		事業費計(A)		千円	101,817	–
	人件費	正規職員従事人数		人	1	–
		延べ業務時間		時間	1,200	–
		人件費計(B)		千円	3,888	–
	トータルコスト(A)+(B)			千円	105,705	
活動指標				件	56,685	助成総レセプト件数
				円	99,839,330	助成総医療費
対象指標				人	3,110	小学校就学前乳幼児数
成果指標				件	18	乳幼児 1 人当たりの医療件数
				円	32,103	乳幼児 1 人当たりの助成額
上位成果指標				%	54	市の子育て支援サービスに満足している子育て世帯の割合

（資料）伊達市ホームページより．http://www.city.date.fukushima.jp/index.html

の予算原則や，増分主義的予算編成から出てくる問題点を克服して，行政活動の成果を予算編成に関連付けるという意義が認められる．各事務事業が評価・査定の対象になることによって，経済性（economy），効率性（efficiency），有効性（effectiveness）の 3 E が高まることも期待できる．

わが国では，行政評価は国よりも地方公共団体が先行して導入が図られてきた．その先駆けは，1996 年に三重県が導入した**事務事業評価**であった．事務事業評価とは，同県が実施するすべての事務事業（当時，約 3200 本）を対象として，1 つ 1 つの事務事業を継続的に点検していくための制度のことである．

1990 年代末頃から，行政評価制度を導入する地方公共団体はおおいに増加して，現在では都道府県や市に限れば，大半の団体が行政評価制度を実施するようになっている．どうして行政評価がこれほどまで浸透してきたかといえば，近年，多くの地方公共団体が財政悪化に直面しており，財政制約の高まりに伴って，予算編成段階における予算査定の厳格化が強く求められているという事情が挙げられる．また90年代以降，パブリック・セクターに民間企業の経営管理システムを導入して，3Eを高めようとする「新公共経営」(New Public Management) の影響力が出てきたということも一因として挙げられる．

5.6　行政評価の効果

行政評価とそれを補完する枠配分方式そのものを見れば，たしかに旧来の予算編成や官庁会計の改革の指針となるようなものが，多く含まれている．しかし，この改革には地方公共団体を，ひとつの民間企業と見るような考え方が含まれている．したがって，このような経営管理システムが，実際に地方公共団体の予算編成の改善に役立っているとか，さらには行政サービスの3Eを高めることに実際に貢献しているとか，一般的に断定することはできない．

▶ Column-2 ◀

行政評価の効果

地方公共団体の行政評価に関して，個別の事例研究や定性的な研究は蓄積されているが，その効果を定量的にとらえた分析は少ない．金坂・広田・湯之上(2011) は，市区データのクロスセクション分析を行い，事務事業評価を導入している地方公共団体は歳出を抑制している傾向があるとの結論を導いている．また実質公債費率や将来負担比率については，事務事業評価を導入している地方公共団体は健全な財政運営を行っていることが示されている．

一方，行政評価を導入しただけでは，必ずしも期待した機能を発揮できない可能性があることを指摘する実証研究もある．例えば，松尾 (2006) は兵庫県伊丹市のケース・スタディにおいて，レビューや査定を受けた事業と受けなかった事業を区別し，経済性，効率性，有効性の各視点で比較することで行政評価導入の効果を検証しているが，経費節減や成果目標の達成は不十分であると指摘している．

はじめに注意しておいてよいのは，行政評価は予算投入額そのものより，行政サービスの成果に関心を持つとはいえるが，財政・企画部門による投入統制から一般的に開放されているわけではないということである．地方公共団体の予算は，目的に従って款・項に区分されており，事務事業単位にはなっていない（地方自治法第216条）．通常は予算編成の単位は，事務事業よりも広く括られている．このため，予算編成単位である款・項・目は，予算要求部門との整合性が図られているのに対して，行政評価の単位である事務事業は，上位の政策から展開されてきており，必ずしも予算要求部門の単位とは一致しない．行政評価を予算編成に反映させるためには，予算編成単位と事務事業評価単位を一致させる必要があり，そのためには膨大な作業を行わなければならない．

次に，**行政サービスの「成果」**を測定することに端を発する問題である．もともとパブリック・セクターにおいては，民間企業と異なり，客観性のある成果指標が存在しない．民間企業では，売上高，利益，キャッシュフロー等の財務指標で統一的に成果を評価できる．一方，地方公共団体の行政評価で用いられる指標は，事務事業ごとに異なり，かつ成果を示す情報はほとんど存在しない．地方公共団体が数百の事務事業を評価対象として，統一的な尺度で定量的に評価し，休廃止対象事業を抽出することには困難が伴う．例えば，高齢者介護のためのヘルパー派遣事業と市道の改良と，どちらがより成果があったかを比べることはできない．同じ行政分野であれば，その成果から見てヘルパー派遣を拡充するよりも，特別擁護老人ホームの整備に力を入れた方が良いという判断はできるが，違う分野でどちらを優先するかを行政評価の結果から決めることはできない．行政評価は，導入と結果の公表だけで満足するのではなく，実際に役立たせるにはどのような改善策が必要であるかを模索しなければならない．

演習問題

1．次のURLから，居住地の市町村・都道府県の「決算カード」をダウン・ロードしなさい．http://www.soumu.go.jp/iken/zaisei/card.html　「性質別歳出」と「目的別歳出の状況」を見て，市町村と都道府県の違いを確認しなさい．また，経常収支比率がどうなっているかもチェックしなさい．

2．いま，t 期の財政支出 G_t に対する需要が次の式で与えられるとする．$G_t=[Y_t]^{\alpha}$ ただし，Y_t は t 期のGDPである．このとき，需要の所得弾力性を求めなさい．

3．ワグナーの法則が成り立つには，α はどのような値でなければならないか答えなさい．

4．ある国の政府支出とGDPが，過去30年間次の通りであったとする．このデー

年　度	政府支出	GDP	年　度	政府支出	GDP
1980	43,405	248,376	1995	75,939	497,740
1981	46,921	264,642	1996	78,848	509,096
1982	47,245	276,163	1997	78,470	513,613
1983	50,635	288,773	1998	84,392	503,324
1984	51,481	308,238	1999	89,037	499,544
1985	53,005	330,397	2000	89,321	504,119
1986	53,640	342,266	2001	84,811	493,645
1987	57,731	362,297	2002	83,674	489,875
1988	61,471	387,686	2003	82,416	493,748
1989	65,859	415,885	2004	84,897	498,491
1990	69,269	451,683	2005	85,520	503,187
1991	70,547	473,608	2006	81,445	510,938
1992	70,497	483,256	2007	81,843	515,804
1993	75,102	482,608	2008	84,697	492,067
1994	73,614	489,379			

タを用いて，ワグナー法則が成立しているか否かを検討しなさい．（ヒント：$\log G = \beta + \alpha \log Y + u$ という回帰モデルを推計して，α を求める）．

5．官僚制モデルにおいて，$B(y) = y^{1/2}$ かつ $C(y) = y^2$ とする．$B(y) - C(y)$ を最大化する y^* を計算しなさい．$B(y) = C(y)$ となる y^b の値はいくらか．また，$y^b \geq y^*$ となることを示しなさい．

6．地方財政計画に関する次の記述には，妥当なものが2つ含まれる．番号で示しなさい．

①地方財政計画とは，約1800の地方公共団体の財政をあたかも1つのものとして取扱い，国の一般会計予算との整合性を図るために作成される，地方交付税法第7条で義務づけられている資料である．

②地方公共団体の会計は，統一的に把握するために普通会計と公営事業会計との2つに分けられるが，地方財政計画には普通会計が含まれている．

③地方財政計画の歳出は，給与関係費，社会保障関係費，投資的経費，公債費から成り立っている．

④地方財政計画の歳入には，法定税目の収入見込み額の超過税率分が地方税として積算され，法定外税あるいは標準税率分は計算に入らない．

⑤地方財政計画上の財源不足が発生する場合には，地方財政対策が講じられるが，具体的には交付税及び譲与税配付金特別会計での借入れによって，不足分を埋め合わせている．

文献案内

地方公共団体の予算については，小坂（2007）が初心者向けでわかりやすい．予算原則をより深く勉強するには，神野（2003）が役立つ．地方財政計画の仕組みについては，小西（2009）がわかりやすい．より高度な経費膨張理論を知りたい読者には，Hindriks and Myles（2006）Ch. 6 に挑戦することを薦める．地方公共団体の予算編成改革については，稲沢他（2012）が最新の事例を紹介している．

第 3 章

地方政府の現代的機能

3 章では，地方政府の現代的機能を理論的な観点から学ぶ．はじめに 1 節では，地方政府の経済活動が公共財の概念を基準にして，どのように把握されるかを論じる．準私的財の性格を備えているものや，私的財の現物給付に属するものがかなり大きな比重を占めていることに注目する．ところで，公共財の供給はどのくらいであるべきであろうか．2 節では，純粋公共財を供給する際のパレート効率的な条件を解説する．個人の限界代替率の合計が限界変形率に等しいときに効率的に供給されるという，サミュエルソンの条件について説明する．

3 節では，地方政府の古典的機能である地方公共財の供給を学ぶ．なぜ地域の人々の選好に従って，地方政府が公共サービスを地域ごとに供給するのが望ましいのだろうか．地方公共財への人々の選好が顕示されるメカニズムは，どのようなものなのか．オーツの地方分権化定理や，ティブーの「足による投票」をめぐる議論について展開する．

標準的な考え方によれば，所得再分配と安定化機能は中央政府に割り当てられるべきであり，地方政府はある種の公共財を供給する資源配分機能に特化すべきであるとされる．実際には，地方政府の機能は公共財の供給に限られているわけではない．地方政府の現代的機能は教育，医療，社会福祉等の準私的財の供給にある．4 節では，現物給付を通じる所得再分配に地方政府が関与する理由があるかを問うことにする．普遍主義，自己選択，時間に関する不整合とは何かを解説する．

1. 私的財と公共財

資本主義的な経済では，基本的に市場メカニズムを通じて資源が配分されている．市場による資源配分は，効率的となることがわかっている．これは厚生経済学第1基本定理と呼ばれている．ここで効率的とは，「ある経済主体の状態をよりよくするためには，他の経済主体の状態を悪くせざるをえないとき」をいう．しかし，現実の経済では市場が普遍的に存在するとはいえないし，完全競争が保証されているわけでもない．このような不完全な状態を市場の失敗（market failure）といい，政府による介入の根拠となっている．

1.1 公共財の定義

経済学では，私的財と公共財とを区別するために2つの基準を立てる．第1は，その財の消費に競合性という性質があるかどうかである．競合性とは，ある財がある人によって消費されたならば他の人によって消費されないという性質である．例えば，Aがピザを食べたならば，Bはその同じピザを食べることはできない．非競合的消費の例は，地方政府が行う警察行政である．地域社会の安全と秩序の維持は，もう1世帯が引っ越してこようとも，影響は受けない．

私的財と公共財を区別する第2の基準は，排除性という性質の有無である．排除性というのは，対価を支払わない人をその財の消費から排除することができるという性質である．有料の高速道路が存在することからも明らかなように，道路の利用については排除原則の適用が比較的容易な場合もある．しかし，地方政府が管理している通常の都道府県道や市町村道は，その構造からして排除コストが禁止的に高くつくから，混雑が生じる可能性が乏しいものは非排除性の性格を備えている．

表3.1を掲げ，公共財と私的財の区分をまとめよう．排除が不可能で消費競合性のまったくない財は，**純粋公共財**と定義される．このような財の例としては，警察，司法等を挙げることができる．これに対して，排除が可能で消費競合性のある財を，私的財と呼ぶ．このような例としては，医療サービスや福祉，教育を挙げることができる．

表 3.1　公共財と私的財の区分

	排除できない	排除できる
競合性がある	コモンズ	私的財
競合性がない	純粋公共財	クラブ財

（資料）奥野編（2008）『ミクロ経済学』表7.1より転載.

純粋公共財でも，私的財でもない財を**準公共財**（impure public goods）と呼ぶ．特に排除が容易で消費競合性がない財は，クラブ財（club goods）と呼ばれる．このような財の例としては，地方公共財や会員制のフィットネスクラブを挙げることができる．また，排除が不可能で消費競合性のある財は，コモンズ（commons）と呼ばれる．このような財の例としては，共有林，漁場等を挙げることができる．公的に供給される財の中でも，追加的利用者に供給するのにかかる限界費用が高い財は，公的に供給される私的財（publicly provided private goods）と呼ばれる．

1.2　地方政府の行政活動

❑ 教育・文化行政　地方公共団体の行政活動を，上記のような公共財の概念を基準にして，位置づけてみよう（大野［1988］）．はじめに，教育行政の全体に共通している点は，4章でも述べるように消費の外部経済効果が伴うということである．他方，どの種類の教育をとっても，非競合性，非排除性等の純粋公共財の性格は認められない．教育サービスを，純粋公共財とみなすことはできない．社会教育は，いわゆる価値財としての性格も備えているため，その消費を政策的に促していると考えられる．芸術文化の振興や文化財の保護が生み出す社会的便益には，非競合性と非排除性が見られ，純粋公共財の性格を備えていると見てよい．

❑ 民生・労働行政　有料老人ホームや特別擁護老人ホーム等の福祉サービスは，どちらかといえば純私的財に近いのであって，それの公的供給の主たる根拠は，所得再分配ないし個人生活の公的安全保障に求められるのである．医療サービスそれ自体は私的財としての性格が強いといえる．にも関わらず，社会保険等によって医療需要が社会化されているのは，ひとつには情報の非対称性のためである（5章参照）．

労働行政の中でその性格が比較的明確なものは，職業訓練行政である．職業訓練は，その目的からして多かれ少なかれ外部経済効果が伴うと見てよい．労働基準行政や婦人少年行政には，非排除性，非競合性等の純粋公共財の要素が含まれている．

❏ **土木建設行政**　河川行政は，治水事業の便益に見られるように非競合性と非排除性がともに認められるから，純粋公共財に属する．地方公共団体が管理している通常の都道府県道や市町村道は，その構造からして排除費用が禁止的に高くつくから，混雑が生じる可能性が乏しいものは，純粋公共財の性格を備えている．都市公園は比較的容易に排除原則を適用できるが，他方では緑地としての価値や消費の外部性が認められるので，準公共財とみなすのが適当であろう．公営住宅は，基本的には私的財に属する住宅サービスを現物で給付する所得再分配手段である．

❏ **警察・消防行政**　警察行政の主たる便益である地域社会の安全と秩序の維持については，明らかに純粋公共財としての性格が認められる．消防行政は，住民の生命，身体，財産を災害から保護することを目的とし，消火活動，予防行政，救急業務等から成っている．建物が軒を接している地域では，消防署は税金や寄附金を出していない人の建物の火事も，隣接した人の建物に飛び火するおそれがあるので消火する．このようなわけで，警察行政と消防行政は，概していえば，純粋公共財の性格が強いといえる．

1.3　準私的財と現物給付

以上に述べてきたところから明らかなように，地方公共団体の行政活動の性格は多様である．その中でも特に注目すべき点は，準私的財の性格を備えているものであるとか，私的財の現物給付に属するものがかなり大きな比重を占めていることである．一方，純粋公共財とみなされるものは比較的少ない．

地方公共団体の活動における準私的財や**現物給付**のウェイトは，表3.2に掲げた国民経済計算から見ると，より一層明瞭になる．国民一般に便益が帰

表 3.2　一般政府部門別の受取（2010 年）

（単位：10 億円）

	中央政府	地方政府	社会保障基金	うち地方政府
最終消費支出	14,941	41,969	38,860	
現物社会移転	1,604	14,725	38,837	27,056
現実最終消費	13,337	27,243	22	
現物社会移転以外の社会給付	1,307	10,593	55,317	
現金による社会給付	0	0	55,307	4,524
無基金雇用者社会給付	457	2,601	10	
社会扶助給付	849	7,991	0	
総固定資本形成	3,751	11,422	44	
土地購入など	359	1,219	0	
小計	20,358	65,203	94,221	

（資料）内閣府『国民経済計算』制度部門別所得支出勘定より．

属する最終消費は，国民経済計算では「現実最終消費」と定義されている．機能別分類でいうと，一般公共サービスや防衛，警察・消防がこれに該当する．これらのサービスの性格からして，純粋公共財としての性格が認められる．この分野における地方歳出はおよそ 27.2 兆円であり，一般政府全体に占める割合は 68% となる．これには一方では防衛費の低さが，他方では地方公共団体における警察・消防，ならびに一般行政の高さが反映しているといえる．

同じく最終消費ではあるが，便益の帰属が個別的な最終消費は「**現物社会移転**」と呼ばれる．機能別分類でいうと保健・医療であるとか，教育がほぼこの分類に対応しているといってよい．これらのサービスの性格からいって，私的財としての性格が認められる．社会保障基金に計上されている国民健康保険や介護保険等を地方政府に振替えると（27 兆円），この分野での地方歳出はおよそ 41.7 兆円であり，一般政府全体に占める割合は 80% となる．公共部門全体の中で，現物給付は主に地方政府が担当していることが明瞭にうかがわれる．

これに対して，現金給付による社会保障は「現物社会移転以外の社会給付」と定義されている．機能別分類でいうと老齢年金，家族・児童給付，失業給付，公的扶助がほぼこれに該当する．典型的な現金給付による，所得再分配であるといってよい．この分野における地方歳出はおよそ 10.6 兆円であり，一般政府全体に占める割合は 16% にとどまる．これは「現金による社会給付」の太宗を占める年金や雇用保険給付が，理論的な想定通りに，国の役割になっているからである．

もっとも，「社会扶助給付」では生活保護を実施している地方の歳出は 8 兆円であり，一般政府全体に占める割合も 85% に達している．最後に，公共事業費から土地購入代を除いた「総固定資本形成」での地方歳出は 11.4 兆円であり，一般政府全体の 75% に達している．全体を合計した数値でも，地方歳出の割合は 55% 近くにのぼり，地方政府の歳出は大きい．林正義（2008a）が指摘するように，日本の地方公共団体は国よりも多くの事務を行っているだけではなく，現物給付や準私的財の供給を通じて，所得再分配に大きく関与している．それは，国が現金給付を通じて所得再分配を行っているのと対照的である．

2. 公共財の効率的供給

公共財の供給はどのくらいであるべきだろうか．経済学では，この問に答える基準としてパレート効率的かどうかを問題にする．もし他の誰かの状態を悪化させることなしには，どの一人の状態も改善することができないならば，資源配分はパレート効率的である．また民間市場におけるパレート効率の条件としては，個人の限界代替率が限界変形率に等しくなければならないことがわかっている．

2.1 サミュエルソン条件

純粋公共財は，すべての個人についての限界代替率の合計が限界変形率に等しいときに，効率的に供給される[1)]．これを**サミュエルソンの条件**という．この名は，その導出者である経済学者，サミュエルソン（P. A. Samuelson）にちなんでいる．サミュエルソンは現代経済学の基礎を築いた学者の一人であり，1970 年にノーベル経済学賞を受賞した．

1) 公共財の供給について『財政学』35–42 頁参照．

$$\sum_{i=1}^{n} MRS_i = MRT$$

ここで，MRS_i は個人 i の**限界代替率**，MRT は**限界変形率**を表している．私的財と公共財の限界代替率とは，各個人が公共財をもう 1 単位得るためにどれだけ私的財をあきらめようとするかを示す．したがって，限界代替率の合計は，社会の構成員すべてが共同消費する公共財をもう 1 単位得るために私的財をどれだけあきらめようとするかを示している．限界変形率は，公共財をもう 1 単位得るためにどれだけの私的財をあきらめなければならないかを示す．効率性のためには，個人があきらめようとする総量（限界代替率の合計）が，個人があきらめなければならない量（限界変形率）に等しくなければならない．

その理由は次の通りである．私的財に対する需要曲線を導くのと同じように，A と B の 2 人の公共財に対する需要曲線を導くことができる．ある個人の公共財の消費は他の個人の公共財からの便益を減らさない．したがって，所与の公共財について支払い意欲を計算するには，すべての人の支払い意欲を合計することになる．純粋公共財はすべての個人に等量消費されるので，需要曲線を垂直方向に加算することが必要になる．図 3.1 ではそれらを垂直方向に合計することによって集計需要曲線を描いている．

ここで需要曲線は，限界的に支払っても良いと思う量を示している．したがって，集計需要曲線はもう 1 単位の公共財のために，すべての個人が一緒

図 3.1　公共財の効率的供給

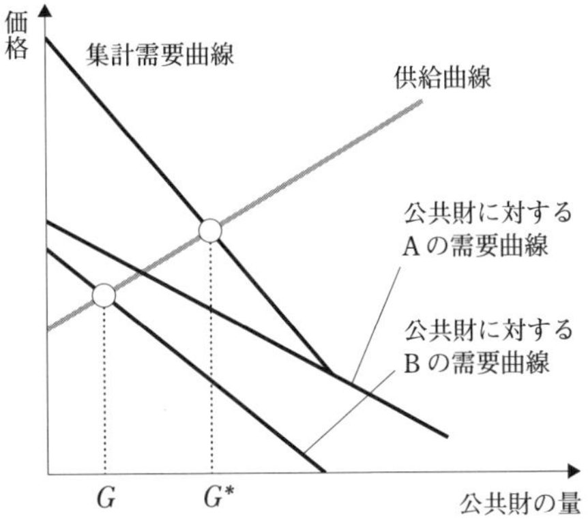

に支払っても良いと考える総量を示す．同じことであるが，各人の需要曲線上の各点は，公共財のその水準での彼の限界代替率を表しているため，需要曲線を垂直に合計することによって，限界代替率の合計を導くことができる．

一方，供給曲線は私的財の場合と同じように描くことができる．各産出水準に対する価格は，もう1単位公共財を生産するために，他の財をどれだけあきらめなければならないかを示している．これは限界費用，あるいは限界変形率である．集計需要が供給に等しくなっている点では，限界支払意欲（限界代替率の合計）が限界費用または限界変形率に等しくなっている．したがってパレート効率的な公共財の量は G^* である．

市場メカニズムは，公共財を効率的に供給できるだろうか．私的財が競争的市場で交換されるときは，排除性が働くので各人は市場に参入して，対価を支払わなければ消費することはできない．しかし，公共財は価格システムによる割当てが不可能である．すべての人々は対価を支払うかどうかに関わりなく，供給されたサービスから便益を受けられると考えているので，自発的に対価を支払おうとするインセンティブがない．

この点を図3.1によって見てみよう．個人Bが純粋公共財 G を購入した場合，非排除性によって個人Aも等量消費が可能となる．その結果，個人Aは何の負担もなく公共財供給の恩恵に与かることが可能となる．このように他人に負担をさせて，その便益を享受する人を**フリー・ライダー**（free rider）という．市場メカニズムを通じて，公共財を効率的に供給することはできない．公共財の私的供給は，社会的に見て過小となる．

3. 地方政府が存在する理論的根拠

3.1 地方公共財

「市場の失敗」があれば，政府が資源配分の効率性を高めるために公共財を供給する必要があることを学んだ．しかし，政府を観察すると，中央政府と地方政府というように複数の階層レベルから構成されていることがわかる．中央・地方からなる重層的な政府が必要である理由を理解するために，地方公共財の特徴を押さえておく必要がある.

資源配分機能に関する標準的な見解によると，規模の経済が強く働き，かつ外部性も大きい全国的な公共財は中央政府に割当てるべきである．わかりやすい例でいうと，国防がこれに該当する．これに対して混雑現象が伴い，特定の地理的範囲に便益が帰属するような公共財は，地方の選好について情報を持っている地方政府によって供給するのが望ましいとされる．例えば，道路や街灯，警察・消防がその例である．後者のような公共財は，地方公共財（local public goods）と呼ばれている．

地方公共財と全国的な公共財との違いは何か．地方公共財には便益が特定の地理的範囲内に限定されていて，それ以外の場所では消費できないという特徴がある．地域コミュニティは，地方公共財を提供するクラブに似ていると考えることができる．実際，地域コミュニティのメンバーになるには，消費者はその地域に移動しなければならない（≒クラブに加入する）し，そのコミュニティが徴収する地方税を納付しなければならない（≒会費を支払う）．経済学では，クラブ財の重要な特徴は排除可能性であるとされている．このことが，地方公共財にも妥当するか否かは興味深い問題である．

排除が可能な理由は2つある．第1に，消費者は地方公共財の便益を得るには，その地域の住民にならねばならない．地方政府は住宅の転売を禁止したり，既存の住民に立ち退きを命じたりすることはできない．しかし，新規の住宅建設を制限する権限を持っている．第2に，税の支払がある．地方税の納付を拒否するものは，納税を命じられるか，クラブから除名される．これも地方政府は徴税権を持っているからだ．こうした地方公共財の性質に着目して，地方公共財についてはフリー・ライダー問題が解決されると主張するのが，後述する**ティブー**（C. M. Tiebout）の「足による投票」仮説である．

3.2 オーツの地方分権化定理

では，なぜ地方公共財は地方政府によって供給することが望ましいのだろうか．このような地方公共財の供給水準についても，中央政府が決定し，費用負担することは考えられる．しかし，地域の人々の選好に従って，地方政府が公共サービスを地域ごとに供給することが好ましい．このことを理論的

図 3.2　オーツの分権化定理

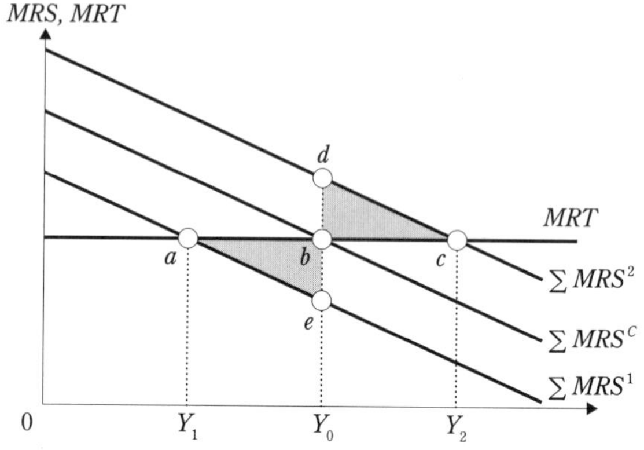

（資料）Boadway and Wildasin（1984）Fig.15-1より転載．

に明らかにしたのが，**オーツ（W. E. Oates）の地方分権化定理**（The Decentralization Theorem）である（Oates［1972］Ch. 2）．

この定理は，「総人口のうちの地域的部分集合のみが消費し，供給費用がいずれの産出量水準においても国及び各地方政府においてすべて等しいような公共財については，地方政府がそれぞれの地域に対してパレート効率的な産出量水準を供給することが，中央政府がすべての地方政府に対して一様にある一定の水準を供給するよりも，必ず効率的になる」というものである（Oates［1972］p.35）．オーツの地方分権化定理によって，資源配分機能は地方政府の担うべき役割とされ，地方分権を支持する根拠のひとつとなっている．

図 3.2 を用いながら，分権化定理をやや直感的に理解することにしよう（Boadway and Wildasin［1984］Ch.15）．この図では，横軸に地方公共財の供給量がとられ，縦軸ではある地域の公共財に対する限界便益の総和と限界費用が表されている．いま地域 1 の住民の限界便益の総和が ΣMRS^1 で，地域 2 の住民の限界便益の総和が ΣMRS^2 によって表されるとする．この公共財の限界費用 MRT は産出量に関わらず一定であるという前提があるので，地域 1 では Y_1，地域 2 では Y_2 が最適な公共財の供給量となる．すなわち，それぞれの供給量において限界便益の総和が限界費用に等しいというサミュエルソンの条件が満たされている．

次に，中央政府が画一的に地方公共財を供給する場合を考える．中央政府が公共財を供給する場合には，各地方政府が供給する水準の平均で一律に供給するものとしよう．このとき，限界便益の総和は ΣMRS^{C} で表されるので供給量は Y_0 となる．さて中央政府による画一的な供給水準 Y_0 は，地域 1 の住民にとっては過大であり，地域 2 の住民にとっては反対に過少である．その結果，中央政府による画一的な供給によって**社会的な損失**が発生する．社会的な損失の大きさは，三角形 *abe* と三角形 *bcd* との面積の合計で表される．したがって，最適な供給量がどの地域でも同一という特殊ケースを除くと，地方政府が公共財を供給した方が中央政府による画一的な供給よりも効率的になる．

さて，オーツの地方分権化定理には 2 つの重要な前提がある．第 1 に，この定理では，供給費用がいずれの産出量水準においても国及び各地方政府においてすべて等しいという条件を含んでいる．そうでない場合，例えば中央政府による公共財の供給に規模の経済が働くようなときには，特定地域で消費される財であっても，中央政府が供給した方がより望ましい．中央集権化による費用節約が存在しない場合には，この定理は地方分権の根拠となる．

第 2 に，地方分権化のインセンティブは，各地域の最適な供給量がより多様であればあるほど大きくなる．これは，各地域の最適な供給量 Y_1，Y_2 が，画一的な供給量 Y_0 と離れていればいるほど，地方分権のメリットが大きいということである．もう少し厳密にいうと，「所与の総人口の下で地方公共財の分権的な供給による社会的利得は，一国の中で諸個人の需要がより多様であればあるほど，そしてそれぞれの地理的範囲に属する人々の選好が均一であればあるほど大きくなる」(Oates [1972] p.37).

Column-3

画一性のコスト

分権化定理を別の角度から見てみよう．公共財の画一的な供給が望ましいのは，住民の選好が均一の場合である．そうでない場合には，画一的な供給は望ましくない．ある 1 種類の公共財に対して，異なる選好を持った 2 つの消費者グループが存在するとしよう．公共財は全国一律の所得税によって財源をまかなうとする．

2 つのグループを A，B と名づける．グループ B は，税負担を考慮しても公共財に対して相対的に強い選好を持つとする．2 つのグループの効用水準は，公

図 3.3　画一性と住民選好

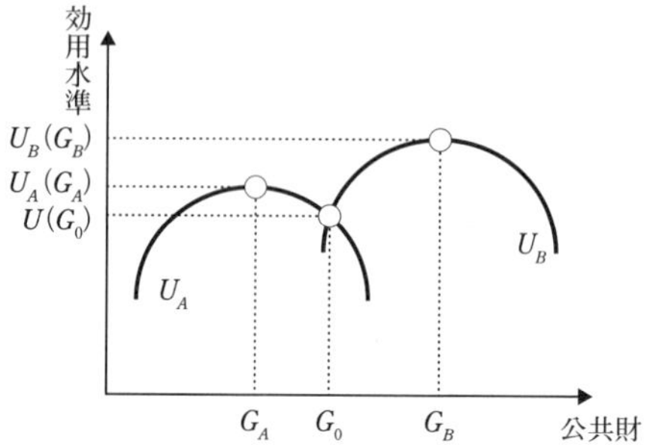

共財の供給に応じて図3.3のように示される．望ましい公共財の供給水準はG_A，G_Bである．ただし$G_A \leq G_B$である．次に画一的な供給を考える．これをG_0とする．このレベルがG_AとG_Bの間にあるとする（この外側であっても議論は簡単に拡張できる）．社会に対する厚生の損失は，次の式で表される．

$$L = n_A[u_A(G_A) - u_A(G_0)] + n_B[u_B(G_B) - u_B(G_0)]$$

ここでn_Aとn_Bは，各グループの人口数である．式は，各グループが望ましいと思う水準で公共財を供給した場合に得たであろう効用に比べた損失の大きさを表す．損失額を最小化するには，1単位の公共財を増やしたときにグループBが得る限界便益$n_B u'_B(G_0)$が，グループAの限界損失$n_A u'_A(G_0)$に等しくなるように，G_0の大きさを決めればよい．それでも社会的損失が発生することは避けられない．社会的損失は選好がより分散していて，各グループ内により多くのメンバーがいる場合に大きくなる．

（資料）Hindriks and Myles (2006) *Intermediate Public Economics*, pp. 545-546.

3.3　ティブーの「足による投票」

オーツの地方分権化定理によって，地域の人々の選好に従って地方政府が公共サービスを地域ごとに供給することが好ましいことがわかった．地方政府の存在理由を理解するには，地方公共財への人々の選好が顕示されるメカニズムも押さえておく必要がある．

地方公共財には，その便益が特定の地域に限定されるという性質がある．公共財の便益が地域内だけにとどまり，かつ多数の地域が異なった水準の公共財を異なった税率で供給している場合，いずれかの地域を居住地として選択することは，所与の税率のもと公共財への需要を表明することと等しいとみなされる．最適ではない地域選択は単に消費者の効用を下げるだけなので，正直に選好を顕示しないと消費者は損する．居住地選択という観察可能な行動が，消費者の公共財の選好を顕示させ，パレート最適な公共財の供給を可能にする．

このことを最初に指摘したのが，ティブーの**「足による投票」仮説**である．いま，複数のコミュニティが存在し，消費者が居住地を選択することができ，それぞれのコミュニティが独特の地方公共財と税の組合せを供給しているとする．純粋公共財の場合と異なり，消費者の地域選択はその選好に関する明確なシグナルとなる．選択された居住地は，明らかに消費者の選好に最も近い地方公共財を提示している．したがって，地域選択を通じて，消費者の選好の顕示が行われる．もし十分に多様なタイプのコミュニティがあり，そして多様な選好をもつ消費者がいれば，すべての消費者は自分たちに最適なコミュニティに居住し，それぞれのコミュニティは最適な規模になる．

つまり地方公共財に関する限り，市場メカニズムは効率的に機能するのであり，純粋公共財について議論した非効率，すなわちフリー・ライダー問題は発生しない．消費者は地方税の法律に従って納税しなければ公共サービスを消費できないので，ただ乗りはできない．より直截的な表現をするならば，消費者はその選好を「足による投票」(voting with feet) によって顕示し，その結果として最適なコミュニティが形成される．この議論は，それを提唱した学者の名前にちなんで**ティブー** (C. M. Tiebout 1924-1968) の「足による投票」仮説と呼ばれている (Tiebout [1956])．ティブーがこの仮説を提示したのは，ワシントン大学で地理学の教鞭をとっていた1956年であるが，爾来，彼の問題提起はおびただしい数の実証研究を促した．

▶ Column-4 ◀

学校の質と住宅価格

吉田・張・牛島 (2008) は，東京都足立区の小学校区ベースのパネルデータを用いて，第1に，学校の質が地価にどのような影響を与えるのか，第2に，学校選択制の導入が学校の質と地価との関係を変えたのかについて検証を行っている．それによると，私立中学進学率が10% 上昇すると，学校選択制導入以前では地価が2.6% 上昇した．しかし，学校選択制導入後は，特定の通学区域に居住することのメリットが弱くなったため，地価上昇効果はほぼ半減した．この研究は，日本においても学校の質は住宅価格に資本化されている可能性を示唆している．わが国では，地方税の負担はどこに住んでも大体同じである．吉田等の実証研究は，私立中学校への進学率が高い小学校のサービスを得るために，多少のコストは支払っても良いと思う人が日本にもいることの統計的なエビデンスとして貴重である．

ティブー仮説はたしかに理解しやすく，一見，有益と思われる．擬似的にではあれ，市場メカニズムを通じて公共財が効率的に供給されるというのは魅力的である．しかし，この仮説の成否は，その前提条件が満たされるかどうかにかかっている．第1に，ティブー仮説では消費者はコミュニティ間を移動する，ないしは，少なくともその地域選択についての制約なしに選択できるとされている．問題が起こるのは，**所得と地域選択とに相互依存関係**がある場合である．「足による投票」が可能なのは，消費者がすべての所得を土地，資産，または株式等のレントから得ている場合である．そうであれば，どこに住むかは問題にならない．しかし勤労所得を稼得している場合には，地域選択はそれと独立にならない．あまり良いサービスを提供せず，税率も高くても，賃金が高いコミュニティは居住地としては魅力的になるであろう．

第2に，コミュニティや個人の数が問題になる．話を簡単にするために，いま，コミュニティが2つしかないとする．地域Aが地方公共財の最適な提供をするのに，10人のケア・マネージャーと20人の教師が必要だとする．地域Bは10人の警察官と20人の教師が必要だとする．もしケア・マネージャー，教師，警察官が1：4：1の割合で存在していなければ，2つのコミュニティ間で効率的な資源配分はできない．資源配分の効率性を高めるには，十分に大きなコミュニティの数と人口が前提となる．

第3に，居住地選択には制約がある．ティブー仮説が妥当するのは，居住地を変更することに伴う取引費用がゼロに等しい場合である．実際には，不動産仲介業者に支払う手数料，登記等の法律上の費用，家具の引越し費用といった形で取引費用が発生する．取引費用の存在は，消費者による居住地選択の制約条件になるだろう．

要するに，ティブー仮説は単純明瞭ではあるが様々な難点がある．人々は自分の捜し求めるコミュニティにきれいに配分されるとは限らない．雇用の場は地域と結びついており，消費者は簡単に移動できない．住宅市場における取引費用は大きい．これらは仮説の成否をにぎっている移動の制約となるだろう．「足による投票」仮説は，コミュニティの形成について深い省察を加えるものであるが，効率的な資源配分と同義ではない．

4. 現物給付と所得再分配

4.1 現金給付と現物給付

ここまでの議論を通じて，われわれは公共財の供給は地方政府の古典的機能であることを学んだ．他方，伝統的な議論では政府の機能である所得再分配機能は中央政府が担う機能とされ，特に中央政府による現金給付によって社会的厚生水準がより高められることが議論されている．しかしながら，1節で見たように，現代の日本の地方公共団体は国よりも多くの事務を行っているだけではなく，**現物給付**や準私的財の供給を通じて所得再分配に大きく関与している．

図 3.4　州・地方政府の歳出構造（2009 年）

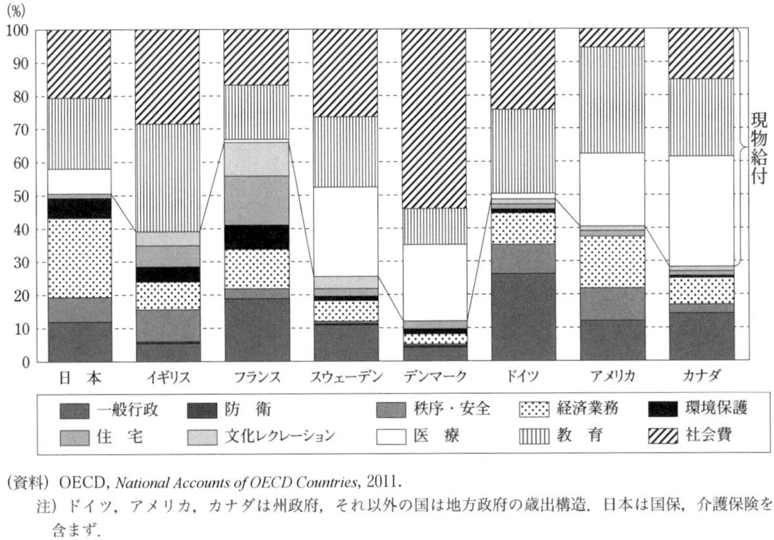

（資料）OECD, *National Accounts of OECD Countries*, 2011.

注）ドイツ，アメリカ，カナダは州政府，それ以外の国は地方政府の歳出構造．日本は国保，介護保険を含まず．

図 3.5　現物給付と現金給付

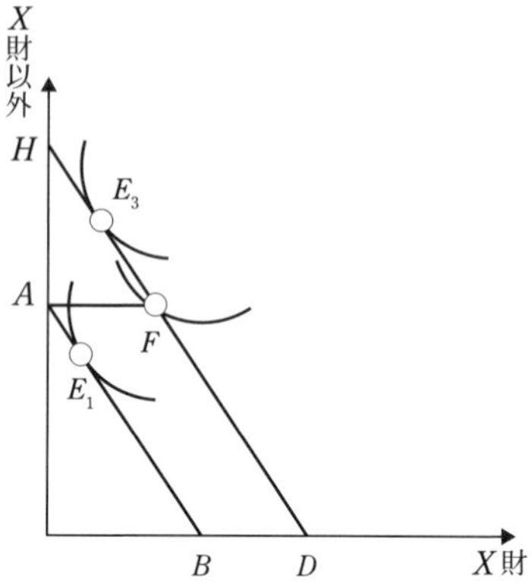

このような事実はわが国だけのことではなく，現在では世界的な潮流となっている．主要 8 ヶ国の州・地方政府の歳出構造をまとめた図 3.4 を掲げる．ほとんどの国では教育，医療，社会保護は州・地方歳出の 5 割以上を占めている．もっとも，この事実はそれぞれの分野で州・地方政府が最も重要なプレイヤーであるということを意味しているわけではない．教育は地方にとっては主要な歳出であると同時に，教育全体に果たす地方の役割は大きい．医療については 2 極化の傾向が見られる．デンマーク，スウェーデン，アメリカ，カナダでは州・地方政府の役割が大きいが，その他の国々では医療は中央政府の役割が大きい．社会保護は州・地方政府の主要な支出のひとつであるが，一般政府に占める割合は 10% 台に止まっている．

経済学では，伝統的には**現金給付**の方が現物給付よりも望ましいとされてきた．そのことを理解するために政府による現物給付がどのような意味を持つのかを押さえておこう．1 万円の現物給付は，消費者の所得の 1 万円の増加と等しいであろうか．この問に対する答えは「ノー」である．いま消費者が所得を X 財とそれ以外の財に支出しているとする．図 3.5 では横軸が X 財の消費，縦軸がそれ以外の財の消費を表している．当初の予算制約が AB だとすると，E_1 で消費者は効用を最大化する．

さて，政府が消費者に AF の長さに等しい X 財を現物給付して，その転売を禁止したとしよう．現物給付は消費者の行動にどのような影響を及ぼすだろうか．その他の財の消費のどの点をとってみても，この消費者は従前に比

べて AF だけ多く X 財を消費することができるので，予算制約は AFD になる．最も効用水準の高い無差別曲線は予算制約の角に接するものだから，F において効用は最大になる．政府はこの消費者に無料で X 財を給付したので，その他の財の消費を増やすことができるようになったと解釈できる．

次に，AF だけの X 財を給付するのではなく，それと同額の現金給付を行うと仮定しよう．予算制約は AB を平行移動した HD となる．HF の部分は現物給付ではなかった部分であるが，これは X 財の転売が禁止されていたためである．新しい予算制約において，消費者は E_3 で効用を最大化する．同額の現物給付と現金給付と比べると後者の方が消費者の効用水準が高くなる．現金給付は，使途が特定されていないので，受給者は自分の厚生を高めるように自分で選択して消費することができる．

4.2 普遍主義

受給者の観点から見て現物給付が現金給付に劣るとするならば，なぜ，政府による所得再分配は現物給付を通じて行われているのであろうか．現物給付が現金給付よりも優れている理由は，少なくとも 3 点ある（Hindriks and Myles［2006］pp. 380–385）．

第 1 は，制度への政治的な支持である．政府にとって教育，年金，医療保険の供給が**普遍主義的**であることは至上命題である．ここで普遍主義的（universal）とは，所得・資産，階層の如何を問わず，社会の構成員全体，あるいは特定のカテゴリー集団の全体に対してサービスを給付することをいう．そうでなければ，そのようなプログラムを導入し，かつ継続していくための政治的な支持を得ることはできない．例えば，公的年金や医療が貧困層に限定され，それ以外の人々が利用できないならば政治的には無防備である．それを支持するのは貧窮者だけであり，裕福な人々が反対するのはいうまでもなく，所得階層はそのプログラムに無関心になる．

政府のプログラムが普遍主義的であることは，再分配効果が弱いということを必ずしも意味しない．第 1 に，プログラムの財源が比例的な所得税によって調達されるのであれば，裕福な人々は貧しい人々よりも絶対額では負担が大きくなる．第 2 に，皆の負担が同じであっても，裕福な人々は貧しい人々と同じように公的に供給される準私的財を消費するわけではない．誰にでも開かれている公的な医療制度があり，その利用者には窓口負担がなく，財源はもっぱら定額税でまかなわれているとしよう．また公的な医療サービスよりも質の高い民間の医療サービスがあるが，それを利用するには患者の窓口負担があるとする．裕福な人々は民間医療を利用するが，公的な医療サービスにも拠出しているので，貧しい人々は内部補助を受ける．

4.3　自己選択

現物給付による所得再分配が行われる第2の理由は，**自己選択**（self selection）といわれるメカニズムに関わる．これは，完全情報の場合には貨幣給付を通じる再分配機能が有効であるが，不完全情報を前提にすると，現物給付による再分配の方が効率的となるという議論である（奥野編［2008］6章）．

完全情報を前提にした場合，所得や資産等，人々の経済状況は政府にすべて把握されている．政府は現金給付を行って再分配した方が，現物給付を通じて再分配するよりも社会的な厚生が高まる．現金給付は，使途が特定されていないので，受給者は，自分の厚生を高めるように自分で選択して消費することができる．しかし，現物で再分配を行うと，受領した財が消費者の厚生水準を高めるかどうかはわからない．

情報の非対称性がある場合，必ずしも上記の主張は支持されない．所得再分配政策を実施する際には，給付の対象である低所得者が誰であるかを知っておく必要がある．しかし，個々の消費者の所得水準や資産水準は，それぞれの家計自身が持つ私的情報であり，他人や政府にはわからない．そこで**ミーンズ・テスト**と呼ばれる調査を行う必要があるが，それには膨大なコストがかかるし，正しい情報が得られるとは限らない．実際の所得再分配政策において，本来は給付の対象でない人が現金給付を受けている場合がある．潜在的な能力の高い人が，意図的に努力を惜しんで低所得者のふりをして，現金給付を受給することをミミッキングという．

これに対して，現物給付はそれを受入れることで，給付を受けるべき貧者であることがシグナリングされる性質がある．例えば，住宅政策を考える．政府には，２つの政策手段がある．現物で公営住宅を低所得者に給付するということと，同じ質の住宅を賃貸できるように家賃補助金を直接給付することの2つである．個人から見れば両者は，無差別である．しかし，住宅の質が正常財であるならば，本当は多くの所得を持つ不正受給者が望む住宅の質はかなり高いはずである．したがって，政府が公営住宅の質をある程度下げれば，高所得者は貧困者のふりをしてでも，公営住宅に住もうとしなくなる．つまり自己選択が起こり，貧困でない人は公営住宅の申し込みを行わず，本当に困った人によって利用される．

医療サービスの場合も，同じようにして考えることができる．2人の人がいて，稼得能力だけでなく，健康状態が異なるとしよう．稼得能力の低い人は病気がちであり，医療支出が相対的に大きいとする．この場合に，現金給付の持つ難点は，医療サービスの供給によって緩和される．その理由は簡単であって，能力の高い人々（健康な人々）にとっては，医療サービスという現物給付を要求しても意味がないからである．現物給付はそれを受入れることで，貧者であることがシグナリングされるのである．

4.4 時間に関する不整合

現物給付を通じて所得再分配が行われる第3の理由は，**時間に関する不整合**（time inconsistency）に関わる．現物給付の根拠は，政府が将来の行動を約束する能力が低いことと関連づけて理解することができる．ここでいう約束能力の欠如は，政府の目標そのものが時間の経過とともに変わってしまったり，あるいは政府が人々の生活向上を考えないとか非合理的であったりするという点に起因するものではない．時間不整合は，合理的で人々の生活向上を尊重する志向があるにも関わらず，政策の実施を長期にわたって約束することができないことをいう．

年金を例にとって，時間不整合の問題を考えよう．政府が，老後の貯蓄がほとんどない人を救済しないと約束したとする．しかし，実際に老後貧困に陥っている人々を目の当たりにすると，救済する誘惑にかられるであろう．政府が救済（例えば，無拠出の基礎年金の給付）せざるをえないと人々が期待すると，現役時代の貯蓄動機は弱まる．このような事態を予期する政府は，強制加入を前提とした公的年金制度を整備する．

時間不整合の問題は福祉や教育，そして職業訓練がなぜ現物給付でなされているかを説明することができる．もし，貧困に陥った人を救済しないという政府の約束が信頼できないならば，潜在的な受給者は教育に投資したり，年金に拠出したり，あるいは職業訓練に励んだりしようとしなくなるだろう．なぜならば，いざとなったときには政府が助けてくれるからである．このため，政府は現金給付を行うのではなく，教育や職業訓練といった現物給付を通じて，経済的効率性や再分配の効果を改善しようとする．

補論 A

サミュエルソン条件の導出

公共財の効率性の条件である限界代替率の和＝限界変形率について，数学的な証明を示そう．いま，2人からなる社会を考える．個人2の効用水準を所与として，個人1の効用を最大化する．x_1 を私的財の消費，G を公共財の消費とすると目的関数は，

$$U_1(x_1, G)$$

制約式は，①個人2の効用水準を所与にすること，②私的財と公共財の消費総量が所得合計に等しいことである．公共財は等量消費という性質があるので，2人分の消費も G に等しいことに注意しよう．w_i は賃金所得を表す．

$$U_2(x_2, G)=\overline{U}_2$$

$$x_1+x_2+c(G)=w_1+w_2$$

この制約条件の下で，目的関数 $U_1(x_1, G)$ を最大化する．ラグラジアン関数をつくると

$$L=U_1(x_1, G)-\lambda\left[U_2(x_2, G)-\overline{U}_2\right]-\mu\left[x_1+x_2+c(G)-w_1-w_2\right]$$

x_1，x_2，G に関する1階の条件をそれぞれ求めると

$$\frac{\partial L}{\partial x_1}=\frac{\partial U_1(x_1, G)}{\partial x_1}-\mu=0 \tag{3-1}$$

$$\frac{\partial L}{\partial x_2}=-\lambda\frac{\partial U_2(x_2, G)}{\partial x_2}-\mu=0 \tag{3-2}$$

$$\frac{\partial L}{\partial G}=\frac{\partial U_1(x_1, G)}{\partial G}-\lambda\frac{\partial U_2(x_2, G)}{\partial G}-\mu\frac{\partial c(G)}{\partial G}=0 \tag{3-3}$$

式 (3-3) を μ で割って，整理すると

$$\frac{1}{\mu}\frac{\partial U_1(x_1, G)}{\partial G}-\frac{\lambda}{\mu}\frac{\partial U_2(x_2, G)}{\partial G}=\frac{\partial c(G)}{\partial G} \tag{3-4}$$

式 (3-1) をμについて解くと

$$\frac{\partial U_1(x_1, G)}{\partial x_1}=\mu \tag{3-5}$$

式 (3-2) をμ/λについて解くと

$$\frac{\partial U_2(x_2, G)}{\partial x_2}=-\frac{\mu}{\lambda} \tag{3-6}$$

式 (3-5) と式 (3-6) を式 (3-4) に代入すると

$$\frac{\partial U_1(x_1, G)／\partial G}{\partial U_1(x_1, G)／\partial x_1}+\frac{\partial U_2(x_2, G)／\partial G}{\partial U_2(x_2, G)／\partial x_2}=\frac{\partial c(G)}{\partial G} \tag{3-7}$$

右辺の第 1 項は個人 1 の限界代替率を示し，第 2 項は個人 2 の限界代替率を示すので，

$$MRS_1+MRS_2=MC(G) \tag{3-8}$$

補論 B

ティブー仮説の実証

数多くの経済学者が，ティブーの「足による投票」仮説を実証することに挑戦している．初期の研究は，固定資産税，公共財の供給，そして住宅価格の関係に着目した．代表的な研究は，1969 年に発表されたオーツの論文である．すべての地方政府が，同じ量の公共財を供給するとする．もし「足による投票」が生じているならば，固定資産税の負担が重い地方政府は，住民から見て魅力的ではなくなり，住宅価格は低くなる．税率を一定に保つならば，多くの公共財を供給する地方ほど魅力的なので，住宅価格は高くなる．これらの効果はお互いに相殺しあうのだが，公共財の住宅価格引上げ効果が十分に強いのであれば，税率の高い地方では固定資産の価格が高くなるはずである．

オーツは，ニュー・ジャージー州内の 53 の住宅地域を，実証研究の対象として選んだ．固定資産税の税率が高いと住宅価格は下落し，反対に公共財が増えると上昇するという関係が，統計的にも確認された．

この結果が，ティブー仮説の正しさを証明するものであるか否かについて

論争が起こった．オーツは上記の結果をティブー仮説が実際に働いている兆候であると考えた．しかし，ティブー仮説が妥当であるならば同一の住宅はすべての地域で同一価格になるはずである，との批判が寄せられた．租税が公共財から得られる便益を反映しているならば，住宅価格には影響を与えないからだ．やっかいなことに，住宅価格に着目してティブー仮説を実証するには，複雑な構造的方程式を解かなければならないことがわかった．

こうした難点への対処として，別の角度から実証するアプローチが生まれた．それは住民の公共財への需要を直接，観察するというシンプルなものであった．もし，ティブー仮説が成り立つならば，地域選択によりそれぞれの地域内で公共財の需要に均一性（homogeneity）が見られるはずである．同一地域内での需要の分散（variance）と，地域間での分散を比較して，前者の方が小さければ仮設が間接的に実証されたことになる．グラムリッチ（Gramlich）とルビンフェルド（Rubinfeld）が，ミシガン州郊外の家計について行った研究がこれであり，彼らは説得力に富んだ事実を示すことに成功した．地域間に比べて，地域内の選好の分散の方が小さいことを発見したのである．ただし，これらの結果はティブー仮説が完全に成り立つことを確認するものではない．

補論 C

消費の外部性

現物給付はなぜ政治的に支持されるのであろうか．「**消費の外部性**」という視点を入れると，経済学によっても現物給付の存在を説明できる．高所得者の効用は，彼自身の所得と低所得者の消費の双方に依存するとしよう．外部性が P の所得ではなく，消費によって生じると考えると，次の式をえる．

$$U_r = f(Y_r, C_p) \tag{3-9}$$

ここで，C_p は低所得者の消費である．C_p の増加すべてが高所得者の効用を高めるわけではない．低所得者が飲酒することもある．そこで C を次のように分解する．

$$C_p = G_p + B_p \tag{3-10}$$

ここで，G_pは低所得者による「善良な」消費（子どもの衣類，基礎的食糧），B_pは「不道徳な」消費（飲酒，ギャンブル等）を表し，両者の区別は高所得者が行うものとする．式(3-9)と式(3-10)から，次の式が導かれる．

$$U_r=f\ (Y_r, G_p, B_p),\ f_1 \geq 0,\ f_2 \geq 0,\ f_3 \leq 0 \tag{3-11}$$

ここで，f_1，f_2，f_3はそれぞれU_rをY_r，G_p，B_pで偏微分した値である．この式は，高所得者の効用は彼自身の所得及び低所得者の「善良な」消費の増加関数であるけれども，低所得者の「不道徳な」消費の減少関数であることを示している．このような状況では，「善良な」消費への移転は次の式が成り立つときに生じるであろう．

$$\frac{U_r}{G_p}-\frac{U_r}{Y_r} \geq 0 \tag{3-12}$$

第1項は，低所得者の「善良な」消費が増えたときの高所得者の効用の限界的増加を示す．第2項は，高所得者の所得が減少することによる効用の限界的減少を表す．

さて，現物給付である学校教育は両親や子どもの要望とは関係なく義務づけられている．

図 3.6　現金給付と現物給付

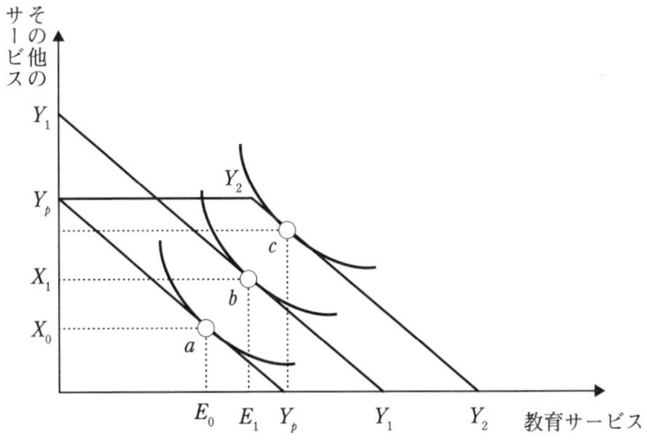

上記の図3.6は「消費の外部性」を用いて，現物給付がいかに説明されるかを示している．低所得者は当初，予算制約Y_pY_pに直面しているので点aを選択して効用の最大化を図る．次に，現金給付と現物給付を比較しよう．現金給付は，低所得者の予算制約をY_1Y_1に移動させるので，点bで効用が

最大化する．これに対して，現物給付である教育サービスが Y_2-Y_p に等しい量給付されると，予算制約線が Y_2Y_2 にシフトするから点 c で効用は最大化する．費用を負担しない低所得者から見ると，c 点は b 点より高い効用水準にある．したがって，低所得者は現物給付（教育サービス）を選ぶ．

次に，費用負担者である高所得者の視点から見てみよう．現物給付の方が，費用負担は大きい（横軸で測ると，現物給付は Y_2-Y_p であるが，現金給付は Y_1-Y_p）．よって，現物給付を行うためには，高所得者はより多くの所得移転をしなくてはならない．式(3-12)の左辺の第 2 項が大きくなる．

しかし，現物給付による高所得者の効用は，現金給付よりも大きくなるかもしれない．なぜならば，現金給付による再分配では，低所得者が給付金を「不道徳な」消費に使ってしまうかもしれないので，高所得者の効用は下がってしまうからである（$f_3\leq 0$）．

他方，現物給付は低所得者の「善良な」消費を促すメリットがある．これは，消費の外部性により，式(3-12)左辺の第 1 項が大きくなることを意味する．したがって，消費の外部性が十分に大きい場合には $\frac{U_r}{G_p}-\frac{U_r}{Y_r}\geq 0$ の左辺第 1 項が第 2 項よりも大きくなり，高所得者の立場から見ても現物給付が望ましい．

演習問題

1．3 人の個人から構成される経済を考える．各自の公共財に対する需要は，次の通りであるとする．

$$MB_1=30-G \qquad MB_2=80-G \qquad MB_3=120-G$$

ただし，MB_i は各自の限界便益で，G は公共財の数量である．公共財の限界費用は $MC=140$ で表され，生産量に関わらず一定であるとする．このとき，①公共財の最適な供給量と，②フリー・ライダー問題が発生して公共財が提供されなくなる理由を説明しなさい．③公共財が供給されない場合の社会的損失を計算しなさい．

2．2 つ地域からなる経済を考える．各地域の地方公共財に対する需要は，次の通りである．

$$MB_1=50-0.4G \qquad MB_2=70-0.4G$$

ただし，MB_i は各地域の限界便益（住民全員の限界便益の合計）を指し，G は地方公共財の数量である．地方公共財の限界費用は $MC=30$ で表され，中央政府及び各地方政府においてすべて等しいとする．この 2 地域に中央政府が供給する場合には，各地方政府が供給する水準の平均で一律に供給するものとする．このとき，①各地域が地域の選好に従って供給する場合の地方公共財の供給量，②中央政府が一律の水準で供給するときに発生する超過負担をそれぞれ計算しなさい．

3．次の（　　）に入る適当な用語を書きなさい．

公共財を地域住民の選好にしたがって供給すると，中央政府による一律供給よりも，厚生水準が高くなることを①（　　）定理という．この定理は②（　　）によって証明された．各地域が分権的に地方公共財を供給しているとき，消費者が居住地選択によって公共財への選好を表明するメカニズムを③（　　）という．これは④（　　）という学者によって提唱された．

4．2つの地域A，Bがある．各地域の住民の効用水準は，次のように定義されるとする．

$$U^A=-(Q^A-G^A)^2 \qquad U^B=-(Q^B-G^B)^2$$

ただし，G^JはJ地域の地方公共財，Q^Jはパラメーターを表している．以下の問にすべて答えなさい．

① 最適な地方公共財の供給を求めなさい．

② 公共財を中央政府が画一的に供給する場合（$G^A=G^B$）に，効用の合計U^A+U^Bが最大になる公共財の供給を求めなさい．

③ 上記で求めた画一的な公共財の供給がもたらす非効率の大きさを計算しなさい．

文献案内

公共財の効率的供給に関するサミュエルソン条件については，貝塚（2003），奥野編（2008）がわかりやすい．公共財の理論に基づいて，わが国の地方公共団体の行政活動を分類したものとして大野（1988）がある．地方政府の提供するサービスが純粋公共財ではなく，所得再分配の目的を持った私的財を中心にするものになっている．この点を明瞭に指摘したテキストとして，Boadway and Shah（2009）を推薦する．わが国については林正義（2008a）が同様の指摘を行っている．「足による投票」についてはTiebout（1956），地方分権化定理についてはOates（1972）がオリジナルな業績となっているので，挑戦してみよう．所得再分配が現金給付ではなく，現物給付を通じて行われることのメリットを体系的に論じているものとして，Hindriks and Myles（2006）及びBarr（2004）がある．

第4章

教育と機会均等

4章では，現物給付の事例としての教育サービスについて学ぶ．はじめに1節で，義務教育をめぐる国と地方の役割分担を取り上げる．義務教育の中心的な担い手は市町村であるが，教育の機会均等や教育水準の維持という要請から，国，都道府県，市町村がそれぞれの役割を分担している．教職員の定数管理や，1学級当たりの児童生徒数を決める学級編成基準は，国や都道府県がコントロールしている．分権改革で，どのように変わったのだろうか．ところで教育は，厳密な意味での純粋公共財ではない．2節では，教育における政府の関与はいかなる理由で正当化されるかを問う．教育の持つ外部性と機会均等の原則から，公費負担が必要であることを説明する．

3節では，消費者はなぜ教育に投資するのかを2つの対照的な見解を通じて考える．教育は，労働生産性や将来の賃金を高める投資なのだろうか．それとも，教育は生まれながらにして持っている能力を，社会に伝達する手段なのだろうか．最後の4節では，わが国の義務教育を題材にして，教育をめぐる政策的な諸問題を取り上げる．教育成果を左右するのは，学校教育の質なのだろうか．それとも，子どもが生まれ育つ家庭や社会といった環境なのだろうか．憲法・教育基本法において定められている教育の機会均等は，文字通り実現されているのだろうか．教育行政の政治的中立を確保する教育委員会への社会の評価が厳しいのはなぜだろうか．

1. 義務教育の行財政

1.1 国と地方の事務分担

はじめに，義務教育を題材にして地方行財政の制度を概観しておく（小川［2010］参照）．第1に，義務教育の中心的な担い手は，制度上は市町村である．すなわち，義務教育は基礎的自治体である市町村の自治事務であり，小中学校の設置・管理（学校教育法第29条，第40条）とそれに要する経費は，市町村が負担する原則（同第5条）である．ただし，市町村は財政基盤が弱いことから，市町村立学校職員の給与は都道府県が負担することになっている（市町村立学校職員給与負担法）．

第2に，公立義務教育学校の教職員の採用は，都道府県単位で行われる．一般に，市町村に勤務する地方公務員は，その採用・任免に関わる人事権は市町村にある．しかし，公立義務教育学校の教職員については，教職員の適正配置と人事交流のため，採用・任免等の人事は都道府県教育委員会が担っている．政令指定都市における県費負担教職員の人事権は，政令指定都市が持ち，都道府県が給与負担をしているため，任免権者と給与負担者が異なるという「ねじれ」状態にある．

第3に，公立義務教育学校の教職員の給与は，国が3分の1，都道府県が3分の2を負担している．その目的は，「義務教育無償の原則に則り，国民のすべてに対しその妥当な規模と内容とを保障するため，国が必要な経費を負担することにより，教育の機会均等とその水準の維持向上とを図ること」（義務教育費国庫負担法第1条）とされる．公立義務教育学校の教職員の給与を，設置・管理者である市町村が負担しないで国と都道府県が負担し，かつ人事権を都道府県が握っているという制度は，一般の地方公務員には見られないもので，**県費負担教職員制度**と呼ばれる．

第4に，教育行政の政治的中立性や専門性を確保するため，教育行政を行政（首長）から独立させるしくみとして，教育委員会がすべての都道府県と市町村に設置されている（地方教育行政の組織及び運営に関する法律第2条）．わが国では，土木や福祉等の地方行政は一般行政部局で担われているが，選挙と教育の事務は，首長の直接管轄下にある一般行政部局とは切り離された行政委員会で担われている．

教育委員会は，首長が議会の同意を得て任命する原則5名の教育委員で構成される（同第3条）．また教育委員の中から，委員会会議を主宰し代表する教育委員長（同第12条）と，事務局の長として実務を担当する教育長が選ばれる（同第16条）．教育行政には素人であるが，教育・文化について見識を有する教育委員会が地域の教育政策の基本方針を決定していくというのが，設置の趣旨である．

1.2　国と地方の経費負担

前述したように，義務教育の中心的な担い手は市町村である．他方で，教育の機会均等や教育水準の維持という要請から，国，都道府県，市町村がそれぞれの役割を分担しながら，義務教育の行財政は運営されている．この点を端的に示すのが，中央・地方を通ずる租税と教育費の実質上の分担関係である．

表4.1に見られるように，教育費を純計ベースで見ると，国が2.6兆円であるのに対して，地方は6倍以上の16.4兆円となり，地方財政の歳出純計が総額に占める割合は86%に上る．しかしながら，上記のような教育費における地方政府の比重の高さは，その財源調達における比重には対応していない．教育費に充当される独自の財源である地方税の規模は，おそらく9兆円程度であろう．

こうして教育については，経費と租税の実質的な分担関係が逆転しているわけであるが，その差額は中央から地方への財源移転によってまかなわれる．その主要なルートとなるのは，**義務教育費国庫負担金**と地方交付税の2つである．このうち，前者は公立義務教育学校の教職員の給与の3分の1を国が負担するもので，2010（平成22）年度において2兆1000億円余が国の一般会計から都道府県へ交付されている．当然のことながら，文教予算に占める国庫負担金の割合も大きく，文部科学省一般会計予算のおよそ30%を占めている．

義務教育費国庫負担金と並んで，中央・地方の教育財政のパイプとなっているのは，地方交付税である．わが国では，義務教育，福祉，生活保護等，国に当然責任がある事務を地方公共団体は執行している．もっとも，国庫負

表 4.1　教育費の経費負担

区　分	歳出総額		国から地方に対する支出	地方から国に対する支出
	国 (A)	地　方 (B)	(C)	(D)
教 育 費	57,512	164,298	31,463	—

（単位：億円，%）

区　分	国・地方を通じる歳出純計額						総額中地方の歳出純計が占める割合
	国		地　方		総　額		
	(A)－(C) (E)	構成比	(B)－(D) (F)	構成比	(E)＋(F) (G)	構成比	(F)／(G)
教 育 費	26,049	3.9	164,298	17.5	190,347	11.9	86.3

（資料）総務省『地方財政白書』平成 24 年度版より作成.
　注）構成比は国，地方，総額の合計に対する割合（%）.

表 4.2　教育費の状況（2010 年度決算）

その 1　目的別内訳

（単位：10 億円，%）

	都道府県		市町村		純　計	
教育総務費	2,044	19%	721	13%	2,766	17%
小学校費	3,541	32%	1,425	25%	4,967	30%
中学校費	2,046	19%	868	16%	2,915	18%
高等学校費	2,052	19%	171	3%	2,224	13%
その他	1,226	11%	2,403	43%	3,629	22%
合計	10,911	100%	5,591	100%	16,502	100%

その 2　性質別内訳

	都道府県		市町村		純　計	
人件費	9,046	83%	1,464	26%	10,511	64%
物件費	335	3%	1,738	31%	2,073	13%
扶助費	1,087	10%	45	1%	1,133	7%
普通建設事業費	344	3%	1,728	31%	2,072	13%
その他	97	1%	614	11%	712	4%
合計	10,911	100%	5,591	100%	16,502	100%

その 3　財源内訳

	都道府県		市町村		純　計	
国庫支出金	2,106	19%	593	11%	2,700	16%
使用料・手数料	23	0%	85	2%	109	1%
地方債	205	2%	577	10%	783	5%
その他特定財源	154	1%	336	6%	491	3%
一般財源等	8,414	77%	3,912	70%	12,327	75%
その他	6	0%	85	2%	92	1%
合計	10,911	100%	5,591	100%	16,502	100%

（資料）総務省『地方財政白書』平成 24 年度版より作成.

担金による財源の保障は全額ではないので，一般財源が何らかの形で補塡(ほてん)されないと，一定の行政サービス水準を全国津々浦々で保障できなくなる．この要請に応えるのが，地方交付税交付金の役割であるとされる（10章を参照）．2010（平成22）年度において，地方交付税の総額は約17兆円であるが，都道府県と市町村はそのうち約3兆円を教育費に充当している．

もちろん，中央から地方への財源移転はなにも教育費に限られたことではなく，外交や防衛関係費を除けば，どのような領域でもある程度の規模で行われている．しかし，教育費の場合は社会保障関係費や国土・保全開発費と並んで，そのスケールが際立って大きく，ここに中央・地方の財政関係の焦点があることがわかる．この点を，地方公共団体の教育費の財源をまとめた表4.2によって確認すると次の通りである．2010（平成22）年度の財源総額は16.5兆円であるが，実質的に義務教育費国庫負担金を意味する国庫支出金は2.7兆円（16%）であり，都道府県の一般財源は8.4兆円，市町村の一般財源は3.9兆円である．これらの一般財源には，地方交付税がおよそ3兆円含まれている．

1.3 教育費の内訳

次に表4.2を掲げて，教育費の内訳を目的別，性質別により具体的に解説する．目的別分類とは，毎年の地方公共団体の政策選択の重点がどこにあるのかを示すものである．地方の歳出純計額では，小学校費，中学校費といった義務教育関連支出のウェートが高く，これに教育総務費と高等学校費が続く．都道府県で高等学校費のウェートが高いのは，公立高等学校のほぼ9割が都道府県立であることが影響している．

経費の性質別分類は，地方政府が要素市場から要素サービスを購入するのか，生産物市場から財・サービスを購入するのか，それとも貨幣のみの一方的な支出を行っているのかを示す．地方の歳出純計では，人件費が6割強を占め，これに物件費，普通建設事業費が続いている．教職員の給与，学校運営費，校舎等の施設費に充当されていることがわかる．しかし，これを都道府県と市町村に分けてみると，やや様相が異なってくる．都道府県では，教育費は人件費だけで83%を占められており，**教職員の任命権と給与負担**を担っていることが反映されている．市町村では，人件費の割合は26%に止まり，反対に物件費と普通建設事業費の合計が6割を超えている．市町村が，公立学校の設置・管理の責任を負っているためである．

1.4 義務教育費国庫負担金制度

義務教育費国庫負担金は，「義務教育無償の原則に則り，国民のすべてに対しその妥当な規模と内容とを保障するため，国が必要な経費を負担することにより，教育の機会均等とその水準の維持向上とを図ること」を目的に，国が教職員の給与の実支出額の3分の1を負担する制度である．この負担金制度は1940（昭和15）年に導入され，1980年代までは負担対象費目が拡充されてきた．しかし，その後は財政的な見地から旅費，教材費，共済費等があいついで負担対象費目から削減され，現在では給与本体のみとなっている．

義務教育費国庫負担金は，実支出額の3分の1負担を原則にしているが，政令に基づき，給与単価と教職員数の両者について国は最高限度額を定めている．したがって，給与単価や教職員数が限度以内であれば，実支出の3分の1が国庫負担されるが，限度額を超過する分については，国庫負担の対象外とされる．

すなわち，①全国的に給与水準を均等にするため，給与水準は国立学校教職員給与表に準拠することが義務づけられていた．ただし，2004年に国立学校の独立行政法人化により国立学校給与表が廃止されたため，現在では準拠基準はない．②国が給与負担する教職員数を算定するため，教職員定数はいわゆる「**義務標準法**」（昭和33年法律第116号）に定める学級編成基準（現行では1学級40人）に基づき算定した教職員定数を限度とされる．③国の学級編成基準は，教職員数を算定する基準にすぎず，各都道府県は学級編成基準を何人にするかを決定できる．ただし，国の標準を下回る学級編成基準を実施する場合には，増員となる教職員の給与は，都道府県の一般財源で負担することになる．

わが国の教育行財政は，国や都道府県が教職員給与の負担をしていることから，教職員の定数管理や1学級当たりの児童生徒数を決める学級編成基準の決定でも，国や都道府県が権限を握るという中央集権的な制度となっていた．例えば，給与が国立学校水準以下であっても実額しか負担されず，一方，教職員定数を超える教職員の国庫負担はない．給与単価を下げて少人数教育のために教職員を増やそうとしても，地方の超過負担が増えるだけで，自助努力が報われないという問題があった．

1.5 地方公共団体の権限拡大

いわゆる地方分権一括法が1999年に成立し，翌年度から実施に移されたが，教育行政の分野でも様々な見直しが実施された．主なものは，次の通りである（小川［2010］4章）．

第1に，教育行政分野における機関委任事務が廃止された．機関委任事務とは，公選の首長に国の行政事務の執行を委任する仕組みである．従来，機関委任事務とされてきた児童生徒の就学指定が，市町村教育委員会の自治事務となり，通学区域や就学指定の弾力化・自由化（学校選択制）が認められた．教育長の国による任命承認制度も廃止された．

第2に，国の関与の縮減と，地方の裁量権の拡大のために，国が設定する基準や標準の弾力化が進められた．例えば，地方の教育課程編成についての裁量権を拡大する観点から，学習指導要領は「最低基準」であることが明確化された．また，学級編成や教職員定数の標準は，国の財政負担算定の基準であることを明確にして，都道府県が必要に応じて国の標準とは異なる学級編成や教職員定数の弾力的運営ができるように，「義務標準法」も改正された（2001年度）．これにより，都道府県レベルでは知事のイニシアティブにより少人数学級が急速に普及し，実現は不可能だと思われていた市町村でも，埼玉県志木市のように先進的な施策が展開されはじめている．

第3に，都道府県における教職員の給与・定数の裁量権限が，拡大することになった．2004年度には，義務教育費国庫負担金制度に総額総量制が導入された．**総額総量制**とは，都道府県に配当される教職員給与費の総額の範囲内であれば，都道府県が給与水準，教職員の定数を自由に決定して運用することを認める制度である．これによって，例えば都道府県が教員給与水準を引下げ，それによって浮いた経費で教員数を増やすことができるようになった．

▶ Column-5 ◀

学校選択制の導入

学校選択制の導入の端緒となったのは，文部科学省が 1997 年 1 月，就学すべき学校の指定の変更や区域外就学につき，保護者の申請に基づき，市町村教育委員会が認めることを要請したことである（「通学区域制度の弾力的運用について」）．その後，地方分権一括法（99 年 7 月）により，就学事務がそれまでの機関委任事務から自治事務へ変更になったことを契機として，学校選択制が広がった．先駆けとなったのは，東京都品川区である．学校選択制には自由選択制，ブロック制，隣接区域選択制，特認校制，特定地域選択制の 5 種類がある．導入している自治体は小学校で 14%，中学校では 13% であり，最も多いのは従来の通学区域は残したままで，特定の地域に居住するものについて，学校選択を認める「特定地域選択制」である．学校選択制は文部科学省の調査でも一定の広がりを見せるが，近年では学校選択制の見直しや廃止に踏み切った地方公共団体も見られる．

2. 教育における政府の関与

本節では，教育の外部性と機会均等の必要性の 2 点から，教育サービスの供給に政府が関与する根拠を学ぶことにする．

2.1 教育の外部性

教育を受けて学校を卒業すると，そうでない場合に比べて賃金が上がったり，学問への知的関心が刺激されたりする．だが，教育を受ける便益が個人に帰属する限り，政府が教育費に公費負担を行ったり，学生個人に長期の奨学金を提供したりする必要性は大きくない．実際のところ，教育はサミュエルソンの定義による純粋公共財ではない．1 学級当たりの生徒数が増えれば混雑が発生するし，教育サービスを受けることに対して，人々から授業料を徴収することは容易である．

しかし，教育による便益が，直接に教育を受けた個人を超えて社会全体に及ぶような場合には，政府が何らかの形で費用負担する必要性が生じる．例えば，任天堂のゲーム機を買う余裕がないからといって，社会的な非効率が発生するわけでもない．しかし，人間の身体を作る基本としての食事について考えてみよう．働く人の場合，有機食品など身体に配慮した昼食を摂る余裕がなく，安価なファースト・フード店のハンバーガーや炭酸飲料を毎日消費して身体を壊せば，社会的な損失に直結する．

それと同じように，個人が十分な基礎的教育を受けることができない社会では，非効率が発生する．なぜならば，すべての人が読み書きや計算ができる社会は，ほとんどの人が読み書きできない社会よりも，ずっと円滑に機能するからである．

教育の外部性をより具体的に定義するならば，われわれは生産の外部性に注目しなければならない．本書の読者が電子メールを使えるならば，それは読者自身の生産性だけでなく，同僚の生産性をも高めるだろう．生産の外部性とは，教育がある人の生産性を向上させるだけでなく，他の人々の生産性向上にも貢献することをいう．

特に，経済が発展途上の段階では，輸入技術を受容し活用できる能力を高めることが大切なので，初等中等教育に重点的に投資することは効果がある．ノーベル経済学賞受賞者であるハーバード大学のセン教授（Amartya Sen, 1933–）は，日本が明治維新以降，全国で基礎教育の普及に力を入れたことが，その後の日本経済の発展を支える土台になったと賞賛している．

教育の外部性には，生産だけではなく，人々が市民社会に積極的に参加する価値観を培うという面での文化的な外部性もある．教育の達成度と，投票

図 4.1　教育の外部性

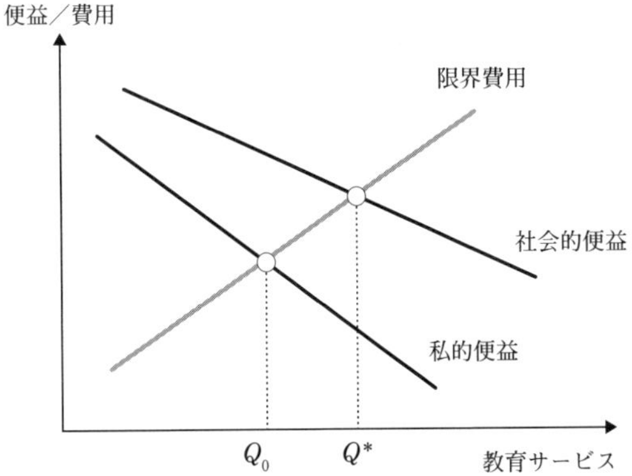

率等の市民参加との間には，密接な関連がある．より高度な教育を受けた成人ほど，人生に対する満足感や社会への参画意識が高く，自らが健康であるとの認識を持っている．

図 4.1 で説明しよう．教育が個人の生産性を高め，かつ生産や文化に関する外部性が発生しているとする．政府の介入がない市場システムの下で，個人が需要する教育の量は Q_0 となる．しかし，それは外部性を考慮に入れた社会的に見て最適な量 Q^* よりも少ない．したがって，政府が教育費に公費負担を行うなり，学生個人に長期の奨学金を提供するのが望ましい．

2.2　教育の機会均等

教育に公費負担が行われる理由として，われわれは**教育の機会均等**という公平性の要請にも注目しなければならない．政府の関与がない場合には，個人の教育への投資は過少になる傾向があるといわれる．なぜならば，義務教育レベルでは親が子どもの代わりに投資の決定を下している．多くの親は子どもたちへの支出を利他主義的に考えて，収益が高いならば子どもたちに投資を行う．しかし，そのように考えない親もいるかもしれない．個人が資金を投資する教育制度では，そうした親を持つ子どもは不十分な教育しか受けられない．初等中等教育の公費負担の理論的根拠は，所得再分配からも正当化しうる．

教育を受けなかったために将来貧困に陥った人々は，生活保護等を通じて事後的に救済すればよいのではないかという考え方もありうる．しかし，「結果の平等」を過度に追求すると，人々は教育に投資したり，職業訓練に励んだりしようとしなくなる．政府は事後的な所得再分配を行うのではなく，教育や職業訓練を受ける「機会の平等」を保障するのが望ましいと考えられる．

もっとも，資本市場が完全であれば，子どもは教育費を借入れて将来の所得から返済すれば，政府の関与は必要ないかもしれない．実際には資本市場の不完全性により，出世払いによって返済することは困難である．借入先を探している学生は，安定した職業についていないので，担保を銀行に差し出すことができない．純粋な市場メカニズムでは，教育への需要は過少になるのであり，公平性の観点から，政府による教育への関与が必要になる．事実，欧米諸国の多くでは，保育所から大学などの高等教育まで基本的に授業料が無料であるばかりでなく，在学中の生活費や教科書費等も奨学金や貸付で補助されている．

3. 消費者から見た教育

前節では，政府が教育に関与する根拠を考えた．本節では，消費者はなぜ教育に投資するのかを，2つの対照的な見解を通じて考える．第1は，労働生産性や将来の賃金を高める投資ととらえる人的資本論，第2は，教育は生まれながらにして持っている能力を社会に伝達する手段であると考えるスクリーニング仮説である．

3.1 人的資本論

教育が人々にもたらす便益については，様々な見方がある．経済学ではしばしば，教育が人々の労働生産性を向上させて，それによって賃金を上昇させると考える．特に，**人的資本理論**（human capital theory）と呼ばれる見解は，教育への投資を工場や機械への投資と同じようにとらえる．すなわち，教育の便益がその費用を上回る限りにおいて，人々は教育投資を行うと考える．大学を例にとると，高卒で就職するよりも大卒で就職した方が生涯賃金はより高くなり，その差額は，授業料や大学に通うことによって失った所得の合計を上回る．この条件が満たされるときに，人々は高い授業料を支払ってでも大学に進学しよう（＝投資）と考える．

人的資本理論のモデルを簡単に説明すると，次の通りである．教育は，個人の将来における限界生産性を高め，また，将来所得を増加させるとする．さらに教育の「便益」は，将来所得の増加によってのみ測定されるものとし，消費による効用（知的興味）や非貨幣的な便益（肩書き）は含まれないとする．このとき，生涯にわたって教育投資から期待される便益の合計の現在価値は，次の通りになる．

$$GPV=\frac{B_1}{(1+r)}+\frac{B_2}{(1+r)^2}+\cdots\cdots+\frac{B_n}{(1+r)^n}=\sum\frac{B_t}{(1+r)^t}$$

B_t は t 年度の所得の増加分，r は現在割引率，GPV（gross present value）

表 4.3　教育の費用と便益の現在価値

現　在	第 1 期	第 2 期	第 3 期	第 4 期
−100	20	20	20	50

は現役の間に得るグロスの便益の現在価値を表す．このときに，教育の費用を C_0 と置くと，ネットで見た便益の現在価値（net present value, *NPV*）は次の通りになる．

$$NPV = \sum \frac{B_t}{(1+r)^t} - C_0$$

消費者は，$NPV \geq C_0$ である場合に教育に投資し，$NPV=0$ のとき均衡となる．$NPV=0$ となるときの割引率 r を，**教育の内部収益率**という．教育の内部収益率とは，教育の費用と便益の現在価値を一致させるような収益率である．消費者は，教育の内部収益率 r と，利子率 σ とを比較して，$r > \sigma$ ならば，大学に進学することが有利になり，$r < \sigma$ ならば，大学に進学する資金があるならばむしろ金融資産に投資した方が有利となる．

表 4.3 の数値例を見てみよう．教育の費用（授業料＋逸失所得）が 100 で，第 1 期から第 3 期まで毎期 20 の便益，第 4 期で 50 の便益を享受するとする．便益（賃金上昇分）は合計で 110 であるが，便益の価値を測る時間軸が揃っていない．将来の便益を現在価値に直したものが教育の費用に一致する収益率は，次の式を満たす r である．教育の内部収益率は，3.35% となる．

$$-100+20/(1+r)+20/(1+r)^2+20/(1+r)^3+50/(1+r)^4=0$$

わが国では，大学進学率が上昇傾向をたどり大衆化が進行しているにも関わらず，内部収益率が低下しているわけではない（妹尾・日下田［2011］）．内部収益率は，6〜8％の間であると推計されるが，1980 年代までは低下し，その後は安定的に推移して，1990 年代後半から上昇に転じる．高い水準の教育を受けた大卒労働者に対する需要が，大学進学率の上昇と見合う形で長期的に上昇してきたためである．

教育への投資による便益は，消費者に対してだけではなく，政府にも帰属することに注目する必要がある．政府が教育に十分な投資を行えば，卒業して社会人になった人々が税収増に貢献し，福祉支出を減らすという間接的な便益が生じる．一方，公共部門が負担する教育投資の費用は，就学期間中の所得税の減少と，公的教育支出からなる．経済協力開発機構（OECD）の推計によると，わが国では公共部門が負担する大学の費用は 3 万ドル，グロスの収益は 10 万ドル，ネットの収益の現在価値は約 7 万ドルとなっている．

3.2 スクリーニング仮説

上記の人的資本論は，労働生産性の上昇に教育が原因として関連しているとすれば正しい．これに対して，**スクリーニング仮説**（screening hypothesis）は，教育の機能は人々に生来備わっている能力を確認することであると考える．スクリーニング仮説によれば，第 1 に，義務教育レベル以上の教育は個人の労働生産性を高めることはなく，第 2 に，企業は能力の高い労働力を探しているが，雇う前に能力の低い労働力から区別することができないと主張する．これは，5 章 2 節で扱う逆選択の問題と類似している．

能力の高い労働者と低い労働者が混在している労働市場を考え，企業が労働者と雇用契約をする際に，労働者は自らの能力を知っているが，企業は労働者の質がわからないとする．このとき，企業が期待値で労働者の能力を評価するしかないとすると，能力の低い労働者である可能性も考慮して，賃金が提示されることになる．そこで能力の高い労働者は過少評価されることになり，労働市場から退出する．能力の高い労働者が能力の低い労働者によって淘汰されるこの現象は，逆選択と呼ばれる．

逆選択が起こると，著しい経済的非効率が生じる．このため企業は，その採用や人事において，期待値だけで人を評価するのではなく，資格や学歴等の能力と関係するシグナルを見つけて活用するのが普通である．労働者がどちらのタイプなのかは学歴で区別がつくとすれば，人々は自らを他人と区別するために，高等教育へ投資する誘因が生じる．スクリーニング仮説によると，身心の健康が医療によって保持されるのではなく，生まれつきの体質によって決まると考えるのと同じように，教育の収益や生涯賃金格差も，教育それ自体の効果ではなく，個人に生来備わっている能力や家族の階層を，学歴が確認するとする．

スクリーニング仮説を支持する人々は，次のような事実に着目する．すなわち，①低学歴の人が高学歴の人よりも高い生涯賃金を得る例は，無視できるほど少なくはない，②企業の指定校制度，大学卒における昇進格差が存在する，③賃金や所得とは関係のない動機で大学に行くことも多い，④医師や弁護士等，職業決定に際してどの学部に進学するかが大きな役割を果たしている（橘木［2002］）．

4. 教育をめぐる政策的諸問題

本節では，わが国の義務教育を題材にして，教育をめぐる政策的な諸問題を取り上げる．

4.1 学力問題と階層化

わが国では，ほぼ2000年頃を境にして，子どもの「学力低下」が問題視されるようになった．表4.4に見られるように，2003年に公表されたOECDの「学力到達度調査（PISA調査）」において，日本の順位が低下したことがマスメディアで取り上げられた．特に，読解力で8位から14位へと転落したことが物議をかもした．それまでは「ゆとり教育」という名の下に，学習指導要領の改訂によって，授業内容や時間数が削られた．

「学力低下」問題をきっかけにして，国は地方の教育課程編成についての裁量権を拡大する観点から，学習指導要領はあくまで「最低基準」にすぎないことを明確化し，「脱ゆとり教育」に舵を切った．例えば，以前の学習指導要領では，「円周率としては「3.14」を用いるが，目的に応じて「3」を用いて処理できるよう配慮する」となっていた．しかし，2011年度からの学習指導要領では「円周率は，「3.14」を用いるものとする」と変更された．

2つのことに注目する必要がある．ひとつは，「学力低下」は子どもたちの間にある階層差が拡大する形で進行していることである．保護者の学歴や年収といった情報を含んだ調査が実施されるようになった結果，学力格差の構造がより明確に分析できるようになってきた．教育社会学の研究によると，例えば算数の学力テストの成績は，受験塾・保護者学歴期待・学校外教育費支出・家での学習時間・世帯所得の順に，学力に有意に影響を与えている．

学力格差の要因を特定するだけではなく，格差を超える**「学校の効果」**に

表 4.4　OECD 学力到達度調査（日本の順位）

	数学リテラシー	読解力	科学的リテラシー
2000 年調査	1	8	2
2003 年調査	6	14	2
2006 年調査	10	15	5
2009 年調査	9	8	5

（資料）OECD, *Program for International Student Assessment* 各年度版.

ついての研究も，本格的に始まっていることも注目される．子どもたちの学力格差の小さい学校を「効果のある学校」と呼び，その特徴を調べようとするものが主流である．ただし，教育の質を高めれば教育成果が高まるという常識は，統計上きちんと確認できていない．1960 年代の米国で実施された大規模な学力調査を基にまとめられた**コールマン報告**は，教育成果を左右するのは学校教育の質ではなく，子どもが生まれ育つ家庭や社会といった環境要因であるというメッセージを送り注目された．

わが国については，公立小学校では高いレベルでの平等性が保たれており，個々の学校の違いによって生じる教育効果は小さい可能性が高いことが指摘されている（川口［2011］）．また経済学の分野では，学校や教師といった生産要素を投入要素，学力等の指標で示される達成水準をアウトプットとして，教育生産関数を推計する研究が進められている．それによると，学校や教師に関する説明変数の影響はそれほど大きくはないものの，少人数指導や習熟度別指導は，小学校では児童の得点に正の影響を与えていること，中学校では，男子にのみ習熟度別授業の効果が正であることなどが指摘されている（北條［2011］）．

仮に，子どもの学力が家庭環境（年収，学歴等）によって決定される部分が大きく，教師や学校の影響が限定的であるとすれば，教育予算の増額を通じて学校教育の充実を図るよりも，経済的に恵まれない貧困家庭に直接的な給付を行って家庭環境の改善を図る方が，学力獲得の公平性という観点から見れば適切ということになる．

4.2　教育の機会均等と就学援助制度

教育への支出には，家計が負担する教育費と寄附からなる「私費負担」の他に，国や地方公共団体が教育を社会全体で支えるために税金から支出され

表 4.5　教育における私費負担の割合

(%)

	全教育段階	うち，就学前教育	うち，高等教育段階
日本	31.9	55.0	64.7
OECD 平均	16.0	18.3	30.0
アメリカ	28.0	19.1	61.9
イギリス	31.1	10.1	70.4
フランス	9.7	5.9	16.9
ドイツ	15.0	29.8	15.6
カナダ	21.4	—	37.1
イタリア	9.3	8.8	31.4
韓国	40.1	57.4	73.9

(資料) OECD (2012) *Education at a Glance 2012*.
注) 私費負担は家計負担とその他の合計.

る「公費負担」がある．わが国では教育のための費用は，その多くが公費ではなく私費によって負担されているという特徴がある．表 4.5 に掲げた経済協力開発機構の『教育図説』によると，教育への財政支出が国内総生産 GDP に占める割合は 3.3% であり，これはデータの存在する OECD 加盟国のうち最も低い．他方，日本の教育支出に占める私費負担は 31.9% であり，OECD 平均の 16% を大きく上回っている．データの存在する OECD 加盟国の中では，3 番目に高い水準である．さらに私費負担が比較的軽い公立高校や公立大学に進学するためには，それなりの公教育以外の投資（塾等）が必要とされる．

このような経済的負担があるため，教育の機会均等が文字通り実現されていると，一般的に断定することはできない．わが国では憲法第 26 条ならびに教育基本法第 5 条において，義務教育無償制の原則が定められているが，その内容は授業料と教科書代にとどまっている．しかし，実際には保護者には給食費，通学関係費，修学旅行費等，相当の負担がある．学校教育法では，就学困難と認められる保護者への必要な援助を市町村に義務づけている．**就学援助制度**では，生活保護世帯の小中学生（要保護者）に対して，生活保護の対象とならない修学旅行費等を支給するとともに，生活保護を受けていない要保護者，生活保護の対象に準ずる程度に困窮している小中学生（準要保護者）に，義務教育に伴う費用の一部を給付している．

就学援助の対象者は近年，増加の一途をたどり，1995 年の約 76 万人から 2011 年の 156 万 7000 人へと約 2 倍に増加している．全児童生徒に占める対

表 4.6　就学援助の認定基準と生活保護基準

倍率の範囲	地方公共団体数	パーセント
1 倍未満	1	0.6
1 倍以上 1.1 倍未満	19	12.1
1.1 倍以上 1.2 倍未満	19	12.1
1.2 倍以上 1.3 倍未満	36	22.9
1.3 倍以上 1.5 倍未満	67	42.7
1.5 倍以上	15	9.6
合　計	157	100

（資料）「なくそう！子どもの貧困」全国ネットワーク（2013）『就学援助制度に関する調査』（第二次）．

象者の割合も，過去最多の 16% となっている．修学旅行に行けない，給食費を払えない児童が，全児童生徒の 7 人に 1 人いる勘定になる．多くは会社の倒産，リストラ，離婚によるものである．

注目すべきことは，就学援助はその受給認定基準や支給対象費目について市町村が独自に決めているため，格差が広がっていることである（鳫［2009］）．表 4.6 に見られるように，受給認定基準は生活保護基準より低い市町村から，最高 1.5 倍以上まで幅広く分布している．就学援助率（児童生徒総数に占める受給者の割合）は地域による隔たりが大きく，大阪府，山口県，高知県等では約 4 人に 1 人という高い割合となっている反面，栃木県，群馬県，静岡県では約 15 人に 1 人という低い割合となっている．

就学援助に見られる市町村の格差は，生活保護者数や制度周知の努力等がその一因である．しかし，財政力の格差が影響を及ぼしていることも間違いない（西川［2011］）．就学援助について，2004 年までは国は 2 分の 1 の国庫負担を行っていた．しかし，準要保護者への就学援助については，全国共通の認定基準がないことから，三位一体改革において 2005 年に国庫補助が廃止され，一般財源化（地方交付税への振替）された．

現在では，国庫補助金は要保護世帯に対して修学旅行費等の 2 分の 1 を補助するものに限られている．本来，就学援助は財政力が低い市町村ほどその必要性が高い傾向がある（鳫［2009］）．にも関わらず，国庫補助金の廃止分を補うはずであった地方交付税が削減されているため，認定基準の厳格化や事業縮小を図る地方公共団体が増えている．

教育の機会均等は，単なる理念ではなく，憲法に保障された権利である．しかし，今日の公立学校制度をとりまく状況は，その理想にほど遠い．全児童生徒の7人に1人（大都市圏では4人に1人）が義務教育の就学が困難であるという現実は，看過できない．子どもの教育を保障する保護者への経済的援助の責任が，市町村だけにあるとしたら問題である．義務教育の経費負担をめぐる国と地方の役割分担は，再考を迫られている．

4.3 教育委員会制度

少なくとも，地方政府が義務教育の実施を担当する場合に，親がその成果に対して何らかの影響を及ぼすべきだと多くの人々は考えている．アメリカでは地域住民が選んだスクール・ボード（学校委員会）があり，住民の意思で学校を運営し，独立の徴税権を行使している．裁判における裁判員制度のように，ごく普通の市民が行政に参加するレイマン・コントロールが根付いている．

地方教育委員会は，戦後改革の初期に，アメリカのスクール・ボードをモデルに創設された行政委員会である．わが国では，首長には予算案提出権，専決処分権等が与えられ，議会に対して優位な立場にある．教育行政の政治的中立性を保持するために，一般行政から独立した仕組みとして**教育委員会**が設置されていることに，一定の意義が認められる．例えば，多くの市町村は公立学校の敷地内全面禁煙を実施している．市の一般行政部局は，たばこ税を財源としている建前上，強力に禁煙を進めることができないため，教育委員長と教育長のリーダーシップによって実現した．この具体例は，教育委員会の政治的中立性のおかげで，子どもたちの健康維持への政策が実現された良い例である．

しかしながら，教育委員会に対する社会的評価は厳しくなっている．第1に，文部科学省―都道府県教育委員会―市町村教育委員会―学校という縦系列の関係を重視する傾向を生んでいる．例えば，市立学校で不祥事を起こした教師の懲罰内容が，県教育委員会によって変更される事例がある．第2に，教育委員が非常勤・兼職で名誉職化しているため，事務処理や行政が迅速になされていない．1948年に導入された教育委員は公選制であったが，1956年の地方行政教育法によって，**首長による任命制**に変更された．任命制により，地域住民と教育委員会との関係は希薄なものとなった．小規模な地方公共団体では人材が不足しているため，高齢の教職員経験者を委員に任命している場合も多い．第3に，行政委員会として独立はしているが，予算編成や人事権を持たないため，独自の政策に取り組めていない．戦後初期の教育委員会には，教育予算案の議会提案権が与えられていたが，義務教育国庫負担金制度が実現したことから，地方行政教育法の成立に際して予算原案の送付権が廃止された．

教育行政学者の小川正人は「従来，教育行政の現場では「冷戦構造」を背景に激しい政治的対立が存在していたこともあって，教育（行政）の政治的中立公正性を確保するために，（教育委員会の）長所面が時代状況として重視されてきた．しかし，そうした政治的対立が「後退」し，分権改革の下で地域に必要とされる迅速な政策決定と実行が求められている今日では，長所とされてきた点が時代に適合しなくなり，短所とされる面が強く目につくようになったのが実相」（小川［2010］）であると指摘している．長所短所の双方を持つ教育委員会制度を，わが国の教育が直面する課題の要請に合わせてどう見直していくのかが問われている．

演習問題

1．大学教育の費用（授業料＋逸失所得）が600で，就職後の1期から3期まで毎期150，4期に200の便益を得るとする．将来の便益を現在価値に直したものが，教育の費用に一致する内部収益率（internal rate of return）を求めなさい（ヒント：表計算ソフト（Excel等）のIRR関数で求める）．

2．経済協力開発機構（OECD）の『教育図説』（*Education at a Glance 2012*）を，次のURLからダウン・ロードしなさい．わが国における，教育への財政支出が国内総生産GDPに占める割合，公費負担と私費負担の割合を，諸外国のそれらと比較しなさい．http://www.oecd.org/education/skills-beyond-school/educationataglance2012oecdindicators.htm

3．次の（　　）に入る適当な用語を書きなさい．

小中学校の設置・管理の義務を負うのは①（　　）である．公立義務教育学校の教職員の採用は②（　　）単位で行われる．公立義務教育学校の教職員の給与は国が③（　　），都道府県が④（　　）を負担している．教育行政の政治的中立性や専門性を確保するため，教育行政を行政（首長）から独立させるしくみとして，⑤（　　）がすべての都道府県と市町村に設置されている．わが国では⑥（　　）において，義務教育無償制の原則が定められている．学校教育法では，就学困難と認められる保護者への必要な援助を市町村に義務づけている．⑦（　　）制度では，

⑧（　　）世帯の小中学生（要保護者）に対して，生活保護の対象とならない修学旅行費等を支給するとともに，⑧（　　）を受けていない要保護者，⑧（　　）の対象に準ずる程度に困窮している小中学生に，義務教育に伴う費用の一部を給付している．

4．教育による便益が，直接に教育を受けた個人を超えて社会全体に及ぶことを教育の外部性というが，義務教育には，具体的にどのような外部性があるかを論じなさい．（ヒント：本章2節を参照しなさい）

5．わが国の教育制度で，教育について人的資本論よりもスクリーニング仮説に矛盾しないと思われる事例を挙げなさい．

文献案内

義務教育をめぐる行財政の仕組みや教育委員会については，小川（2010）がわかりやすい．義務教育国庫負担金の歴史的な経緯については，高木（2004）が参考になる．教育に対する国の関与について理論的に勉強したい読者には，Barr（2004）Ch.13 及びスティグリッツ（2003）16 章を推薦する．教育投資論とスクリーニング仮説については，Barr（2004）Ch.13 の他に，小塩（2002）が体系的でまとまっている．教育の国際比較について知りたいときは，OECD（2012）が便利．機会均等については，西川（2011）の分析が興味深い．学校選択制の現状については，嶺井（2010），園山（2012）が参考になる．

第5章

医療・介護とリスク分散

5章では，市町村が保険者となっている国民健康保険（国保）と介護保険について学ぶ．この2つは，前章で触れた教育と並んで，現物給付による所得再分配の事例である．はじめに1節では，国保と介護保険の制度を解説する．国保に加入しているのは，どういう人々なのか．高齢者のケアが，市町村の「福祉」ではなく保険を通じて供給されているのはなぜかを問う．2節では，保険市場の理論を学ぶ．損失の期待値に等しい保険料であれば，民間保険は成り立つ．では，医療保険を供給する誘因が市場にはあるのに，なぜ政府の介入が必要なのだろうか．市場の失敗が生じる原因としての「情報の非対称性」に焦点を当てる．逆選択とは何かを解説して，保険市場における効率性と公平性のトレード・オフの関係に注目する．

3節では，国保の財政システムを学ぶ．高齢者や低所得者の加入者が多いのに，医療サービスは全国共通であるのはなぜだろうか．保険者間の財政調整，さらに一般財源（税）による補塡（ほてん）とはどのようなメカニズムなのか．最後の4節では，介護保険の財政システムを取り上げる．財政規律を働かせるために，介護保険の財政にはどのようなメカニズムが埋め込まれているのだろうか．要介護認定や介護サービス利用が，保険者の財政状況によって左右される可能性はあるのかを問う．

1. 社会保険の仕組み

1.1 国民健康保険

医療保険とは，健康な時に加入し，不測の事態が発生した場合に，皆で積み立てておいた保険料から医療費を支払う制度である[1]．加入して保険料を支払う主体を「被保険者」，保険料をプールして医療機関に診療報酬を支払う主体を「保険者」という．保険者は，大きく3つに分類される．ひとつは，健康保険組合や共済組合等，大企業や公務員が加入している制度である．いまひとつは，中小企業の従業員が加入している協会けんぽである．これら2つの保険制度に該当しない自営業者，年金生活者，非正規雇用者等が加入しているのが，国民健康保険制度である．

わが国の**医療保険制度**の特徴として，医療問題の第1人者である池上直己は次の諸点を挙げている．第1は，基本的に平等な医療サービスの給付である．患者がどの保険に加入していても，医療機関に対しては，同じ医療サービスについて「診療報酬」によって同じ単価が支払われている．第2は，保険に対する一般財源（税）の投入である．所得が低い加入者が多い保険者に対して，国が税金で保険料収入の不足分を補塡し，保険料負担を公平にしている．第3は，保険者間の「財政調整」である．大企業のサラリーマンは在職中に健保組合に加入し，退職後は国保に移り，さらに75歳になると広域連合が運営する後期高齢者医療制度に移る．保険者間の「財政調整」とは，高齢者の割合の少ない保険者が，高齢者の多い保険者に対して拠出することである．

このように，わが国の医療保険制度は職場や地域を単位とした社会保険方式を採っており，給付される医療サービス，患者の自己負担については，公平な体制となっている．それが可能であるのは，各保険者における保険料収入と，医療サービスの給付のアンバランスを是正して，公平な制度を維持するために，税による補塡と保険者間の財政調整を行っているからである（池上直己［2010］）．

1）社会保障の概観について『財政学』49–56頁参照．

上記の3つの制度のうち，地方公共団体が保険者となっているのが国民健康保険である．国保の保険者は市町村であり，その数は1700を超える．この制度が発足したのは1938（昭和13）年である．その際に，都道府県単位ではなく市町村単位となったのは，「相互共済の精神に則る」（旧国保法第1条）ためには隣保的相互扶助の美風が伝わる市町村が良いとされたからである（今井［1993］）．財政運営が不安定になる，リスクの高い小規模保険者が多く，保険者全体の5分の1は3000人未満の小規模保険者である．

国民健康保険の加入者は3500万人を超えており，日本では最大の社会保険制度となっている．内訳は，かつては「自営業」者や「農林水産業」が中心であった．現在は，被用者保険の適用を受けない非正規雇用者等の「被用者」と，退職して年金生活を送っている「無職者」の合計で7割を占めるに至っている．サラリーマンは被用者保険，自営業者は国保という図式は大きく変わったのである．国保の被保険者の平均年齢は49.5歳と，他の制度を大きく上回り，1人当たり医療費水準が高い．また，加入者の平均所得も91万円と他の制度よりもかなり低い．病気になりやすい高齢者や，所得の低い人が多く加入していることが国保の特徴である．

1.2　介護保険

伝統的に日本では高齢者は，家族によって介護されてきた．しかし，家族の役割の低下とともに問題が深刻化した．働きざかりのサラリーマンが認知症の親のために会社を辞める「介護地獄」や，70歳の娘が90歳の母親を介護する「老老介護」が社会問題化した．政府部門では，高齢者の介護は市町村の「福祉」が担っていたが，問題含みであった．市町村の「福祉」は，利用者は福祉事務所に申し込み，資産等の調査を受けて，サービスを利用できるかを行政が決定する「**措置制度**」であった．老衰した義理の母の介護を求める女性は，例え仕事を辞めざるをえなくなったとしても，「自分で面倒を見てください」と行政が決定を下したならばあきらめるしかなかった．

このため介護ニーズ，特に施設ケアの大部分は「医療」によって提供されるようになった．しかし介護保険導入前は，高齢者が事実上介護サービスを受けていながら医療保険の支払を受けて，病院に長期入院するという「社会的入院」がかなり見られた．医療保険の財源が介護に使われていることへの反発や，病院において高齢者が適切なケアを受けていないことが批判された．こうして「福祉」や「医療」という枠組みではなく，「保険」という新しい制度で対応するために，日本では2000年に市町村に介護保険制度が導入された（池上直己［2010］）．

介護保険制度では，介護サービスの給付限度額は本人の「**要介護度**」だけで決まる（例えば要介護度2ならば，週にヘルパーが5回，デイサービスが2回の利用が適当）．これによって家族の介護能力と切り離して，要介護度が同じであれば，同じ金額相当分のサービスを給付され，本人の自己負担額も一律1割とすることが可能になった．また介護保険では，医者がサービスを決定する医療と違って，要介護度と給付限度額が決まると，その範囲で，どのようなサービスを誰から購入するかを本人が自由に「権利」として決めることができる．そのために，利用者の相談に応じてサービスの選択肢を提示し，その負担額を計算し，サービスの供給業者と連絡調整をとるために，ケアマネージャーという資格を持つ人が配置された．

介護保険が医療と違う点として，年齢制限があることも重要である．65歳以上については無制限に，40～64歳については介護を必要とする理由が老化に関係する病気である場合に限って，給付が認められている．保険料は，40～64歳の場合は医療保険と合わせて，65歳以上は年金から原則的に天引きされている．40歳未満は対象外で，保険料も負担しない．

2. 保険市場の特質

本節では，保険市場に政府が介入する根拠を学ぶ．はじめに，損失の期待値に等しい公正な保険料であれば，民間保険は成り立つことを説明する．次に，医療保険を供給する誘因が市場にはあるのに，なぜ政府の介入が必要なのかを考える．市場の失敗が生じる原因としての，「情報の非対称性」がキーワードになる．最後に，保険市場における効率性と公平性のトレード・オフの関係に焦点を当てる．

2.1 公正な保険料

いまAさんの年間所得が500で，病気になる確率が10分の1だとする．

表 5.1　保険数理的に公正な保険料

（単位：万円）

保険購入の有無	所　得	健康である確率	病気になる確率	病気の場合の所得損失額
A）購入しない	500	9/10	1/10	300
B）購入する	500	9/10	1/10	300

保険購入の有無	(A) 健康な場合の所得	(B) 病気の場合の所得	(C) 期待値
A）購入しない	500	200	470
B）購入する	470	470	470

病気による損失は300（治療費と労働時間が減ることによる機会費用の合計）だとすると，そのときのAさんの所得は200となる．Aさんの採りうる選択肢を考察するには，期待値（expected value）の概念を理解する必要がある．期待値とは，不確実な事象に直面している個人が，「平均して」受領すると期待できる値である．期待値は，不確実な事象ごとにその事象が発生する確率を乗じた値の和である．表5.1に見られるように，Aさんが保険を購入しないとした場合に，所得の期待値は500×(9/10)＋200×(1/10) で470となる．

Aさんは，病気になったら所得が200になるリスクをとる代わりに，損失を補償してくれる保険を購入することができる．では保険証は一体，いくらで購入できるだろうか？ **保険数理的に公正な保険料**（actuarially fair insurance premium）は，損失（Aさんからの保険会社になされる支払い請求額）の期待値に等しい．この保険料であれば，保険会社の収支は均衡する（もちろん，保険会社は管理コストをまかなうために，保険数理的に公正な保険料以上の保険料を賦課しようとする．ここでは議論をシンプルにするため，管理コストはゼロであると仮定する）．

Aさんの場合には，10分の9の確率で損失ゼロ，そして10分の1の確率で損失300なので，損失の期待値は30である．保険数理的に公正な保険料は，30と算定される．Aさんは病気になるかどうかに無関係に30の保険料を支払い，元気で無事1年間を過したら所得は470となる．病気にかかったら，保険給付で損失を全部補填されるので470となる．

2.2 期待効用

ここで，保険を購入しなくても購入しても期待所得が470であるならば，Aさんにとって無差別（どっちも同じ）になることをどう考えるかという問題が生じる．その答えは，「保険を購入すればAさんは確実に470を受取るけれども，購入しなければ平均して470を受取る」ということにある．以下では，限界効用の逓減という標準的な仮定を置くと，ある個人が保険数理的に公正な保険料を提示された場合には，保険に加入するインセンティブがあることを説明する．

所得が1単位増加するのに伴って，効用（消費から得られる満足度）も増加するが，増加分はだんだん少なくなる．これは限界効用逓減の法則と呼ばれる．図5.1では縦軸に効用，横軸に所得が示されている．この効用関数は上に凸の形をしているが，それは限界効用が逓減していることを表す．病気になることはA点で示され，その効用水準はU_Aとなる．健康でいられれば，B点で効用水準はU_Bとなる．そのようなリスクに直面したとき，人々がいかに行動するかを理解するには，**期待効用**（expected utility）の最大化という考え方に着目する必要がある．期待効用を計算するには，ある事象に伴う効用水準を，その事象が発生する確率によって重み付けすればよい．

図5.1　期待効用と保険

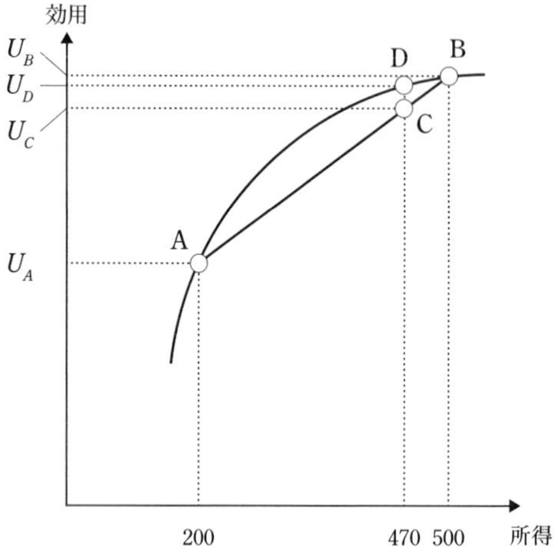

$$\text{期待効用}(EU)=(9/10)\times U(500)+(1/10)\times U(200)$$

ここで $U(500)$ は所得 500 の効用，$U(200)$ は所得 200 の効用を示す．期待効用を図示すると，縦軸に沿って U_A から U_B へ 90%，横軸に沿って 200 から 500 へ 90% 移動するのと同じである．それは，線分 AB を 9：1 に内分する点 C に他ならない．保険を購入しなければ，C 点で期待効用は U_C である．しかし，保険を購入すれば，100% 確実に 470 の所得を得ることができるので，D 点で効用水準は U_D となる．図において，U_D は U_C よりも高い効用水準を表している．このように，両者の期待値は同じであるにも関わらず，100% 確実な選択肢の方が期待効用はより大きくなるので，保険に加入する誘因があるのである．

Column-6

保険者規模と保険数理

保険がリスク・プール機能を果たすには，加入者集団が十分に大きくなければならない．保険会社が 10 分の 1 の確率で加入者が病気にかかると想定して，10 人に対して公正な保険料をかけたとする．1 人が病気になった場合には保険会社の収支は均衡する．たまたま 2 人が病気になってしまうと，支払い請求額の半分しかまかなえなくなる．けれども，保険に十分に大きい数の人が加入していれば，保険会社は確実に費用をまかなう保険料をかけることができるし，想定外の出費がかさむリスクを軽減できる．わが国の国民健康保険の事例を紹介しよう．財政的な安定性を確保するために，保険給付費が平均値から 10% 乖離する危険率を 10% に抑えるとする．この場合，必要な加入者数は，高額医療費に関する再保険がない場合には 7737 人，再保険が存在する場合には 4968 人となると推計されている（泉田［2003］による）．

2.3　情報の非対称性

医療保険を供給する誘因が市場にはあるのに，なぜ政府の介入が必要なのだろうか．市場の失敗が生じる原因として，**情報の非対称性**（asymmetric information）が重要である．一方の当事者には取引される財・サービスに関する情報があるが，もう一方の当事者には情報がないとき，情報の非対称性が存在するという．

表 5.2　情報の非対称性と保険市場

保険加入者	病気になる確率	病気の場合の所得損失額	損失額の期待値	保険金－保険料の期待値（保険料＝30）	保険金－保険料の期待値（保険料＝48）	保険金－保険料の期待値（保険料差別化）
A	0.1（低リスク）	300	30	0	−18	0
B	0.1（低リスク）	300	30	0	−18	0
C	0.2（高リスク）	300	60	30	12	0
D	0.2（高リスク）	300	60	30	12	0
E	0.2（高リスク）	300	60	30	12	0
保険会社の利益				−90	0	0

情報の非対称性は，医療保険市場においては問題である．表 5.2 のように，A さんの他に 4 人の加入者がいて，病気になると 300 の損失が生じるとする．また，1 人は A さんと同じように 10 分の 1 の確率で病気になるが，他の 3 人のそれは 5 分の 1 だとする．さらに病気になるリスクが高いか低いかの情報は，加入者のみが持っていると仮定する．

このとき，保険会社はリスクの高い人と低い人を区別して保険料を差別化することができないので，同一の保険料をかけることになる．例えば，保険料を 30 に設定すると，高いリスクの人にとっては割安となる．なぜならば彼らの保険数理的に公正な保険料は，60（＝300×0.2）だからである．しかし，これでは保険会社には損失が発生してしまう．保険会社が損失を出さずに経営を続けるには，すべての加入者の平均的な損失額（48＝(30×2＋60×3)/5）に等しい保険料を徴収しなければならない．これであれば，保険会社の収支は均衡する．しかし新しい保険料は，リスクの低い健康な加入者にとっては割高なので，彼らは脱退するだろう．

情報の非対称性が存在する場合には，保険会社は会社の立場から見て「悪い」顧客を獲得してしまう．この問題は，**逆選択**（adverse selection）と呼ばれる．一般的にいうと，保険会社が加入者の平均的なリスクに基づいて保険料を設定する場合には，逆選択が発生することがわかっている．リスクの低い人々は脱退し，保険会社の収支は悪化する．これを繰り返していくと，保険会社から徴収される保険料が，保険数理的に公正な保険料より高い人々（リスクの低い人々）は脱退していくので，いずれ保険市場はまったく機能しなくなる．死のスパイラル（death spiral）と呼ばれる現象がこれである．

2.4 クリーム・スキミング

上記のように，情報の非対称性が存在する場合に，保険市場は非効率になる．一見すると，逆選択は損失を被る保険会社だけの問題であるかのように思える．しかし，実は逆選択は消費者が公正な保険料を支払うだけでは保険には加入できなくなるという，新たな問題を起こす．逆選択を緩和するひとつの方法は，保険会社が加入者の健康リスクについて正確な情報を把握して，過去の病歴に基づいて差別的な保険料をかけることである．期待損失がどのくらいかについて，消費者自身よりも保険会社の方がより正確な情報を蓄積している場合，この保険会社が平均よりも健康な人々だけを加入させるようなマーケティングを行うことを**クリーム・スキミング**（Cream Skimming）という．例えば，至れり尽せりの産科ケアは提供するけれども，癌の治療は粗末な保険プランは，おそらく平均より健康な人々を惹きつけるであろう．安価な医療保険の問題点は，健康な人だけを加入させる（健康でない人の脱退を促す）ことを通じて，加入者のリスクを分散するのではなく，会社にとっての費用を低く抑えることを優先していることである．

こうして保険会社は，顧客の健康リスクに関する情報を入手して，給付範囲を限定したり，健康でない人が申込むときに，高い保険料をかけたりすることによって，逆選択を「克服」する．その結果，病気がちでリスクの高い人は高い保険料を支払わなくてはならなくなる．こうした問題に，2010 年 3 月の医療改革法案が成立する前のアメリカは悩まされていた．連邦政府は，65 歳以上・障害者，低所得者等を除いて，医療保障に原則的に関与していなかった．民間保険によって，裕福な人々と，充実した福利厚生を用意した企業の従業員には，相対的に低額な保険料で良いサービスが給付される一方で，保険に加入できない人は，国民の 6 人に 1 人に達し，医療費が個人破産の最大の要因となっていたのである．

ただし，医療保険に加入しないことを選択する理由が，2 つに区別されることに注意しなければならない．第 1 の理由は，逆選択である．これは，健康である個人ほど病気のリスクが低いと思い込んで，平均的な保険料率では保険料の水準が高すぎるため，保険に加入しない，というものである．皆保険制度を維持するには，政府は家父長主義的な見地にたって，加入を強制して費用徴収をより厳格に行う必要がある．第2の理由は，流動性制約である．これは，所得が低いために保険料が払えず加入しない，というものである．アメリカ合衆国における無保険者の存在は，第2の理由によるものが大きい．わが国の国民健康保険における未加入について，流動性制約をその理由として指摘されている．このような問題を克服するには，単に政府が保険加入を義務づけるだけではなく，一律の保険料設定，保険者間の財政調整，一般財源（税）による補塡を通じて，保険料負担を軽減する必要がある．

3. 国民健康保険の財政

3.1 国保財政の構造

❑ **保険料の算定**　本節では，わが国の国民健康保険制度をトピックスとして取り上げる．国民健康保険財政の構造は，表5.3の通りである．はじめに注目しておいてよいことは，保険料の算定の仕方である．国民健康保険の予算は，医療費の支出額を積算して，これから国庫負担や一般会計からの繰入金を算出し，その残りを保険料でまかなっている[2)]．表5.3によると，事業勘定全体の22.7%が，被保険者が負担する保険料収入からなる．保険料でまかなうべき部分は，次に述べる応能部分と応益部分に分けて，加入世帯に賦課されている．

応能部分とは被保険者の保険料負担能力に応じて賦課される部分をいい，所得割（所得額の何パーセントで計算される部分）と資産割（固定資産税額の何パーセントで計算される部分）からなる．応益部分とは，受益に応じて等しく被保険者に賦課される部分をいい，均等割（世帯人員1人当たり定額）と世帯別平等割（1世帯当たり定額）からなっている．

このように，収入の多寡に関わらず賦課される均等割があり，また扶養家族の人数分だけ保険料が増えるので，応益性が加味されているという点に国保の保険料の特徴があるといえる．保険料に応益性が加味されているのは，被用者保険では世帯主である勤労者のみが働き，家族はもっぱら扶養される

2）社会保険料について『財政学』7章を参照．

表 5.3 国民健康保険事業の収支（事業勘定）

歳　入

	2010 年度（億円）	割合（%）
保険料	29,891	22.7
国庫支出金	32,762	24.9
療養給付費等負担金	24,882	18.9
財政調整交付金	7,880	6.0
療養給付費交付金	6,038	4.6
前期高齢者交付金	27,135	20.6
都道府県支出金	5,858	4.5
共同事業交付金	14,284	10.9
他会計繰入金	11,867	9.0
財源補塡的なもの	3,446	2.6
保険基盤安定制度	4,304	3.3
高医療費基準超過額関係	0	0.0
その他	4,109	3.1
その他	3,725	2.8
歳入計	131,560	100.0

歳　出

	2010 年度（億円）	割合（%）
総務費	2,326	1.8
保険給付費	88,292	67.8
後期高齢者支援金など	14,516	11.1
共同事業拠出金	14,354	11.0
その他	10,728	8.2
歳出計	130,216	100.0

（資料）総務省『地方財政白書』平成 24 年度版，資 118 より作成．

立場にあるということが前提であるのに対して，制度発足時の国保の対象者は自営業者であるゆえに家族も家業に従事し，また自らも事業主として負担すると想定されているからである．

応益部分は，所得とは関係なく被扶養者の数に応じて増えるため，保険料負担が逆進的になり，低所得者層の生活を圧迫するという問題が指摘されている．低所得等の事情のある被保険者については，応益分を 3 段階に軽減（7 割，5 割，2 割）する制度が設けられているが，減免制度は平成 7 年から据え置かれており，それを超える免除は市町村の条例に委ねられている．

❏ 保険者間の「財政調整」　次に注目しなければならないのは，保険者間の「財政調整」からの歳入が多いということである．国保における「財政調整」とは，基本的には各市町村国保からの拠出金を財源として，これに国と都道府県からも財源が拠出され，都道府県単位で費用負担を調整する仕組みである．なぜ「財政調整」が必要かといえば，1700 に及ぶ国保の保険者の中には，保険者として本来は成り立たない弱小な市町村が含まれているからである．府県単位での保険者の統合が難しいため，保険者の分立を前提にして「財政調整」が行われている．一口に「財政調整」といっても，目的に応じていくつかの財政調整がある．例えば，高額医療費の発生による激変緩和（高額医療費共同事業）や，保険料の平準化（保険財政共同安定化事業）がある．「前期高齢者交付金」も保険料についで大きな比重を占めている（20.6%）が，これは国保・被用者保険の 65 歳から 74 歳の前期高齢者の偏在による保険者間の負担の不均衡を，各保険者の加入者数に応じて調整するものである．

次に，保険者間の「財政調整」と並んで保険料の水準を安定化する役割を果たしているのが，国・府県による一般財源の交付である．国民健康保険には，被用者保険における事業主負担に相当するものがなく，また加入者は一般に所得が低く，また病気にもかかりやすい高齢者が多い．このため，保険料の不足分として国が給付費等の 3 割前後を一般財源（税）で補塡している．これは，定率の国庫支出金（24.9%）と，市町村の国保財政力の不均衡を是正する都道府県支出金（4.5%）からなる．

一般財源で補塡しているのは，県・国だけではなく，保険者である市町村自身も，一般会計から国保特別会計に繰出を行っている．表 5.3 によると「他会計繰入金」は，金額的にも 1 兆円を超え，歳入の 1 割弱に及んでいる．このうち，問題となるのは財源補塡的な繰出である（2.6%）．医療費が増加した場合に，本来であれば市町村は医療費節約や保険料徴収に努力したうえで，必要な保険料をまかなうに足る保険料率の引上げを被保険者に説得するのが筋である．しかし，国保への国庫補助は近年削減される傾向にあり，また保険料引上げも，低所得者の負担増となる応益部分（均等割，平等割）のために政治的に難しい．このため，多くの市町村は普通会計から国民健康保険特別会計への繰出によって問題を先送りしている．翌年度の歳入から繰上充用して補塡する市町村も少なくない．

3.2　国保財政の課題

❏ **保険料の負担水準**　国民健康保険が持続可能で磐石な社会保険であると，一般的に断定することはできない．はじめに注目しておいてよいのは，保険料は保険者間の「財政調整」や，国・府県の交付金によって安定化されてはいるが，このような再分配にも関わらず，保険料水準は加入者の所得水準との均衡を欠き，市町村間の格差も大きいという事実である．実際，厚生労働省資料によると，**国保の保険料負担率**（1人当たり平均保険料／1人当たり平均所得）は9.1%であり，組合健保の4.6%はむろんのこと，協会けんぽの6.2%をも大幅に上回っている．市町村別に見ると，1人当たり保険料水準には最大で5倍前後の格差がある．

もっとも，世帯単位で保険料を負担している国保の実態に合致させるためには，1人当たりの保険料ではなく，モデル世帯を想定して，そのモデル世帯における保険料負担を比較するという手順が必要であろう．いくつかの実証研究によると，平均で18〜32万，最高では39〜50万（年間）とかなり重い負担になっている．

次は，保険料の負担水準に端を発する問題である．国保の加入者は「自営業」というよりも，年金受給者からなる「無職」と，被用者保険に加入できない「被用者」によって大半を占められている．わが国では被用者の3分の1は非正規雇用であり，就業時間が週に概ね30時間以下であれば事業主は保険に加入させる義務はなく，企業が正規雇用者を若年で高所得の従業員に限定すれば，健保組合の保険料を低い水準に据え置くことができる．一方，非正規雇用者は国保に流入し，加入することになっているが，国保の保険料が高く，元気であれば保険に加入しないことが，合理的な選択肢となる（逆選択）．そもそも所得が低いために，保険料を支払えない世帯も少なくない（流動性の制約）．

そのことを端的に示すのが，保険料の収納率の低下と，無保険者の増加である．収納率とは，当該年度調定額のうち，国民健康保険に加入する世帯の世帯主から実際に納められた額の割合をいう．国保の保険料の収納率は低く，全国平均で88%，特に大都市部では80%台前半となっている．また全世帯の2割にあたる415万世帯が，国保の保険料を滞納している．保険料を1年間滞納すると，世帯主は保険証の返還を求められ，代わりに資格証明書を交付される．資格証明書を交付されているのは29万世帯で，全世帯の1.4%に達する．無保険の子どもは，深刻な社会問題にもなっている．

❏ 国保財政の改革　現在の社会保険制度は，すべての社会の構成員が加入する皆保険を前提にしているが，それが円滑に機能しているかどうかは，それ自身ひとつの論争点である．例えば，皆保険の原則自体が現実的でなくなってきているという見方もある．特に零細企業や自営業等においては，保険料の支払いに対する協力そのものが，所得税におけるクロヨン問題と同じ構造を持っていて，未納者を捕捉するのが難しいという側面がある．

上記のような問題に対応するためにとりあえず必要な改革は，国保の保険者の単位を見直すことであろう．現在の国保制度は，基本的に戦前設計された制度のままであり，市町村を保険者としている．たしかに市町村単位であれば加入者の同質性が高まるであろうが，財政運営が不安定になるリスクの高い規模の保険者（人口3000人未満）が，全体の5分の1を占める状況は正常とはいえない．

▶ Column-7 ◀

国保の最小効率規模

国保が抱える問題を解決するために，都道府県への統合一本化が課題になっている．湯田（2010）は，国保における1人当たり運営費が最小になる最小効率規模（MES）を推計している．分析の結果，国保の1人当たり運営費には，規模の経済性の存在が確認された．このことは保険者の統合を行うことによって，費用削減の余地があることを示す．また，平成の大合併がほとんど終了した後でも，約65%の保険者の被保険者規模はMES以下であるという．

むしろ，都道府県単位で国保を統合一本化した方が望ましいと思われる．保険者が都道府県単位で統合されることのメリットは，加入者の医療の大半が同一県内で充足されるので，保険料の「負担」と医療サービスの「給付」との関係が明確になり，保険者機能を発揮できることである．また国民健康保険の保険料の算定の仕方も見直す必要があるだろう．応益部分を整理して，逆進性を緩和しつつ，所得や資産に応じて負担する応能部分を中心に保険料を立て直して，負担能力のある人々からより多く保険料を徴収することが望ましい．国保制度それ自体の改革について述べたが，それだけでは不十分である．国保の加入者の 3 分の 1 が被用者であることに象徴されるように，被用者保険の網の目からこぼれた人々が最後の助けを求めて，国保に加入している．組合健保や協会けんぽのほころびを修繕して，国保の手前で問題をさばいておくことがより重要であろう．

4. 介護保険の財政

4.1 介護保険の財政構造

❑ **保険料の算定**　本節では，市町村を保険者とする介護保険財政をトピックスとして取り上げよう．介護保険財政の構造は，表 5.4 の通りである．はじめに注目しておいてよいことは，保険料の算定の仕方である．介護保険の給付費の 50% は，保険料でまかなわれている．個別の市町村はその内，約 20% を 65 歳以上の高齢者（第 1 号被保険者）からの介護保険料でまかなう．残りの約 30% は，後述する全国プールの財源から交付されている．表 5.4 では，保険料の割合は 17.9% であり，これが**第 1 号被保険者**の保険料総額である．

各人が支払う保険料の算定に際しては，負担能力に応じて負担を求める原則が加味される．具体的には，市町村民税の課税状況等に応じて 6 段階に設定されている．すなわち，市町村民税本人非課税を基準にして，収入が増えて本人課税となるに従って割増され，逆に収入が減って世帯非課税となるに従って軽減される仕組みとなっている．第 1 号被保険者には低所得層が多いことを配慮して，保険料が設定されているのであり，国保保険料の応益部分に相当するものがないのが特徴といえる．また，総給付費の約 2 割を高齢者数で割り戻して，必要な保険料総額を算定し，各人には負担能力に応じて配分されている．要するに，介護サービスの多寡に応じて，保険料が上下する仕組みになっているので，市町村の財政規律が強く働く仕組みであるといえる．

表 5.4　介護保険事業の収支（保険事業勘定）

歳　入

	2010 年度(億円)	割合(%)
保険料	14,028	17.9
国庫支出金	17,255	22.0
支払基金交付金	22,081	28.1
都道府県支出金	11,080	14.1
他会計繰入金	11,675	14.9
財源補塡的なもの	34	0.0
一般会計からのもの	11,543	14.7
その他	98	0.1
その他	2,433	3.1
歳入計	78,552	100.0

歳　出

	2010 年度(億円)	割合(%)
総務費	2,227	2.9
保険給付費	72,660	93.7
地域支援事業費	1,650	2.1
繰出金	134	0.2
その他	872	1.1
歳出計	77,543	100.0

（資料）総務省『地方財政白書』平成 24 年度版，資 118 より作成．

❏ **全国プール**　次に注目しておくべき点は，「支払基金交付金」が 28% と，最大の比重を占めていることである．これは，保険料負担の公平化のために設けられた全国プールからの収入である．介護保険制度では，給付費の約 30% は全国レベルにプールされた**第 2 号被保険者**（40〜64 歳）が納めた保険料によりまかなわれる．第 2 号被保険者の保険料は，全国の総介護給付費と第 2 号被保険者数を基に，医療保険ごとに全国一律で設定されている．全国プールから各市町村に交付する際には，後期高齢者（75 歳以上）が多く，低所得者の割合の多い市町村に相対的に多く配分されるので，負担の公平化が図られている．

さて，介護の給付費の残りの 50% は，一般財源によってまかなわれる．その内訳は，国（25%），都道府県（12.5%），市町村（12.5%）となっている．表 5.4 では，「国庫支出金」，「都道府県支出金」，そして「(一般会計からの）繰入金」がそれぞれに該当する．

このように介護保険の財政構造は，保険者である市町村の財政規律，保険者間の「財政調整」，一般財源の投入とのバランスの上に成り立つ．保険者間の格差を縮小するために，全国一律に保険者間の財政調整（加入者の所得が高く，年齢が若ければ拠出，逆に所得が低く，高齢者が多ければ交付），ならびに国の一般財源（税）からの補塡によって対応が行われているのである．

4.2　介護保険財政の課題

❑ **給付費の増加**　介護保険財政の課題は何だろうか．はじめに指摘しなければならないのは，この介護保険制度が社会的要請に合致したことによる，給付費の増加である．表 5.5 を見てみよう．要介護認定者数は，制度が発足した 218 万人（2000 年度）から 469 万人（2009 年度）へと 115% 増加し，このうち実際にサービスを受給した人数は，149 万人から 384 万人へと 9 年間で 235 万人（158%）も増加した．特に居宅サービスの伸びが大きく，同じく 9 年間で 187% も増加している．これに伴って，介護保険の総費用は 3.6 兆円から 7.9 兆円へと上昇し，また 65 歳以上が支払う保険料（全国平均）は，2911 円から 4160 円へと引上げられた．80 歳以上から認定率（認定者数／人口）が約 3 割と急上昇すること，また 75 歳以上の高齢者の割合が 2 割台に近づくことなどから，現在 7.9 兆円の総介護費用は，2025 年には約 20 兆円に膨張すると推計されている．

介護費用の膨張に対して，これまで取られてきた対策は次のようなものであった．居宅と施設の負担の公平化を図り，介護給付費を軽減するため，2005 年 10 月より施設入所者に対して「居住費」が徴収されるようになった．介護保険の介護報酬の抑制も行われた．**介護報酬**とは，国が決めている介護サービスの料金や請求条件のことで，3 年おきにサービスごとに細かく規定されている．介護報酬は，2003 年度の改訂で 2.3%，2005〜2006 年度の改訂で 2.4%，それぞれ引下げられた．さらに，軽度の「要支援」に認定された高齢者は「要介護」にならないために，制度発足時から介護サービスを受けることになっていたが，2006 年度の介護保険の改訂では，軽度者に対するサービスを「予防給付」（筋トレ，口腔機能向上）に限定することになった．介護費用の増大問題に対応するためには，認定基準と給付水準そのものを見直すことが好ましいという意見もある．

表 5.5　介護保険事業の推移

	2000 年	2009 年
要介護認定者数	218 万人	469 万人
サービス受給者数	149 万人	384 万人
居宅サービス	97 万人	278 万人
地域密着型サービス	0	23 万人
施設サービス	52 万人	83 万人
介護保険の総費用	3.6 兆円	7.9 兆円
保険料（1 号被保険者）月額平均	2911 円	4160 円

（資料）介護保険事業状況報告より.

❑ 介護認定の市町村格差　給付費の増大と並んで介護保険が直面する課題は,「給付」と「負担」の市町村格差に端を発する問題である. 介護保険制度では, 国保と異なり市町村の一般会計からの財源補塡的な繰出が認められない. このため保険者には, 保険料引上げで対応するだけではなく, 介護給付自体を抑制するインセンティブが働く. その結果, 本来全国一律であるはずの要介護認定や介護サービスの利用が, 保険者の財政状況によって左右される可能性がある.

清水谷・稲倉 (2006) は, 市町村レベルのデータを用いて, 保険者財政の違いが, 被保険者に占める要介護認定者の割合（認定率), 認定者に占める利用者の割合（利用率), 利用者 1 人当たり介護サービス支給額に, どのような効果を与えているかを定量的に検証している. それによると, ①要介護認定率は財政状況の悪い保険者では有意に低く, また本来無関係なはずの市町村の一般財源の状況が認定率に有意な影響を与えていること, ②利用率には財政状況は有意な影響を与えないが, 利用者数の増加は財政状況の悪い保険者では有意に低い. 被保険者の介護保険の利用が, 保険者の財政状況に左右されないようにするためにどうすべきかが問われている.

演習問題

1. 次の URL から居住地の市町村の「決算カード」をダウン・ロードしなさい. http://www.soumu.go.jp/iken/zaisei/card.html 「普通会計から公営事業等への繰出」を見て, 介護サービス, 国民健康保険への繰出金額を確認しなさい. また「国民健康保険事業会計の状況」を見て, 保険給付や実質収支を確認しなさい.

2．次の（　　）に入る適当な用語を書きなさい．

介護保険の被保険者は①（　　）歳以上の第1号被保険者と，②（　　）歳の第2号被保険者に区分されている．国民健康保険の保険者は③（　　）である．国保の加入者の7割前後は④（　　）で占められ，自営業者の割合は低い．

3．3人の保険加入者がいて，病気になると300の損失を被るとする．うち1人は10分の1の確率で病気になるが，他の2人のそれは5分の1だとする．さらに病気になるリスクが高いか低いかの情報は，加入者のみが持っていると仮定する．以下の問に答えなさい．

①病気による損失の期待値を計算しなさい．

②保険会社の収支が均衡する保険料を求めなさい．

③②で設定された保険料を「高い」と感じるのは，どの加入者だろうか．

4．介護保険制度と国民健康保険制度に関する次の記述で正しいものが2つある．番号で答えなさい．

①介護保険の被保険者は65歳以上の第1号被保険者と，40〜64歳の第2号被保険者に区分されている．40歳以上の被保険者は保険料を支払うが，基本的に介護サービスを受けるのは65歳以上の被保険者である．

②介護保険の保険料の算定に際しては，負担能力に応じて負担を求める原則が加味される．具体的には，固定資産税の課税状況等に応じて6段階に設定されている．

③国民健康保険の予算は，医療費の支出額を積算して，これから国庫負担や一般会計からの繰入金を算出し，その残りを保険料でまかなっている．この保険料でまかなうべき部分を，受益に応じて等しく加入世帯に賦課している．

④国民健康保険では，被用者保険における事業主負担に相当するものがなく，加入者は一般に所得が低く，病気にかかりやすい高齢者が多いので，保険料の不足分として国が給付費等の4〜5割前後を一般財源（税）で補塡している．

文献案内

医療・介護の全般について池上直己（2010）及び宮島・京極・西村編（2010）が入門的な基本テキストである．国民健康保険の仕組みについては厚生労働省保険局（2011），中川（2009）がわかりやすい．保険市場の特質と情報の非対称性問題については，Rosen and Gayer（2010）Ch. 9が標準的な解説．国保の歴史については今井（1993），国保改革については湯田（2010），泉田（2003），厚生労働省保険局（2010）が参考になる．介護保険の問題点については，清水谷・稲倉（2006），池上直己（2010）が参考になる．

第6章

福祉と所得再分配

6章では，生活保護や児童扶養手当等の現金給付について学ぶ．前章までは現物給付に着目したが，本章では現金給付による所得再分配に焦点を当てる．はじめに1節で，福祉制度について解説する．老齢・障害により労働能力を失って生活ができなくなったときの「最後の砦」には，どのような仕組みがあるのだろうか．子どもの貧困に対しては，どのような経済的支援がなされているのだろうか．

社会として到底許容できない貧困水準に落込んだときに，文明国は社会の構成員について最低限の生活水準を保障しなければならない．2節では，公的扶助の理論的な根拠を明らかにする．恵まれない人々の効用を最大化することには，いかなる理由があるかについて問う．マキシミン基準や利他主義の意味について説明する．

3節では，福祉をめぐる分析的な問題について展開する．地方政府が現金給付に関与しているのはなぜであろうか．所得分布の不平等が増大すると，再分配への要求が拡大するのはなぜか．福祉は労働供給にどのようなインセンティブをもたらすのか．最後の4節では，生活保護をめぐる政策的な諸問題を論じる．生活保護の受給者で，潜在的に稼動能力があると考えられるのはどのような世帯なのか．生活保護の経費負担に関する，国と地方の責任分担はどうなっているのか等について考える．

1. 福祉についての簡単な説明

1.1 生活保護制度

わが国では，1874年の恤救（じゅっきゅう）規則以来，長い間，貧困者への援助は「隣保相扶」を基本とする考え方が支配的であった．しかし，1950年に制定，施行された生活保護法によって，政府は貧困者への一般的な援助と救済の責任を負うことになった．

生活保護法は，憲法第25条の生存権の規定に基づいている．同法は，困窮者の救済は国の責任であることを認め（生活保護法第1条），生活保護の目的として最低限の生活保障を挙げ（第3条），そして保護は無差別平等に受けることができると規定している（第2条）．生活保護とは，社会として許容できない貧困水準に落込んだときに，最低限の生活水準を保障するための現金給付であり，保護を請求する権利はすべての国民に付与されている[1]．

生活保護の具体的な仕組みは，次の通りである．要保護世帯に保障される最低生活水準は，生活保護基準と呼ばれる．現行制度では，一般世帯の生活水準の60〜70%を生活保護基準とする「水準均衡方式」が採られている．保護世帯の収入（収入充当額という）を保護基準から差し引き，その差額が保護費として給付される（林正義［2008b］）．支給の基準となる最低生活費は，級地制度により居住地ごとにランク付けされる．例えば，東京23区の場合にはモデル世帯（夫婦子ども2人）で29万1000円である．

保護を受けるためには，困窮者が「利用しうる資産，能力その他あらゆるもの」を活用し（第4条1項），かつ民法に定める扶養義務者の扶養が，保護に優先される（第4条2項）ことが要件となる．これらの資源を使い果たしても，なおかつ最低生活を維持できず，稼働能力もないと判断されない限り，事実上ほとんど保護の対象にならない．これを**補足性の原理**（生活保護法第4条）という．生活保護が公費を財源とする以上，申請者の資力を審査して，救済が本当に必要であるかを判定しなくてはならないからであろう．

このため，生活保護を受けるには，困窮者は「丸裸」にならなければなら

1） 社会保障の再分配効果については『財政学』70-73頁参照．

図 6.1　生活保護の保護率（世帯千対）

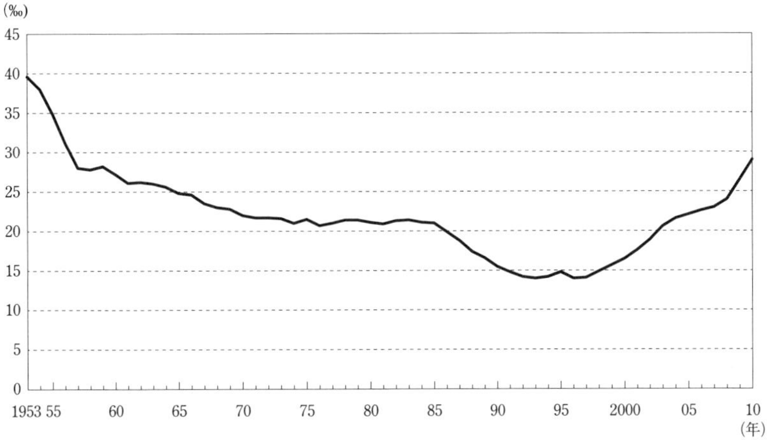

（資料）厚生労働省大臣官房統計情報部「社会福祉行政業務報告」（福祉行政報告例）.

注）保護率の算出は，被保護世帯数（1ヶ月平均）を「国民生活基礎調査」の総世帯数（世帯千対）で除したものであり，国立社会保障・人口問題研究所が算出.

ないという指摘がある．一定の条件付とはいえ，生活保護受給者の貯蓄を認めたのは2005年度からにすぎない．生活保護費預貯金訴訟（加藤訴訟）以来，現金支給された保護金品の使途は自由との判決が相次ぎ，2004年3月には福岡市学資保険訴訟（中嶋訴訟）で最高裁が，高校進学のため費用を蓄えることは，生活保護法の趣旨に反しないと初めて判断を示した（本田[2010]）．

生活保護の保護率は上昇している．図6.1に見られるように，終戦直後の高い保護率は，高度成長と80年代のバブル経済によって大幅に低下したものの，バブル崩壊を境に反転して上昇を続けている．生活保護の受給世帯数は，現在110万世帯，受給者数は209万人を超えており，過去最多を更新している．生活保護を受給世帯別に見ると，約半分が60歳以上の高齢者である．わが国の基礎年金は，最低生活保障という機能を十分に果たしていないので，その機能が生活保護へ押し付けられていると指摘されている．

生活保護は8種類の扶助で構成されるが，その約半分が医療費であり，生活保護という言葉からイメージされる生活扶助と住宅扶助は，合計でも半分に満たない．図6.2によって生活保護の内訳を見ると，**医療扶助**は48.3%を占めているのに，生活扶助は33.8%，住宅扶助は14.7%となっている．

図 6.2　生活保護費の内訳

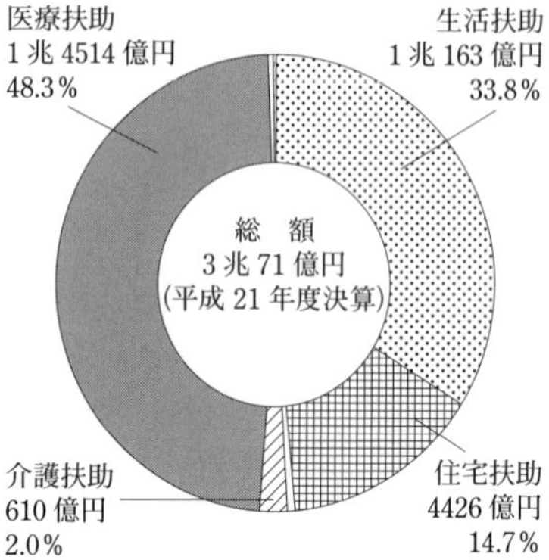

（資料）国立社会保障・人口問題研究所編「社会保障統計年報」.

わが国では，1961 年に国民健康保険（5 章を参照）の成立によって「国民皆保険」が達成されたが，生活保護の受給者は国保には加入することができない．困窮して国保の保険料が支払えなくなった人々が生活保護に駆け込むことも，医療扶助が半分を占める背景となっている．

生活保護の実施主体は，住民に近い市町村である．もっとも，憲法に基づく国の責任であるため，地方が実施する生活保護費はその 4 分の 3 を国庫負担等の公費に依存している．残りについて地方公共団体は，地方税と地方交付税交付金との一般財源によって負担している．このため保護世帯の増大に伴って，地方公共団体の歳出に占める生活保護費の割合は，近年上昇傾向にある．特に，大都市圏での保護費の上昇は著しい．例えば，東京 23 区の半数以上で，1 割を超えている．最も高い区では，20% を超えている．

1.2　児童扶養手当

現金給付による所得再分配のいまひとつのルートは，児童扶養手当である．わが国では，母子世帯など一人親世帯の相対的貧困率は，50% を超えている．児童扶養手当は，母子世帯の児童について，「家庭生活の安定と児童の福祉の増進」を目的とする現金給付であり，1962 年に創設され現在に至っている．

支給の対象となる「児童」とは，両親が離婚して一人親家庭の，18 歳に達して最初の年度末（3 月 31 日）までの児童である．2010 年 8 月から，父子家庭にも給付対象が拡大した．給付の月額は 4 万 1720 円であり，母子家庭の約 7 割が受給している．ただし，手当の請求者（母，父）の所得が年間 57 万円を超えると支給額が逓減していき，230 万円でゼロになるという所得制限がついている．児童扶養手当の受給者数は，離婚母子家庭の増大に伴って増えている．

児童扶養手当は，かつては年金に準じる制度として国が全額を負担していたが，1985 年に福祉制度に改められたのに伴って，生活保護制度等と同様に地方の負担分が導入された．現在は支給に要する額の 3 分の 1 を国が，残りの 3 分の 2 を地方（都道府県または市）が負担することになっている．

受給期間の長期化は，議論を呼んでいる．政府は 2002 年に母子世帯の就労・自立を目的に，児童扶養手当を次のように改正した．第 1 は，所得制限の厳格化である．全額を受取ることができる所得制限は，年 205 万円から同 130 万円まで引下げられ，父親からの養育費の一部を所得に算入するなどで，支給要件が厳しくなった．このため，全額を受給されていた世帯の割合は減少した．第 2 は，児童扶養手当の有期化である．支給期間が 5 年を超えた世帯の支給額を，最大で 2 分の 1 まで減額するというものであるが，関係団体の反対があり凍結されている．

2002 年の改正は，児童扶養手当等，受給期間が長期で恒常的な性格を持つ所得保障は極力制限し，代わりに，職業訓練等を通じて母親自身の労働力を高めることにより，将来的には政府からの援助を必要としない「自立」生活を目指している．その意味で，この改正は 1990 年代の欧米でさかんになったワーク・フェアと一脈通じている（阿部［2008］，本田［2010］）．

2. 福祉制度の理論的根拠

2.1 最低限の生活水準

福祉制度は，所得分配の一側面，すなわち最下層の人々に焦点を当てるものである．貧困を減少させるために政府が介入する根拠は，社会的正義のためのセーフティ・ネット（安全網）である．社会として到底許容できない貧困水準に落ち込んだときに，文明国は社会の構成員について最低限の生活水準を保障しなければならないということである．

貧困は長い間，個人の怠惰（働けるのに働かない）や道徳的欠陥が原因であると考えられてきた．エリザベス王朝時代から続いていたイギリスの救貧法の過酷な性格は，ベンサム（J. Bentham, 1748–1832）やリカード（D. Ricardo, 1772–1823）に代表される，こうした認識に由来していた．しかし，ラウントリー（B. Rowntree, 1871–1954）やブース（C. Booth, 1840–1916）が行った社会調査，そしてボーア戦争の兵士に関する健康調査等をきっかけにして，貧困の実態や原因についての考え方が変わっていく．貧困問題は通常考えられている以上に広範な現象であるばかりか，必ずしもすべての貧困が道徳的な退廃によるものではないことが明らかにされた（Barr［2004］Ch. 2）．

同様に，子どもを目的とした福祉制度は，基本的な価値観の普及と将来への投資として正当化されてきた．すべての子どもは，できる限り彼らの潜在能力いっぱいに生きる機会を持つべきであるというのが，基本的な価値観である．貧しさの中で不十分な栄養と医療しか受けていない人々は，熟練技術を習得することや，高等教育を受ける可能性が低くなる．貧困，特に子どもの貧困を減少させることの社会全体にとっての収益は大きい．

もっとも，何をもって**最低限の生活水準**とするかは価値判断の問題である．生活保護の代表的研究者である阿部彩は，著書『子どもの貧困』の中で「人が社会の一員として生きていくためには，働いたり，結婚したり，人と交流することが可能でなければならず，そのためには，例えば，ただ単に寒さをしのぐだけの衣服ではなく，人前に出て恥ずかしくない程度の衣服が必要であろうし，電話等の通信手段や職場に行くための交通費も必要」と指摘している（阿部［2008］）．

2.2 効率的な所得再分配

❏ マキシミン基準　ハーバード大学の哲学者**ジョン・ロールズ**（J. Rawls, 1921–2002）は 1971 年に『正義論』を刊行し，最も恵まれない人の効用を最大にすることによって社会的厚生が改善されるという考え方を提示した．この考え方は，所得再分配についての有力な根拠とされている．最も恵まれない人々の効用を最大化することは，マキシミン基準とも呼ばれる．人々が社会の中で自分が占めるであろう位置が予測できない「無知のベール」に覆われている状態をロールズは，原初状態（original position）と呼ぶ．

最終的に裕福になるのか貧しくなるのかがわからない「**無知のベール**」の下では，人々の意見は偏見がなく公正になるという．誰でも所得分配の最底辺に落ち込むリスクがあると考えるため，人々は一種の保険として所得再分配システムに同意するという．セーフティ・ネットがあるという認識が生まれると，人々は安心できるので社会的厚生も改善される．この議論に，異論を差し挟む余地がないわけではない．原初状態の人々は，冒険的なチャンスを活かそうとしない，リスク回避的で保守的な人々が想定されている．しかし，人々は裕福になるチャンスをつかむために，失敗する危険を冒してでもリスクを取る行動にうって出るかもしれない．

❑ **利他主義**　上記の議論は，所得再分配は誰かを良くすれば，他が悪くなるということを前提にした話である．この場合，所得再分配はパレート改善的ではない．各人の効用が，彼又は彼女の所得のみに依存するのであれば，自明である．しかし，裕福な人が必ずしも利己主義的ではなく，利他主義的である場合はどうであろうか．例えば，裕福な人々の効用は彼ら自身の所得だけではなく，貧しい人のそれにも依存するとしよう．そのような状況では，所得再分配は実際には**パレート改善**になりうる．

例えば，裕福なAさんが，1万円を貧しいBさんにあげるとしよう．良いことをしたのでAさんの効用は増加するが，それは彼の消費減少による効用の減少を相殺してあまりあるかもしれない．同時に，Bさんの効用は1万円受取れば高まる．両方とも所得の移転によって効用は高まる．効率的な所得再分配の条件は，Aさんが1万円をBさんに移転することによる効用の増加が，消費が減ることによる効用の減少に等しくなることである．したがって，政府が無償でAさんのために所得再分配を行えば，社会的な厚生は改善され，効率性が高まる．

このように，利他主義は明らかに人間の行動において重要な役割を果たす．しかし，それが政府による所得再分配政策の大部分を説明できるとは考えられない．この議論は，強制力がなければ，人々が貧しい人に貢献しようとする水準は効率的なそれよりも少ないということを前提にしている．しかし，本当に貧しい人を救済したいならば，政府を通さずにそうするであろう．毎年多額の寄附が慈善団体になされていることは，その証拠である．

2.3　問題の諸側面

国際機関で貧困を議論するときに使われる貧困基準は，相対的貧困率という概念を用いて設定されている．**相対的貧困率**は，生存水準を維持するために必要な最低水準以下の所得しか持たない世帯員が，人口の何パーセントに当たるかを測る尺度である．具体的には，手取りの等価世帯所得（世帯人数の平方根で除した値）の中央値（上から数えても，下から数えても真ん中）の50%を貧困基準とする方法である．わが国では，1人世帯で112万円が相対的貧困基準である．この尺度については議論のあるところであるが，相対的貧困率は所得分布の最下層で何が起きているかを追跡している．

経済開発協力機構（OECD）の2006年度の「対日経済審査報告書」は，日本の相対的貧困率について，初めてデータを公表した．それによると，わが国の相対的貧困率は1980年代中頃では12%であったが，2000年に15.3%へと悪化した．同じ期間にOECD加盟諸国の平均は，9.4%から10.6%へと上昇したにすぎない（OECD［2006］Ch.4）．

報告書によると，わが国の相対的貧困率の上昇の約半分は，若者や高齢者の単身世帯の増大によっているという．しかし，残りは現役世代内部での格差によって貧困率が上昇したと指摘されている．就業している現役世代の相対的貧困率は，正規労働者と非正規労働者との賃金格差を反映して，90年代半ばには11.9%であったが，2000年には13.5%に上昇した．

シングル・マザーの7割は，児童扶養手当を受けている．それでもその6割は，相対的貧困の谷間で苦しんでいる．しかし，母子家庭の母親の83%が働いているので，生活保護受給者が現役人口に占める割合は0.3%にすぎない．貧困児童数の増加は，特に不安なことである．一人親世帯の貧困の拡大は，結局，**子どもの貧困**へと帰結する．実際，わが国の子どもの貧困率は2000年には14.3%であり，OECD諸国の平均である12.2%を大きく上回っている．

3. 分析的問題

本節では，福祉制度について，いくつかの分析的な課題について焦点を当てる．

3.1 中央・地方の役割分担

現金給付を通じる所得再分配は，いかなる理由で地方政府によって担われるのであろうか（Boadway and Shah［2009］）．現金給付には，3つの種類がある．第1のタイプは，定額の現金を特定の属性の人々に（困窮度とは無関係に）給付する**社会手当**である．高齢者への一律の給付や，子どもの数に応じた家族給付がこれに該当する．わが国では「普遍的」で「一律」な児童手当がこれに該当する．社会手当は定額という性格を持っているので，労働供給に歪みを与えることがない．しかしながら，低所得層へも高所得層へも一律の定額が給付されるので，所得再分配の効果は，困窮の程度に応じて給付される公的扶助ほどは大きくない．

社会手当を実施するのは比較的簡単であるし，より大規模に行えば費用が節約できるという規模の経済も働く．したがって，中央政府が一律定額の給付を国民全体に行うというのが，最も純粋な形であろう．社会手当を地方政府が供給する利点は，特にない．

第2のタイプは，所得税制度を通じて行われる現金「給付」である．これは，**還付型税額控除**（refundable tax credit）と呼ばれる．納めるべき税金の額が税額控除よりも少ない場合は，逆にその差額分を「給付」として受取ることができる制度である．例えば，税額控除が15万円だとすると，100万円の所得税を納めるべき人は所得税が85万円に，10万円の所得税を納めるべき人は5万円を「給付」として受取ることができる仕組みである．還付型税額控除はわが国では導入されていないが，アメリカやイギリスなど先進諸国の間で急速に広がっている．

還付型税額控除は，貧困層に給付を限定することができるので効率的であり，課税最低限以下の低所得階層にも恩恵が及ぶので公平でもある．また貧困層が働くインセンティブを与えることも可能である．もっとも，税額控除は前年度の所得税のデータに基づいて計算されるので，柔軟性に欠けるという問題もある．所得税制を設計・管理して，あるべき再分配を念頭に課税標準や累進税率構造を決めているのは，中央政府である．したがって，還付型税額控除を通じて再分配を行うのは，中央政府の役割だということになる．

第3のタイプは，困窮した人々に限定して給付される**公的扶助**である．老齢や障害により労働能力がなくなった人や，他の援助に頼ることのできない低所得層に対象が限定されたセーフティ・ネットである．公費を財源とするので，給付が本当に必要かどうかを判定するための資力（所得や資産）審査が不可欠であるし，受給者が自立していくためのきめ細かい就労支援も必要である．したがって，公的扶助は中央政府の財源負担に裏付けられて，住民に近い地方政府が独自に執行するというのが望ましい形であるといえる．

例えば，アメリカ合衆国では州政府は2種類の現金給付を供給している．ひとつは生活困窮世帯に対する一時扶助（temporary assistance for needy families，以下TANF），いまひとつは貧困層を対象とする医療としてのメディケイド（medicaid）である．どちらも州政府が管理・運営しているが，連邦補助金によって支えられている．TANFはブロック補助金を通じて，メディケイドは定率補助金によってまかなわれている．また，州のプログラムは連邦政府の規制に服しているが，州政府は独自のプログラムを実施するために，連邦規制の適用除外を申し出ることができる．

3.2　所得分配と財政支出の関連性

所得再分配への要求は，どのようなメカニズムを通じて生じるのであろうか．政府の活動は，社会全体の所得分配と密接な関連性を持っており，所得分布の不平等が増大すると，再分配への要求が拡大することがわかっている（Hindriks and Myles［2006］）．

H人の消費者が存在していて，各人の所得y_iは$0 \leq y_i \leq \hat{y}$であるとする．政府は所得税で財源を調達する．このとき，所得y_iの消費者の効用は次のようになる．

$$U_i(t, G) = [1-t]y_i + b(G) \qquad (6\text{–}1)$$

tは税率で，Gは財政規模を示している．また$b(G)$は単調増加関数であるが，Gが大きくなるにつれて接線の傾きがだんだん小さくなっていく凹関数であるとする．いまμを平均所得とすると，政府の予算制約は次のようになる．

$$G = \mu t H \tag{6-2}$$

これに式（6-1）を代入すると，所得 y_i の消費者は G から次の効用を得る．

$$U_i(G) = \left[1 - \frac{G}{H\mu}\right] y_i + b(G) \tag{6-3}$$

消費者にとって最適な G は，式（6-3）について一階の条件を解くことによって得られる．

$$\frac{\partial U_i(G)}{\partial G} = -\frac{y_i}{H\mu} + b'(G) = 0 \tag{6-4}$$

式（6-4）で右辺の第1項は，所得 y_i の消費者 i の限界費用 MC，第2項は同じく限界便益 MB を表す．したがって，追加1単位の政府支出の限界費用が限界便益に等しいときに，効用は最大化する．このとき，図6.3に見られるように，高所得の消費者は所得税をより多く負担するので，G への需要は相対的に小さくなることに注意しよう．また，低所得の消費者は所得税の負担が少ないので，G への需要は大きくなる（$b'(G)$ は，減少関数であることに注意）．

では高所得層と低所得層の利害は，政治プロセスでどのように調整されるのであろうか．意見の対立を解決するのは，多数決である．このプロセスで得票数で優位に立つのは，**中位の投票者**（median voter）の選好に沿った提

図6.3　政治経済モデル

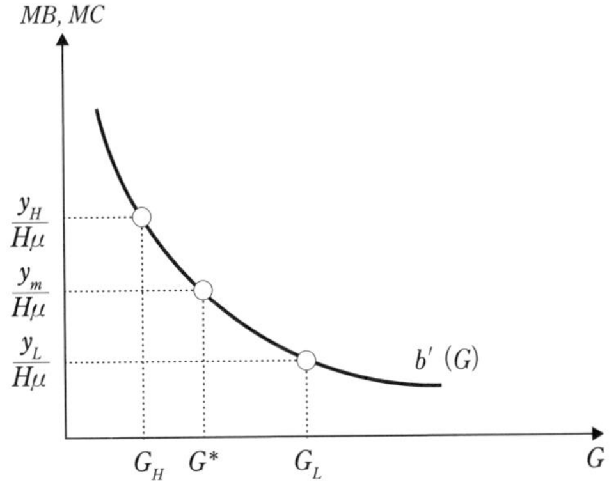

案となる．中位より所得が高い人々は，より少ないサービスを求めるし，中位より所得が低い人々は，より多くのサービスを求める．しかし，どちらかのグループに有利な提案は，対立するグループからの反対を招き，否決されてしまう．政治的な均衡での財政支出を G^* とすると，中位の投票者によって決まる G^* は次のようになる．

$$b'(G^*)=\frac{y_m}{H\mu} \tag{6–5}$$

ここで $\frac{y_m}{\mu}$ は，平均所得に対する中位の投票者の所得の比率を示す．この値が低下すれば，所得の不平等が増大する（所得分布は一般に所得水準の低い範囲でコブがあって，その右側に長い裾野があるため，平均所得＞中位所得となる）．$b'(G^*)$ は単調減少関数なので，式（6–5）で右辺の不平等が増大すると $\left(\frac{y_m}{\mu}\text{が低下}\right)$，$G^*$ は増大しなければならない．所得再分配への要求はこのモデルが示すように所得分配が不平等化すると増大するといえる．

3.3 福祉と労働供給

公的扶助では，受給資格を決定する際の基本的基準として，所得が用いられている．所得が上昇すると，公的扶助は減少する．もし所得が境界水準を上回るならば，その家族は公的扶助を受ける資格を失うかもしれない．人々は総所得（稼得所得プラス政府からの給付）に注目する．貧しい人々の総所得は，給付を受ける前の所得よりも非常にゆっくりと上昇する．それはあたかも，貧しい人々が非常に高い限界税率に直面しているのと同じである．したがって，もう1時間働くことから受取る追加的な総所得（**限界収益**）が減少するため，生活保護を受けている人々は働こうというインセンティブが小さくなる[2)]．

福祉が労働を減少させる影響を示すためには，標準的な予算制約と無差別曲線を用いることができる．図 6.4 において直線 BB は予算制約であり，労働が増加するときに A さんの消費がどのように増加するかを示している．予算制約線の傾きは賃金 w である．

A さんは働くことが好きではないので，無差別曲線は図 6.4 に示された

2）社会保障の誘因効果について『財政学』57–61 頁参照．

図 6.4　福祉給付と労働供給

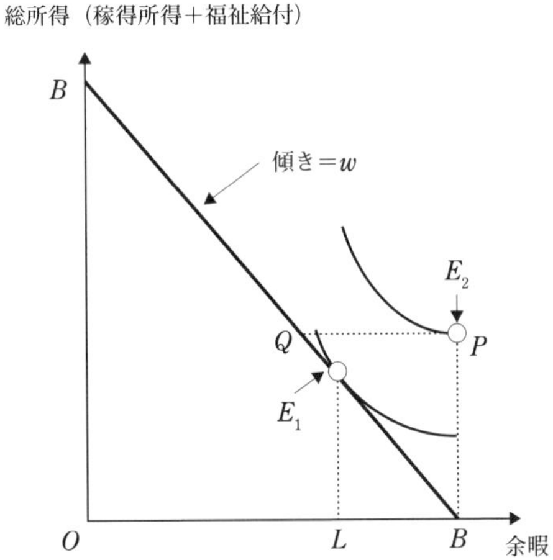

ような傾きを持っている．A さんがもっと働くのを補償するためには，追加的な消費が必要になる．また，彼が働けば働くほど余暇が少なくなるため，余暇の限界価値は彼にとって大きくなり，かつ消費が多くなるため，消費増加の限界価値は小さくなる．したがって，彼のもう 1 時間の労働を補償するために必要な追加的な消費，すなわち限界代替率は彼が働くほど大きくなる．このことが，無差別曲線が右下がりになっているだけではなく，多く働けば働くほどその傾きが急になっている理由である．当初の均衡は E_1 であり，OL を余暇に使い，LB だけ労働する．図 6.4 の PQ は，A さんが働いた場合に得た 1 万円ごとに，給付金 1 万円を失うという公的扶助の下での予算制約を示している．公的扶助の金額は PB である．驚くべきことではないが，均衡 E_2 では，A さんはちょうどこの所得水準を生み出すだけ働こうとし，それ以上に働いたとしても限界収益がゼロになるため，そうしようとしなくなる．

4. 福祉をめぐる政策的課題

本節では，わが国の生活保護制度を題材にして，政策的な諸問題を取り上げる．

4.1 生活保護費の経費負担

近年の生活保護率上昇を反映して，国の負担する生活保護費総額も，2001年に2兆円を超えて以来，毎年のように増加基調にあり，2009年には3兆円を突破した．生活保護費を扶助ごとに見ると，医療扶助が約半分を占めている．

ここで，生活保護をめぐる国と地方の財政関係を説明しておく．地方自治法上，生活保護の実施に係る事務は法定受託事務とされている．法定受託事務とは，もっぱら国の利害に関係のある事務であるが，国民の利便性又は事務処理の効率性の観点から，法律の規定により地方公共団体が受託すべきものとして，地方公共団体が処理する事務をいう．地方財政法上，経費負担に関しては，国が地方自治体の費用の全部又は一部を負担する事務（第10条の4）がある．生活保護は，同条に列挙されている事務である．財源保障の観点からは，法定受託事務については，地方自治法第232条2項に国が財源保障義務を負う旨が明記されている．

財源保障義務の内容としては，地方財政法に，国庫負担金に伴って地方公共団体が負担することになるものについては，地方交付税の基準財政需要に算入することが明記されている（第11条の2）．すなわち，生活保護の実施に係る事務は，本来は国が果たすべき役割に係る法定受託事務であるが，経費負担は国と地方で折半され，かつ地方負担分については，地方交付税の基準財政需要に算入されることで財源保障が果たされている．

生活保護費負担金の国と地方における負担割合は，当初国が10分の8だったが，昭和60年度から昭和63年度まで暫定的に10分の7に引下げられた後，平成元年度に現在の10分の7.5で恒久化された．平成16年11月の「三位一体の改革について」（政府・与党合意）を受け，平成17年4月に発足した「生活保護費及び児童扶養手当に関する関係者協議会」で，国は国費負担率を「現行の4分の3から，2分の1～3分の1へ削減する」という方針を打ち出したが，地方公共団体は現状維持を求めた．協議が行われたが，結論は出ず，国庫負担率は変更されなかった．

生活保護費は，市町村予算では民生費の1項目として計上されている．生活保護費の地方負担は，保護率上昇とともに増大している．特に，被保護世帯が大都市に集中するため，大都市の負担上昇が目立っている．事実，大阪市では平成23年度予算では生活保護費は一般会計の17%，東京23区の半数以上でも，10%を超え，最も高い区では20%を超えている．

こうした中，生活保護費の基準財政需要額については，一般財源との乖離が問題視されている．生活保護費基準財政需要の生活保護費充当一般財源に対する割合は，1.2を超えている都市もあれば，0.7しかない都市もあり，全般的にいうと大都市圏は1より低い（星野［2013］）．星野菜穂子は，「生活保護率が，これまでになく地域差を伴いながら上昇し，扶助費も増えていく現状では，基準財政需要額において標準的財政需要として見積もること自体，限界に達している」と指摘している．卓見といえよう．

4.2 漏給（ろうきゅう）問題

稼働能力を持っているのに就労することに不熱心である人に対する給付を行わないよう，適正化を推進することは重要である．濫給（らんきゅう）の防止である．不正受給の状況は件数，金額ともに毎年増加傾向にある．不正内容の最多は，稼働収入の無申告あるいは過小評価で5割，次いで各種年金等の無申告で約3割である．

しかし適正化の行き過ぎは，生活保護が本当に必要な人を「最後の砦」から排除してしまう虞（おそれ）があるのも真実である．最低限の生活を営む生活保護基準以下の収入で，本来生活保護を受けるべき世帯が受給していないことを「**漏給**」という．この問題の大きさを表すのが，「**捕捉率**」という指標である．これは，生活保護を受けることができる人のうち，実際に生活保護を受けている人の割合をいう．

わが国の貧困線（等価可処分所得の中央値の半分）は，政府の公表数値によると2009年現在で112万円となっており，また相対的貧困率は16%となっている．総世帯数は5184万世帯なので，単純計算を行うと貧困世帯は829万世帯となる．これに対して，生活保護を受けている世帯数は127万世帯であるから，世帯単位で計算すると捕捉率は15.3%となる．むろん，貧困線と生活保護基準は同一ではないので，この数字は正確なものではない．しかし，貧困世帯のおよそ7割以上が生活保護を受けていないことになる．

研究者による捕捉率の推計は，高くても20%程度であり，10%未満とするものもある（阿部他［2008］8章）．厚生労働省によると，国民生活基礎調査に基づく最低生活費未満の世帯数に占める被保護世帯数の割合（保護世帯比）は，フローの所得では15.3%，資産を考慮した場合でも32.1%となっている．

相当数の貧困層が，生活保護の網の目から漏れていることは事実であろう．2005年，北九州市において生活保護の申請を行った者が保護を認められず，その後死亡した事件が発生した．本来保護申請を受けつけるべき人に申請書を交付せず，「相談」扱いとして返す窓口対応を「水際作戦」という．生活保護は公費を財源とするので，給付が本当に必要かどうかを判定するための申請者の資力審査が不可欠である．しかし，資力審査に伴う恥辱感と，濫給を抑制しようとする窓口対応とがあいまって，本来生活保護を受けるべき世帯が排除されているとしたら問題である．

4.3 「貧困の罠」

わが国の生活保護制度には勤労所得控除が存在し，実際に稼得する労働所得から一定の金額を控除した値が収入として算定される．この勤労所得控除によって，追加的な労働所得に対する限界税率は100%未満に抑えられている．しかし，受給者が就労しても総所得が大きく上昇することはなく，生活保護の受給者は就労を抑える傾向にある（畑農他［2008］25章）．

日本では，潜在的に**稼動能力**があると考えられる世帯はどのくらいであろうか．表6.1によると，生活保護を受給している総世帯数140万のうち，稼働能力がないと思われる「高齢者世帯」と「障害・傷病世帯」は，それぞれ

表6.1　生活保護の世帯類型

		総　数	高齢者世帯	母子世帯	傷病者世帯	障害者世帯	その他の世帯
被保護世帯数（世帯）	2010年	1,405,281	603,540	108,794	308,150	157,390	227,407
	1999年	703,072	315,933	58,435	207,742	70,778	50,184
保護世帯率（‰）	2010年	28.9	59.1	153.7	n.a.	n.a.	18.4
	1999年	15.7	43.6	131.0	n.a.	n.a.	8.8
構成比（%）	2010年	100.0	42.9	7.7	21.9	11.2	16.2
	1999年	100.0	44.9	8.3	29.5	10.1	7.1

（資料）厚生労働省資料．

60 万世帯と 46 万世帯である.

したがって，就労が現実的な問題となるのは「母子世帯」の 10.9 万世帯と，「その他の世帯」の 22.7 万世帯，合計 33.6 万世帯であろう．すなわち，全保護世帯の約 4 分の 1 程度であるという点に着目しなければならない（阿部他［2008］6 章）．さらに「母子世帯」に注目すると，生活保護を受給しているのは 7 分の 1 にすぎず（153.7‰），大部分の母子世帯は児童扶養手当と勤労収入だけで生活を支えている．生活保護を受けていても母子世帯の半分近く（45%）は就労している．日本の母子世帯は，生活保護を受けていても「**福祉依存**」と呼ばれる状態ではないといえよう．

もっとも近年では，「その他」に分類されている受給者が増えていることが注目されている．1999 年の 5 万世帯から，2010 年への 22.7 万世帯で 4 倍強に増えるとともに，その絶対数は「母子世帯」の 2 倍に達している．「その他の世帯」の増加は，過去 10 年間の生活保護行政の最大の変化であったといってよいであろう．

この世帯類型に含まれる世帯が，いかなる社会経済的な属性を持つのかは明らかではないが，失業者や非正規労働者等，社会保険制度の網の目からこぼれ落ちた人々であることは間違いないと思われる．こうした世帯の就労を促進するためにも，例えば，地方公共団体が就労支援政策を展開したり，就労すれば合計収入が少しでも多くなるような生活保護制度に改めることが求められている．

演習問題

1．次の（　　）に入る適当な用語を書きなさい．

生活保護制度においては，利用できる他の手段を尽しても最低限の生活が不可能な場合に，生活保護が給付される．これを①（　　）の原理という．生活保護受給世帯の 4 割以上は②（　　）世帯であるが，近年では「その他」世帯が増えている．現行制度では一般勤労世帯の生活水準の 6 ～ 7 割を保護基準とする③（　　）方式が採られている．

2．わが国の生活保護制度に関する次の記述で，正しいものが 2 つある．番号で答えなさい．

①憲法第 25 条に規定された生存権を具体的に定めたものが生活保護法である．

②生活保護の受給者は，国民健康保険に加入できる．

③利用できる他の手段を尽しても最低限の生活が不可能な場合に，生活保護が給付される．これを補足性の原理といい，資産や稼働能力の活用，親族等の扶養義務が優先される．

④わが国では生活保護の実施は，住民移動の多い市町村ではなく，都道府県が主体となっている．

⑤児童扶養手当の支給は母子世帯の児童を対象としており，父子世帯の児童は対象となっていない．

3．A さんの効用を U_A，所得を Y_A，B さんの効用を U_B，所得を Y_B で表す．それぞれの効用関数が次のように定義されるとする．

$$U_A = 100Y_A^{1/2} \qquad U_B = 100Y_B^{1/2} + 0.8U_A$$

このとき，効率的な所得再分配の条件を定義しなさい．また，A さんの当初所得は 100，B さんの当初所得は 200，社会的厚生関数は 2 人の効用関数の和であるとする．

①B さんから A さんに所得を 35 移転したときに，何が起こるだろうか．

②パレート効率的な所得再分配を行うには，B さんから A さんにいくら移転すればよいか．

4．ある国に 11 世帯が暮らしており，その税引き後の可処分所得の分布は次の通りであるとする．この国の相対的貧困率を計算しなさい．

世帯人数	世帯所得（万円）	世帯人数	世帯所得（万円）
4	200.0	4	250.0
2	148.0	3	207.0
5	110.0	4	250.0
3	170.0	2	184.0
4	208.0	4	300.0
3	90.0		

文献案内

生活保護制度の仕組みと意義について知りたい読者に，阿部・國枝・鈴木・林（2008）を薦める．地方財政と生活保護については，宮島・京極・西村編（2010）及び林正義（2008b）がわかりやすい．生活保護をめぐる財源保障については，星野（2013）がある．公的扶助の理論的な根拠について，Barr（2004）Ch. 2，Rosen and Gayer（2010）Ch. 7 及びスティグリッツ（2003）15 章の解説が標準的．阿部（2008）及び本田（2010）は生活保護と児童扶養手当についての啓蒙書．日本の相対的貧困率について初めてデータを公表したのは OECD（2006）．

第7章

地方税の体系

7章では，日本の地方税を素材にして，地方税の体系を学ぶ．地方政府は，租税を徴収して有益な公共サービスを提供している．地方税は，地方自治の貨幣的基盤でもある．はじめに1節では，租税にはどのような類型があり，その組合せがいかなる意味を持つのかを説明する．転嫁の有無による分類や，所得，資産，消費という課税標準による分類について触れる．様々な租税のうち，どのようなタイプが地方税としてふさわしいのだろうか．2節では，地方税原則について論じる．地方税については，租税一般の場合に加えて，独自の課税原則があるとされている．応益原則，税収の安定性，税源の普遍性等の意味について論じる．

3節では，代表的な税目（固定資産税，住民税，法人事業税，地方消費税）について，課税要件（課税標準，納税義務者，税率）を具体的に解説する．わが国の地方税では，国税と課税標準を共有しているものが多く，所得，資産，消費に分散していることに特徴が見られる．このような特徴は，いつ頃から形成されたのであろうか．地方政府が，地方税の税目や税率について自主的に決定し課税する裁量権を，課税自主権という．4節では，わが国の地方税の課税自主権について学ぶ．地方税法で定められている税目以外に，地方公共団体の条例によって税目を新設するときには，どのような手続きや要件があるのか．地方公共団体は，限界的な支出増加を税率によって調整しているのかを問う．

1. 地方税の類型

1.1 地方税の位置

地方税について理解するには，公共部門の収入についての知識を持っておくことが必要である．「政府」は国民経済計算上，一般政府（中央政府・地方政府・社会保障基金）と公的企業に分けられているが，ここでは地方政府の収入を取り出しておこう．表7.1によると，地方政府の歳入における地方税の比重は47％と約半分となっていること，中央政府からの移転財源（国庫支出金と地方交付税）の比重が地方税に匹敵していることがわかる．地方政府はこの他に，地方債を発行して借入れを行っているので，それを含めると地方税の割合はさらに下がる．

ちなみに，地方公共団体の予算の中心である地方公共団体の一般会計の歳入総額（純計）97兆5115億円のうち，使途が特定されていない一般財源は，53兆9622億円で55.3％を占めている．また地方税は34兆3163億円であり，歳入に占める比重は35.2％である．日本の地方自治は「**3割自治**」と揶揄されることがあるが，このことを指しているのである．

次に，地方公共団体の決算額で見た歳入の構成を示したのが，図7.1である．この図からわかるように，地方税の比重は4割を下回っており，国庫支

表7.1 地方政府の歳入（SNA, 2009年度）

（単位：％）

	構成比	対GDP比
利子受取	1.3	0.2
税収入	47.5	7.5
間接税	26.6	4.2
直接税	21.5	3.4
資本税	0.0	0.0
社会保険料	3.8	0.6
中央政府からの移転	46.8	7.4
経常移転	34.2	5.4
資本移転	12.7	2.0
経常移転受取（その他）	0.0	0.0
資本移転受取（その他）	1.3	0.2
総収入	100.0	15.8

（資料）内閣府『国民経済計算』．

出金や地方交付税等の移転財源の割合が高い．もっとも，地方交付税の構成比は，平成 8 年度から 12 年度までは上昇していたが，13 年度以降，交付税特別会計の借入金方式に代えて臨時財政対策債を発行し，基準財政需要額の一部を振り替えることとしたこと等から低下が続いている．また国庫支出金の構成比も，平成 16 年度から 19 年度にかけて，「三位一体」改革による国庫補助負担金の一般財源化，普通建設事業費支出金の減少等により低下した．一方，地方債の構成比は，普通建設事業費の減少や平成 16 年度に臨時財政対策債の発行額が減少したこと等により低下していたが，近年では臨時財政対策債の増加等により，上昇している．

1.2　地方税の類型

地方税を理解するには，租税にはどのような類型があり，その組合せがいかなる意味を持つのかを押さえておく必要がある．以下では，代表的な租税の類型について説明する．

第 1 は，国税と地方税である．現代の公共部門は，例外なく中央政府と地方政府という重層的な統治機構を備えている．そして各政府レベルは，租税を持っている．それは政治行政上の必要からくると同時に，それがそのまま徴収主体別の租税分類ともなっている．一般的には，比較的貧弱な課税・徴

図 7.1　歳入の構成比

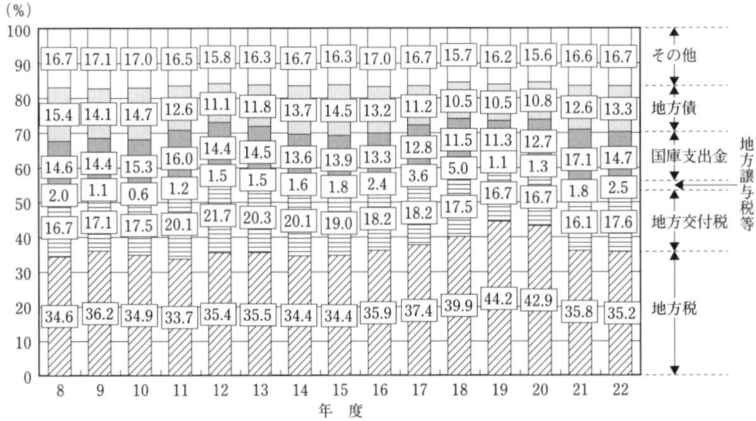

（資料）総務省編『地方財政白書』平成 24 年度版．

税能力でも徴収できる不動産課税のようなものが地方税となり，それを超えて全国的な影響を持つ所得税や関税は，中央政府（連邦政府）の税となる．概して時代がさかのぼるほど，中央と地方の税は分離していて，地方の自立性が強かったのに，次第に地方税収だけでは地方行政をまかないきれなくなり，国税への実質的な依存を強めるという経路をたどる．わが国の租税総額のうち，国税は約 43.7 兆円で 56% を占めている．これに対して地方税は約 34.3 兆円で，全体の 44% を占めている．

第 2 は，直接税と間接税である．租税の類型を経済的機能に基づいて区分することは，税制改革にとっても，また経済学・財政学的な分析にとっても，重要なテーマとなる．そうした分類の代表的なものが，直接税と間接税との区分であり，両者の比率を直間比率という．

直接税か間接税かという区分は古くから行われ，現在でも税制改革の際によく用いられる基準でもある．通常，納税義務者が最終的な担税者である税を直接税と呼び，両者が食い違うもの，すなわち転嫁するものを間接税と呼ぶ．とはいうものの転嫁の有無は明確ではなく，法人事業税のように，直接税に分類されているが転嫁する可能性がある税金もある．仮に，法人事業税を直接税に分類すると，わが国の地方税の直間比率はおよそ 87：13 であり，直接税の割合が圧倒的に高い．

第 3 は，所得，資産，消費という**課税客体による分類**である．これは税源である所得を，その発生なり収入なりの点でとらえるか，いったん収入された所得が支出された点でとらえるか，消費されずにストックとして蓄積された時点でとらえるかによる分類である．

日本の地方税体系は，課税客体が所得，消費及び資産に分散している点に特徴がある．英米などアングロ・サクソン系の諸国では，地方税の大半は資産課税によって占められている．一方，スウェーデンやデンマークなど北欧諸国では，地方税の 9 割以上を個人所得税が占めている．これに対して，日本の地方税では所得を課税客体とする税目が全体の 46%，資産を課税客体とするのが 31%，消費等を課税客体とするものが 23% となっている．いいかえると，複数の課税客体に分散していること，中央と地方が事実上，同一の課税客体に重複して課税していることに特徴がある．

2. 地方税原則

地方税については，租税一般の場合と異なる独自の課税原則と体系があるとされてきた．様々な税のうち，どのようなタイプが地方税としてふさわしいかを一般的に定式化したものを，地方税原則という．本節では，地方税原則について学びたい．

❑ **応益原則の加味**　地方税原則として第1に挙げられるのは，**応益原則の加味**である．1章でも触れたように，地方分権的な所得再分配政策では，福祉移住が発生すると考えられるので，地方政府の課税では応能原則の採用は望ましくない．これに対して，地方公共財の場合には，住民は自動的に便益を享受できる立場にいるので，居住者に応益原則による税によって負担してもらうことが可能であり，かつ公平であると考えられている．

応益課税の典型的な事例は，固定資産税である．また近年の地方税制は，個人住民税均等割の課税強化，法人事業税の外形標準課税の導入，個人住民税所得割の10% 比例税率導入等，応益性を高める方向で見直されている．

租税根拠論には，大きく分けて2通りの考え方がある[1)]．租税利益説と租税能力説である．利益説の源流は，17世紀にさかのぼる．それはイギリスの哲学者ホッブス（Thomas Hobbes, 1588–1679），ロック（John Locke, 1632–1704），そしてオランダの法律家グロティウス（Hugo Grotius, 1583–1645）によって展開された，伝統的な租税根拠論である．利益説とは，人々は政府の提供したサービスの便益に対する対価として，租税を払うべきだという考え方である．すでに述べたように，地方税については応益原則が望ましいとされている．

国民は，納税を通じて私有財産の一部を政府に無対価で移転する義務を負うので，経済的な損失を被る．したがって，租税はその損失ができる限り公正で公平となるように配分されるべきであると考えられる．この問いに対して，納税者は各人の負担能力に応じて国家に貢献しなければならないと答えるのが，租税能力説である．能力説は，フランスで活躍した哲学者ルソー

1）　課税根拠論については『財政学』5章を参照．

(Jean-Jacques Rousseau, 1712-1778)，フランスの政治経済学者セイ（Jean-Baptiste Say, 1767-1832)，そしてイギリスの経済学者ミル（John Stuart Mill, 1806-1873）によって主張されてきた．財政学では19世紀末以来，能力説の系譜をとるものが主流となってきた．

❑ **税収の安定性**　地方税の第2の原則は，税収の安定性である．ビルトイン・スタビライザーと呼ばれる自動安定化機能を用いた経済安定化機能については，それを実施すべき代表的な租税として，個人所得税及び法人税が挙げられる．それらの税目は税収の所得弾力性が高く，景気対抗的に税収が増減することが必要であった．ここで，税収の所得弾力性とは，所得が1％増加するときに税収がどれくらい増加するかをパーセントで示した指標と定義される．この値が高いと所得の増減に対して，税収が大きく増減することを意味する．

経済安定化機能を担う中央政府と異なって，地方公共団体の行政サービスは，住民の日常生活を支えているものが多いので，毎年一定の水準で提供される必要がある．地方公共団体の収入の都合によって，行政サービスが影響を受けることは望ましくない．したがって，地方行政サービスをまかなうための税収は，景気変動等によってあまり変動しないことが望ましい．これを**税収の安定性**の原則といい，税収の所得弾力性が高くない税目が，地方税として望ましいとされている．わが国の地方税のうちでは，地方消費税，固定資産税の税収は，安定性が高いとされる．

❑ **税源の普遍性**　地方税の第3の原則は，**税源の普遍性**である．国はどの地域からであれ，十分な税収を調達すればよく，地域的な税源の偏在は特に問題とならない．これに対して地方公共団体の財政需要は，どの地域にも普遍的に存在しているので，租税客体が地域的に偏在していると税収が不足する団体が生じ問題となる．

例えば酒税は「蔵出し税」であり，ビール等が工場から出荷されるときに課税される．自動車の燃料に掛かる揮発油税も，国税で蔵出し税になっており，元売りの貯蔵タンク（保税タンク）から出荷された時点で課税される．これは消費者や販売元よりも圧倒的に数の少ない製造元で課税した方が，徴収にかかる費用が少なくて済むからである．しかし，同じ燃料税でありながら軽油引取税は蔵出し税ではない．すなわち，小売店（特別徴収義務者）が消費者に販売した軽油について，各々が都道府県に申告納税している．軽油税が元売り段階で課税されていないのは，軽油引取税が地方税であるために，蔵出し税にしてしまうと製油所のある都道府県にしか税金が入らなくなるからであろう．

地方税は，租税客体が全国を通じてどこにでもあることが条件となる．個人住民税，固定資産税，地方たばこ税，地方消費税等がこれに当てはまる典型的な地方税である．逆に法人事業税は，税源が地域的に偏在している．

❏ **負担分任**　地方税に関する第4の原則は，**負担分任**である．住民が地域社会の構成員として，その会費を広く負担するという精神を表すものであり，個人住民税の均等割の存在や，住民税の課税最低限が所得税のそれよりも低く設定されていること等に具体化されている．負担分任の歴史は，1940(昭和15)年に所得課税の一種である戸数割が廃止され，地方税体系が物税中心となったときにさかのぼる．土地や家屋を所有しない居住者が地方税を納めないことになるので，広く負担を分任して，地方自治への参加意識を高めるために，市町村民税が創設されたことが当時の記録にも残されている．

すでに触れたように，地方公共財について住民は自動的に便益を享受できる立場にいるので，居住者に応益原則による税によって負担してもらうことが可能であり，かつ公平である．負担分任の原則は，こうした応益原則の特殊な形態であるといえる．しかし，1990年に住宅レイトを廃止して導入されたイギリスの**コミュニティー・チャージ**は，高額の定額負担を求めたため，3年間で廃止されざるをえなかった．納税者を有権者全体に広げて，地方財政責任を強化しようという実験は挫折した．こうしたことをかんがみると，負担能力に関係なく徴収される税が過大な負担とならないよう配慮が必要である．

3. 代表的な地方税

本節では，代表的な税目について課税要件（課税標準，納税義務者，税率

図 7.2　地方税の内訳（平成 22 年度）

(1) 市町村税

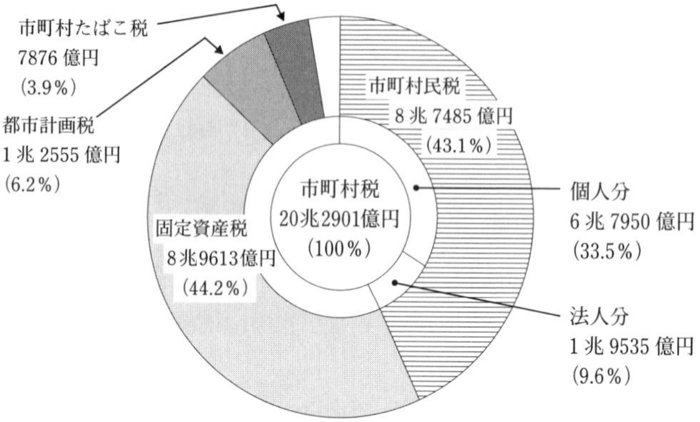

(2) 都道府県税

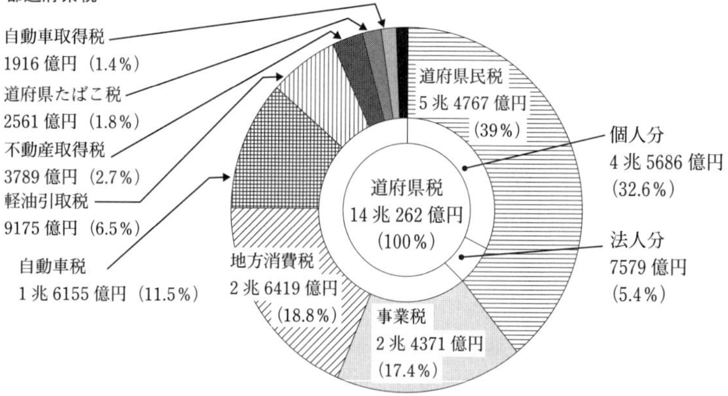

等）を解説する．図 7.2 は，市町村税と都道府県税の内訳をみたものである[2]．市町村税では，市町村民税と固定資産税の比重が高く，この 2 税だけでほぼ 9 割を示している．この他には，都市計画税や市町村たばこ税がある．市町村民税は，区域内の個人及び法人に課される所得課税であり，固定資産税は，固定資産の価格を課税標準として課される収益税である．

都道府県税では道府県民税が大きく，地方消費税と事業税がこれに次ぎ，自動車税が第 4 位となる．このうち事業税は，法人の事業活動に対して，所

2)　日本の租税構造について『財政学』108–111 頁参照．

得または付加価値を課税標準として課税される収益税である．地方消費税は国税の消費税額を課税標準として，都道府県間で清算される消費課税である．このように，固定資産税を除くと，国税と同一の課税標準（所得，消費）に課される地方税が多いという点，また府県税における法人課税の割合が高いという点に，わが国の地方税体系のひとつの特徴があるといわれている．

こうした特徴は，いつ頃形成されたのだろうか．明治時代にさかのぼると，地方税は道府県税と市町村税に二分されていたが，いずれも初めは国税への付加税である地租割及び戸数割と家屋税が中心であった．この中心的な税は，いずれも不動産課税である．戦後の占領期に行われた**シャウプ勧告**を起点にして，地方自治強化のため，付加税は独立税に衣替えされて，地方税の自立化が図られた．シャウプ勧告の描いた税体系は，市町村には固定資産税と住民税を配分し，都道府県には事業税を配分するというシンプルなものであった．国税と都道府県税，市町村税を明確に分離して，納税者がどのレベルの政府に税金を納めているかがはっきりわかるようにしたのである．その後，1954 年に都道府県にも住民税が創設されることになり，勧告には一部修正が加えられた．このように，戦前と現在の地方税体系の骨格上の違いは，シャウプ勧告を起点として形成された．

3.1　固定資産税

❏ **課税客体**　固定資産税は，住民税と並んで市町村の一番重要な税である．固定資産税は，土地，家屋及び償却資産という，3 種類の固定資産を課税客体としている．償却資産は事業に用いられる機械・設備であり，例えば自動車は固定資産税の対象外であるが，クレーン車には固定資産税が掛かる．固定資産税では，固定資産の所有者が納税義務者であり，当該固定資産の所在する市町村が，固定資産の価格に応じて毎年経常的に課税する．固定資産税は物税とされており，資産の所有者の所得等の人的要素は考慮されない．土地，家屋及び償却資産に対し固定資産税が課税されるのは，これらの資産の保有と市町村の行政サービスとの間に，一般的な受益関係が存在するからである．もっとも固定資産税の税額が，具体的な市町村の行政サービスの量に応じて定まることを意味するものではなく，資産価値を表す価格に対して比例税率で課税される．

固定資産税の対象となる固定資産は，文字通り「固定」してあって移動性のない資産というイメージがあるが，新幹線の車両，旅客機，貨物船のような頻繁に移動するものも償却資産として対象となる（地方税法第342条2項）．例えば，新幹線の車両に課税できるのは，新幹線が走る線路のある市町村であり，評価額の2分の1を当該市町村にある線路の長さ（当該車両が賦課期日現在において走行すべき路線の所在する市町村における軌道の単線換算キロ数）に応じて，残りの2分の1をその市町村を走る距離（当該車両が賦課期日現在において走行すべき路線の所在する市町村における運行図表に基づく，車両の走行キロ数）に応じて按分（あんぶん）している．このように，固定資産について各市町村長ではなく，総務大臣又は道府県知事がその評価を行い，関係市町村に価格等を配分することは，大臣・知事配分と呼ばれている．

❑ **資産の価格**　固定資産税の税額は，対象となる資産の価格に税率（標準税率は1.4%）を乗じた金額である．資産の価格の決め方についてであるが，土地と家屋は3年ごとに，償却資産は毎年評価される．総務大臣が決める固定資産評価基準によって，市町村長が評価して価格を決めることになっている．固定資産税全体の税額のうち，土地と家屋がそれぞれ4割，残りの2割を償却資産が占めている．大規模な工場や原子力発電所・ダム等の施設がある市町村では，**償却資産からの固定資産税**が大きな金額となる．事実，歳入に占める地方税の割合が一番高い70%台のグループに入る地方公共団体は，関西国際空港（大阪府泉南郡田尻町），臨海工業地帯（愛知県海部郡飛島村），リゾート地（新潟県南魚沼郡湯沢町）等，大規模な償却資産から生まれる固定資産税の恩恵を受ける市町村がほとんどである．

土地については，評価額そのものではなく，それを調整してかなり低く抑えた課税標準額を基にして税額を算定している．地価が上昇した場合に，評価額に税率を掛けると負担額が大きくなりすぎてしまうため，それを抑えるために調整措置が採られてきたからである．土地に対する固定資産税の額は，3年おきの評価のたびに負担が不連続に増大するのではなく，上昇幅を平準化して，毎年徐々に上がるように工夫されている．

注目してよいのは，固定資産税には住宅政策や産業政策のための特例が設けられていることである．例えば住宅用地については，200 平方メートル以下の小規模住宅用地の課税標準を，価格の 6 分の 1（一般住宅用地については 3 分の 1）の額とする特例措置が採られている（地方税法第 349 条の三の二）．産業政策の例として，新しく開通した新幹線の線路等の施設は，最初の 5 年間は本来の税額の 6 分の 1，次の 6 年間は 3 分の 1 とされている（地方税法第 349 条の三 13）．また，国や地方公共団体の資産には固定資産税がかからない（地方税法第 348 条）．国有資産等所在市町村交付金が，所有者である国や都道府県からその市町村に対して交付される．

3.2　個人住民税

個人住民税は，地域社会の費用を住民がその能力に応じ広く負担を分任するという，独自の性格を有する所得課税である．個人住民税は，前年の所得金額に応じて課税される「所得割」と，所得金額に関わらず定額で課税される「均等割」が主たるものである．この他に，都道府県だけに納税する「利子割」「配当割」及び「株式等譲渡所得割」がある．

❏ **居住地課税**　個人住民税の納税義務者は，ある地方公共団体に 1 月 1 日現在で住所を有する個人である（法第 294 条）．住所の認定は，住民基本台帳に記録されている住所に基づいて行われる．選挙人名簿の登録も，住民基本台帳に記録されている者について行われるので，住民税は納税者と有権者が一致する唯一の地方税であるといえる．単身赴任者や国会議員等のように，住民基本台帳の記録と「生活の本拠」に乖離があるときは，前者によらずに後者による課税が認められる（昭和 45 年東京地裁判決）．

個人住民税は，所得税の付加税的な性格を持っているが，国税にはない独自の仕組みをとっている[3]．第 1 に，個人住民税には所得税にはない**均等割**が存在する．均等割は，住民が地方公共団体から様々な行政サービスを受けている対価として，地域社会の費用の一部を等しく分担するものである．いわば，地方公共団体というクラブの会費というのが均等割の位置づけである．法人も均等割を納付する義務があるし，当該地方公共団体に居住してい

3)　所得税について『財政学』6 章参照．

なくても，家屋や店，事務所等を所有する個人は均等割を納付する．均等割の金額は、個人の場合は市町村ごとに一律（道府県民税では年1000円，市町村民税では年3000円）である．

第2は，税率構造に関わる点である．所得税では，超過累進税率（5％，10%，20%，23%，33%，40%）を採っており，課税所得階層に適用される税率が，所得の増加に伴って逓増する仕組みになっている．2006年以前，個人住民税には図7.3にあるように5％，10%，13%の緩やかな累進税率が適用されていた．2007年1月1日以降，「三位一体」改革によって個人住民税の税率は，一律10%の**比例税率**となった．課税所得が700万円を超える高額所得層は0.4兆円の減税になり（図中②），200万円未満の低所得層は3.4兆円の増税になるので（図中①），差引き住民税は3兆円増える．このままであると低所得層の住民税は大幅な負担増となるので，住民税の増加額と同額を国税の所得税から減税した．所得税・住民税の合計額は一定で税負担に中立となるが，税源は国から地方へ3兆円が移動する．これが**3兆円の税源移譲**と呼ばれるものである．所得税は，所得再分配機能を持っているため

図7.3　個人住民税の税率構造

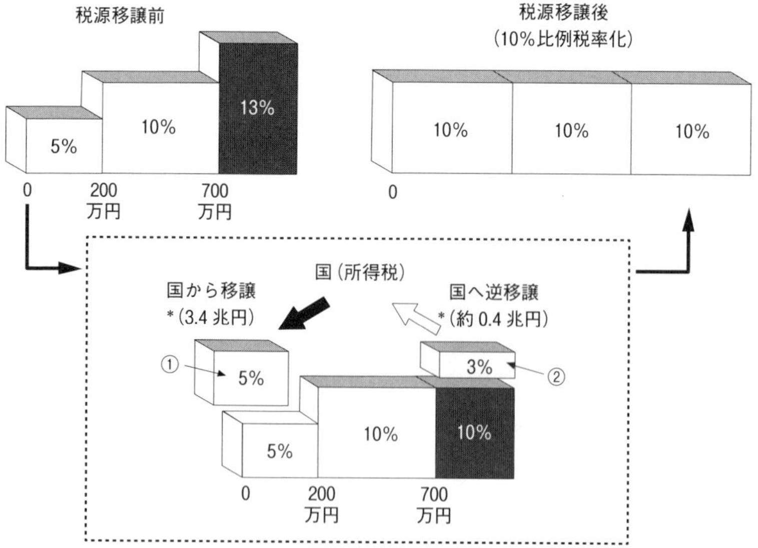

（資料）総務省ホームページ「税源移譲」より作成．
注）＊移譲額等については，粗いイメージ．

超過累進税率を採っているが，個人住民税は，福祉や教育等の対人サービスに対する対価という位置づけから比例税率となっている．

❑ **前年所得課税**　第3に，所得税が現年所得課税（課税標準は今年の所得）されるのに対して，個人住民税は**前年所得課税**（課税標準は前年の所得）で徴収されている．具体的には，前年の課税所得金額に道府県民税または市町村民税の税率を掛けて，それから税額控除して税額が決定する．確定申告を行わない一般の給与所得者の場合，所得税の年末調整の時期に所得の証明書として源泉徴収票が発行される．源泉徴収票は勤務先から各住所地の市区町村に送られ，それを基に翌年度の住民税の課税額が計算される．給与所得者については，給与を支払う者（事業主）が，その年の6月から翌年の5月までの12回に分けて給与から天引きし，事業主が取りまとめて住民税を納付している（特別徴収）．

前年所得課税では，所得の発生時点と納税義務の発生時点との間に1年近くのずれが生じる結果，退職した翌年に納税するケースが発生したり，所得税では確定申告が不要なのに住民税では必要になったりする．例えば，2013年3月に退職する場合を考えよう．2012年度の住民税額のうち，4，5月分は源泉徴収できなくなるため，最後の給料（2013年3月分）から源泉徴収される．さらに2013年1～3月の給料にかかる住民税は，給与のない翌年（2014年）に納付しなければならない．

実際のところ，1949年のシャウプ勧告や昭和40年代の税制調査会答申には，現年所得課税の方がよいと書かれている．終身雇用制では同じ会社に勤めているので，所得の発生と納税の時期がずれていてもあまり違いはなかった．しかし，非正規労働やフリーター等の雇用形態が増えると，納税する時点では転職してしまうなどの問題が生じる．現年課税の方式としては，給与所得者は給与支払者（勤務先）による源泉徴収・年末調整方式が，その他の所得者については予定納税・確定申告清算方式が有力視されている．

▶ Column-8 ◀

ふるさと納税

住民税における税額控除で特筆すべきトピックスは，平成20年度税制改正で導入された「ふるさと納税」である．この構想は，平成 18 年の福井県知事による「故郷寄附金控除」の提案を端緒とする．納税者は任意の地方公共団体に寄附をすると，当該自治体から受領証等が交付される．受領証を確定申告の際に添付して寄附金控除を申請すると，寄附金額の一部がふるさと納税を行った年の所得税及び翌年度の住民税から控除されるという仕組みだ．控除の対象となる寄附金は下限額（5000 円）を超えた部分のみ，また税額控除額の上限は，住民税所得割額の 1 割となっている．寄附金控除という形をとっているが，実質的には税の一部を「ふるさと」に納税する効果がある．例えば，住民税の課税総所得金額 300 万円の A さんが 5 万円を「ふるさと」に寄附したとすると，住民税の軽減額は合計 4 万 500 円となるので，寄附金の自己負担が大幅に少なくなる．住民税は「地域社会の会費」と位置づけられているため，納税者が住所地の自治体と「ふるさと」の自治体に，住民税を分割して納付すること（分割納税方式）は望ましくない．だが，過去にお世話になった地方公共団体や，災害で打撃を受けた故郷に対して，これを支援する仕組みは必要である．かといって，住民票を移すわけにもいかない．寄附金控除方式の「ふるさと納税」は，こうしたしたジレンマを打開する苦心の産物である．

3.3　地方消費税

コンビニエンス・ストアや家電量販店で日常用品を購入するとき，われわれは 5％ の消費税を本体価格に上乗せして支払っている．5％ のうち 4％ 相当分は国税の消費税であるが，残り 1％ は地方税として都道府県に配分されている[4)]．これが地方消費税である．地方消費税は，教育・福祉等の幅広い財政需要に応えるための税であり，国の消費税額を課税標準にしている．消費税は，国内消費と輸入に課税されているので，地方消費税も国内消費に掛かる譲渡割と輸入に掛かる貨物割から構成される．譲渡割の納税義務者は，課税資産の譲渡等を行った事業者，貨物割は課税貨物を保税地域から引き取る者，つまり輸入業者である．地方消費税の税率は，消費税額を課税標準として 25％（消費税率換算で 1％）である．国の消費税と地方消費税を合わせた消費税の税率は，5％ となる（地方税法第 72 条の 83）．賦課徴収は，納税者の事務負担の軽減等を考慮して，当分の間，国が消費税と併せて

4)　付加価値税について『財政学』9 章参照．

行ったうえ，地方消費税に相当する額を，国から都道府県に払い込むことになっている．都道府県は市町村の財政基盤の充実のため，地方消費税に関わる収入の一定割合を市町村に交付している．

❏ **清算制度**　地方消費税は，消費税と同じく消費に負担を求める税である．製造，卸売，小売の各段階において別々の都道府県に納税された税を，いかに最終消費地となる都道府県に帰属させるかは簡単なことではない．**最終消費地に税収を帰属させる**ためには，国の国境税調整と同様に，移入課税・移出非課税の県境税調整を行うことが考えられる．しかし，関所でも設けない限り，県境税調整を行うことはできない．このため「県境税調整に代替する現実的解決策」として，各都道府県の地方消費税については，消費に関連した指標を基準に清算することとされている．地方消費税は，県境税調整なしに消費税の課税権を都道府県に付与することを模索した，苦心の産物である．

図7.4を用いて説明しよう．A県所在の製造業者がB県所在の卸売業者に加工品を納入し，この卸売業者がC県所在の小売業者に商品を納入し，この小売業者が消費者に販売した場合を考える．このとき，C県で消費した最終消費者が地方消費税を負担する（④）．にも関わらず，実際の納税はA県（①），B県（②），C県（③）に分割されている．すなわち，④=①+②+③である．消費税の最終負担者である消費者が消費税を支払ったC県

図7.4　地方消費税の清算

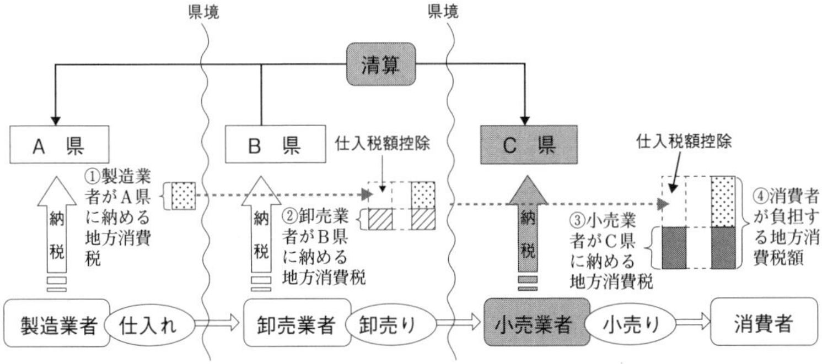

（資料）地方消費税の清算基準に関する研究会（2008）『地方消費税の清算基準に関する研究会報告書』地方自治情報センター．

に地方消費税を帰属させるためには，各県に納付された地方消費税（①+②+③）をいったんプールして，最終消費額を考慮してC県に帰属させる必要がある．これが**清算制度**の役割であり，それを通じて最終消費地と税の帰属地が一致するのである．

具体的には，各都道府県にいったん納付された地方消費税は，「消費に相当する額」（地方税法第72条の114）に応じて，都道府県ごとに按分される．「消費に関連した指標」は，2つの指定統計によって把握される．4分の3は，小売年間販売額（商業統計）とサービス業対個人事業収入額の合計額によって按分し，残り4分の1のうち，8分の1を人口（国勢調査）で，8分の1を従業員数（事業所統計）で按分するというものである．

▶ Column-9 ◀

地方消費税の課税根拠

金融所得が分離課税されている現状では，住民税と消費税の課税標準はほとんど同じである．比例的な負担構造を持つ個人住民税があれば，地方消費税を居住地課税として課税する意義が問われる．個人住民税は，2006年の改正で税率が10%の比例税となったものの，課税最低限が高いため実効税率は累進的である（Boadway, Hobson and Mochida [2001]）．応益説を徹底するならば，均等割の水準を高めるのが筋である．課税最低限を下げて真に比例的な住民税を実現することが困難な状況で，間接的にこれを実現する方法として，地方消費税の存在を位置づけることができる（持田・堀場・望月 [2010]，林宜嗣 [2008]）．

❑ 地方消費税のあり方　これからの地方消費税の課題は何であろう（持田・堀場・望月 [2010]）．第1は，地方消費税の税率が一定税率であることに関連する．現行制度においては，A県が税率を引下げると，地方消費税の課税標準が「国の消費税額」であることから，次の事業者の地方消費税に係わる仕入控除額の金額が過大になる（益税）といった事態が生じる．これは地方消費税が国の消費税額を課税標準としているため，A県の税率引下げが仕入税額控除に反映されないためである．都道府県に税率決定権を付与すると，仕入れ税額控除は不正確になってしまうので，一定税率となっている．

しかし，一般的な常識に反して，地方消費税に税率決定権を付与することは可能である．そのためには，「国の消費税額の25%」となっている現行の地方消費税の課税標準を「最終消費」に変えて，仕入れ額に関わる税額控除を地方ごとに把握できるようにするとともに，清算基準を「最終消費」から「最終消費×地方消費税率」に変更すればよい．もっとも，地方消費税に税率決定権を与えると，納税協力費用や税務行政費用は増える．そのようなコストを上回るメリットが発揮されるかどうかが，判断の分かれ目になる．

第2は，地方消費税の税務行政についてである．地方消費税の賦課徴収権者は都道府県知事であり，地方税では例外的に申告納税方式を取っている．本則では譲渡割の申告納付は都道府県知事になされ，確定と徴収も都道府県知事が行うこととされている．しかし，実際には地方消費税の譲渡割（国内最終消費に対する課税）の場合は，法律の附則で「当分の間，国に消費税と併せて申告納付」とされている．貨物割（輸入に対する課税）であれば，地方税法の本則にあるように税関が徴収するのが自然であろう．しかし，譲渡割の徴収を国に委託する論理的必然性は明確とはいいがたい．地方消費税の拡充を求めるのであれば，譲渡割については，申告納付，確定・徴収という税務行政を地方公共団体が引受ける覚悟が必要であろう．

第3は，都道府県間での清算基準についてである．現行の清算基準は，最終消費を必ずしも正確に反映していない．そもそも，統計の対象外となっている最終消費がある．例えば，金融，運輸，建設業はサービス業基本統計の対象外となっているし，統計の対象となっていても漏れが大きい．また指定統計の中には，不動産賃貸業のような消費税の課税・非課税の混在している分野が含まれており，「消費に相当する額」がやや過大に評価されている．現行の清算基準では，**非課税部門の中間投入額**が把握できていない．消費型付加価値税では，非課税が適用されると仕入税額の控除が否認されるため課税の累積が生じる．控除されない仕入税額は，本来，仕入れが行われた地域の課税標準に加える必要がある．あるべき最終消費を把握するために，経済センサスや地域産業連関表を用いることが望ましい．

3.4　法人事業税

法人事業税は，事業を課税客体として，その事業を行う者を納税義務者とする税であり，道府県民税と並んで有力な都道府県の地方税である[5]．事業は，都道府県の道路，港湾，衛生等の諸施設を利用して収益活動を行っているので，これらの施設に要する経費を分担すべきであるという応益原則に立脚している．

❏ **外形標準課税**　従来，法人事業税の課税標準は法人所得であったが，2004年度に改正され，法人の事業活動規模をより反映すると考えられる付加価値（報酬給与，純支払利子，純支払賃貸料，損益の合計）を計算し，事業税の課税標準の4分の1をこの付加価値によって算定することになった．これは収益の有無とは関係なく，税額が算定されるので**外形標準課税**とも呼ばれる．

図7.5に見られるように，改正前は法人所得のみを課税対象としていた．改正後は所得課税部分（「所得割」），ならびに2つの外形標準，すなわち付加価値への課税部分（「付加価値割」），資本への課税部分（「資本割」）から構成されるようになった．所得割の税率は引下げられ，付加価値割については税率

図7.5　外形標準課税の概要

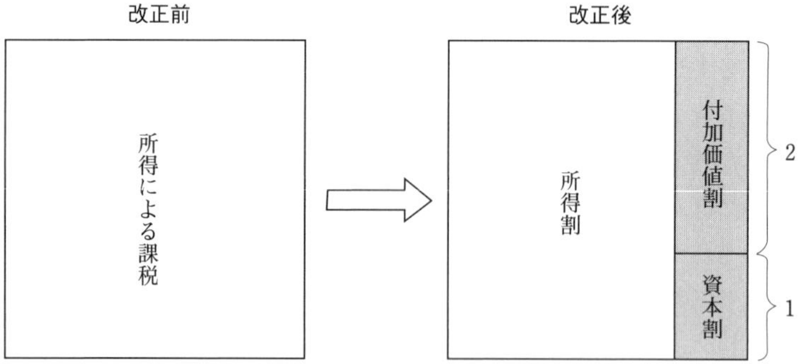

付加価値割額＝付加価値額 ×0.48%

付加価値額 ＝ 収益配分額（報酬給与額＋純支払利子＋純支払賃貸料） ＋ 単年度収益

5）法人税について『財政学』8章参照．

を0.48%，資本割については0.20% とされている．課税標準としての付加価値額は，収益配分額（報酬給与額＋純支払利子＋純支払賃貸料）と単年度収益の合計である．雇用への影響に配慮して，給与が付加価値の7割を超える部分は，課税標準から控除され（雇用安定特定控除），さらに外形標準課税は資本金が1億円を超える法人のみに適用し，それ以下の法人には改正前と同じ所得課税とすることになった．シャウプ勧告以来の懸案であった，応益課税としての税の性格を明確にするというよりも，都道府県税収の3割近くを占める事業税収を安定化させることが，改正において優先されたといえよう．

❑ **旧事業税との比較**　外形標準課税の意義を理解するために，われわれは改正前の旧事業税にどのような問題点があったかを一瞥しておく必要がある．旧事業税は個人又は法人の行う事業に対して，所得または収入金額を課税標準として課税される収益税であったが，問題含みであった．第1に，事業税は所得税や固定資産税と違って，最終的な帰着先が不明確なため，住民にとっては負担感が小さい．帰着先が不明確で租税輸出が起こりやすい法人2税への依存は高く，多くの地方公共団体は超過課税を実施していた．しかし，約60% の法人が欠損金の繰越制度等を利用して赤字決算を続けており，公共サービスの対価である事業税の負担を免れていた．

第2に，日本の事業税の課税標準は収益と無関係の外形標準ではなく，純所得であったため，景気変動に対して敏感に反応し，収入がきわめて不安定であった．バブル経済崩壊後，事業税の急激な減収が東京，大阪，神奈川ならびに愛知といった大都市府県の深刻な財政危機を招いた．第3に，法人事業税は税収入が不安定であるだけではなく，地域的な偏在度も大きかった．事業税や法人住民税の課税客体である企業所得・法人所得は，住民税の課税客体である雇用所得，地方消費税の課税客体となる民間消費に比べると，地域間の偏在度がかなり高かった．

外形標準課税導入の意義は，事業規模に比して所得が少ない法人も，公共サービスからの受益に応じて，薄く広く税負担を分担する仕組みにすることである．しかし，当初の意図に比べるとその実績はささやかなものである．欠損法人が納付した事業税額が，事業税調定額に占める割合は5.8% にとどまり，「薄く広い税負担」とはいえない．欠損法人の総数は約170万社であるのに，外形標準課税の対象となる資本金 1 億円超の法人の割合は 0.5% である．

4. 課税自主権

地方公共団体が，地方税の税目や税率設定等について自主的に決定し，課税することを課税自主権という．これには，税率決定についての課税自主権と，税目についての課税自主権との 2 つがある．前者は，標準税率とされている税目について，その税率とは異なる税率を地方公共団体の条例によって設定できる権限をいう．後者は，地方税法で定められている税目（法定税）以外に，地方公共団体の条例によって税目を新設することをいう．これを法定外税と呼ぶが，法定外普通税と法定外目的税とがある．

4.1 税率決定権

税率を決定する際，地方公共団体がどのくらいの裁量を持っているかという点に着目すると，地方税の税率は標準税率，一定税率，任意税率の 3 種類に区分される．**標準税率**というのは，地方公共団体が課税する場合に通常よるべき税率で，財政上特別の必要があるときには，それよりも高い税率で掛けることができるものである．また標準税率は，地方交付税を算定する際の基準財政収入額の算定基礎としても使われている．市町村や都道府県の個人住民税や固定資産税の税率が，この種類である．

ただし，標準税率といっても上限が決められているものもある．これを制限税率という．法人住民税やゴルフ場利用税，軽自動車税等が，この種類である．例えば，法人住民税の法人税割の標準税率は 12.3% であるが，それを超えて課税するときには 14.7% が上限となっている（地方税法第 314 条の 4）．市町村個人住民税には制限税率があったが，地方公共団体の課税自主権を高めるために，1998（平成 10）年に廃止された．固定資産税の制限税率も，2004（平成 16）年に廃止された．

一定税率というのは，地方公共団体が税率を定めるのにあたって，それ以外の税率を定めることができない税率をいう．物流や経済政策の観点から全国一律が望ましいと考えられている税目では，一定税率とされている．地方消費税，道府県民税（利子割，配当割，株式等譲渡所得割），道府県たばこ税，市町村たばこ税が，この種類である．**任意税率**は，地方税法において税率を定めず，地方公共団体に税率決定を委ねている税率をいう．宅地開発税や水利地益税等が，この種類である．

総じていうと，わが国の地方税における税率決定権は，国際的に見て遜色のないものとなっている（詳しくは，8章を参照）．経済開発協力機構（OECD）の報告書「地方政府の課税権限」によると，税率決定権を地方税の100％で保持する第1位のスウェーデンから，3％しか保持していない最下位のノルウェーまで多様である．わが国では，地方税収の84.2％について税率を地方政府が決定しており，ドイツ，イタリア，韓国，オーストラリアのそれよりも高く，ほぼフランスなみという位置づけになる（OECD［2009a］）．

課税自主権の制度改正で時宜を得ていたのは，2004年の標準税率の定義の改正（財政需要とは関係なく，政策目的のために超過課税の手法を用いることができるようになった）であった．これによって，個人住民税での超過課税が普及するようになったことは画期的であった．しかし，地方税法の想定しているように，地方公共団体が標準税率の上下に税率を変動させるという実態は，わが国では必ずしも定着していない．標準税率を超えて課税している超過課税のほとんどは，投票権を持っていない法人に対する課税であり，住民税の法人税割が大半を占めている．

一方，個人が負担する個人住民税や固定資産税においても，標準税率を採る地方公共団体が圧倒的に多い．固定資産税では92％の地方公共団体が標準税率を採用している（総務省「地方税に関する参考計数資料」）．地方公共団体は，必ずしも必要な収入額に合わせて税率を上下させていない．むしろ，隣接地域との横並びを意識する納税者の方を向いて，地方税を徴収しているのだろう．

理論的に見て大変興味深いのは，わが国では超過課税が法人関係税に集中していることである．一般的には，資本は家計や固定資産に比べて移動性が高いので，税率の引下げ競争が起こりやすいはずである．わが国で租税競争が発生していない理由は，いくつか考えられている（OECD［2005］Ch. 4）．法人事業税と償却資産に関する固定資産税は，法人税から控除されている．いくら税率を引下げても法人税の納付が増大してしまうので，効果が相殺される．標準税率未満で地方税を徴収している団体が地方債を発行するには，国との協議ではなく，許可が必要となる．「公益その他の事由により」一定の範囲に限り，条例によって一般の税率とは異なる税率で課税する不均一課税（地方税法第6条及び第7条）が認められている．この規定を根拠にして産業を振興するため，法人が負担する固定資産税を減免する地方公共団体があり，かつ減収分は地方交付税で補塡されている．法人関係税の税率を引下げるよりも，不均一課税を用いて企業誘致を講じようとするインセンティブがある．

4.2　税目についての課税自主権

地方公共団体は，地方税法に定める税目以外に，条例により税目を新設することができる．これを法定外税という．2000（平成12）年4月の地方分権一括法による地方税法の改正により，法定外普通税の許可制が，**同意を要する協議制**に改められるとともに，新たに法定外目的税が創設された．また2004（平成16）年度税制改正により，既存の法定外税について，税率の引下げ，廃止，課税期間の短縮を行う場合には総務大臣への協議・同意の手続きが不要となった．また，特定の納税義務者に係る税収割合が高い（10分の1を超える）場合には，条例制定前に議会でその納税者の意見を聴取する制度も創設された．

法定外税の新設にあたっては，国税や他の法定税と重複しないか，経済活動の妨げにならないかなどを第3者が客観的に判断する仕組みがある．具体的には，地方公共団体が法定外税を新設するには，総務大臣と協議してその同意を受けなければならないとされている．その際，総務大臣は次のいずれかが該当すると認める場合を除いて，法定外税の新設に同意しなければならない（地方税法第261条，第671条，第733条）．すなわち，国税又は他の地方税と課税標準を同じくし，かつ，住民の負担が著しく過重となること（1号要件），地方公共団体間における物の流通に重大な障害を与えること（2号要件），前2号に掲げるものを除く他，国の経済政策に照らして適当でないこと（3号要件）である．

▶ Column-10 ◀

いわゆる「第3号要件」に該当する事例

法定外税の導入についての国と地方の協議の結果，国が不同意としたケースは横浜市の「**勝馬投票券販売税**」しかない．この法定外税の課税要件は，日本中央競馬会を納税義務者として，市内の勝馬投票券の販売額から払戻金等を差引いた額に税率5％で課税するというものである．平成13年3月30日，総務大臣は勝馬投票券販売税の課税により，畜産振興及び民間社会福祉事業の振興のために必要な経費に充てることとされている国庫納付金への配分へ影響が生じることから，「国の経済政策に照らして適当でない」（第3号要件）とし，不同意とした．一方，国地方係争処理委員会は総務大臣に対して，不同意を取り消し，改めて横浜市と協議を行うことを勧告した．これらを受けて，平成16年3月5日横浜市は勝馬投票券販売税の廃止条例案を可決した．「国の経済政策に照らして適当でない」という抽象的な不同意要件が，具体的な事例に適用された最初のケースとして注目される．

法定外税の金額は459億円（平成21年度決算），地方税収額に占める割合は0.13%，件数は57件である．この中では，原子力発電所がある道県が電力会社に課税している核燃料税，他地域から産業廃棄物が運び込まれるのをけん制するねらいを持つ産業廃棄物税（三重県，鳥取県等），別荘の所有者によってもたらされる財政需要をまかなう別荘等所有税（熱海市），観光客や釣り客による駐車場やトイレ，環境汚染等を改善する遊魚税（富士河口湖町）等が注目されている．しかし，所得，消費，資産を課税客体とする税はすでに法定税や国税として課税されている以上，法定外税は高い税収を上げる基幹税とはなりえない．むしろ法定外税の意義は，自らのまちづくりに必要な財源の一部を住民の力で確保するという地方自治の観点，そして外部や特定の住民からもたらされる特別な財政需要に対する応益課税という点にあるといえよう．

4.3 法定外税の課題

法定外税に関して地方公共団体がより自主性を発揮していくために，様々な検討が開始されている．第1は，法定3要件の位置づけに関する点である．地方分権一括法による制度改正（法定外税の許可制廃止・協議制導入）は，もともと地方団体から強い要望があって行われたというよりも，地方分権の理念に基づいて行われたパイロット的改正であった．改正の結果，賦課・徴収だけではなく，税務当局には企画・研究する機能が必要だという認識が広まった．しかし，地方団体が法定外税を導入するにあたって，法定3要件の持つ意味が必ずしも明確とはいえない面があり，透明化する余地が残されている．とりわけ「国の経済政策に照らして適当でない」という不同意要件が拡大解釈されないか等の懸念が，関係者により指摘されている．

第2に，国の関与をどこまで認めるべきかという点が挙げられる．現行制度では，法定外税の導入には国の同意が必要とされている．これに対して地域の自主性を阻害しているので，同意不要とし，司法判断等の事後的な是正措置を講じるべきとの意見がある．たしかに，学者や納税義務者を交えて，課税根拠や課税原則等の関係など，税理論を含め広範な論点に関して真摯な議論が何度となく行われてくれば，国の関与を簡素化してもよい．しかし，地方税法の不同意要件のみに焦点をしぼり，同意が得られるかどうかについて行政内部で検討したのにとどまったような場合や，税法の根幹に触れる法定外税を導入するケースも皆無とはいえない．

Column-11

法定外税の適法性

総務大臣による同意を得た法定外税は適法性を担保されたものといえるか，というテーマが話題になっている．総務大臣の同意を得て施行されたものの，特定の納税義務者から訴訟が提起されたケースとして，神奈川県「**臨時特例企業税**」がある．地方税法では，企業の法人事業税負担を均等化し公平性を保つため，当期利益が黒字でも，過去5期分の赤字を繰越すことで相殺，控除できる．「臨時特例企業税」は，欠損金の繰越控除を適用した資本金5億円以上の法人を対象に，繰越欠損金の額に相当する所得を課税標準として，税率3％で課税するものである．同税は，法人事業税の外形標準課税が導入されるまでの当分の間，法人課税における負担の公平と税収の安定化を図るための措置として平成13年8月1日に施行された．同県に本社を置く自動車会社が平成17年10月25日，神奈川県を被告として，条例が無効であることを理由に，納付税の返還を求める訴えを横浜地方裁判所に提起した．地裁判決（平成20年3月19日）では，神奈川県の敗訴となった．この判決で，地裁は臨時特例企業税の課税により，法人事業税の課税標準につき，欠損金額の繰越控除を定めた規定の目的及び効果が阻害されることから，臨時特例企業税は地方税法上の当該規定の趣旨に反するとした．東京高裁の控訴審判決（平成22年2月25日）では，地裁判決をくつがえして神奈川県の勝訴となった．この判決で，東京高裁は臨時特例企業税を法人事業税とは「別の税目」であるとした上で，臨時特例企業税の根拠条例は，地方税法の法人事業税に関する規定を実質的に変更するものであるとはいえず，これと矛盾抵触するものということはできないとした．上告審判決で最高裁は平成25年3月21日，同企業税を盛り込んだ県条例は「赤字を繰越控除できると定めた地方税法に反する」と述べ，違法で無効との判断を示し，県側勝訴の2審判決を破棄，原告企業に対する課税額全額の返還を神奈川県に命じた．これによって神奈川県の敗訴が確定した．

第3は，特定業者のみに課税したり，非居住者に負担を求めたりする法定外税をどう考えるかという点が挙げられる．8章で触れるように，財政外部性には租税競争と租税輸出との2種類がある．法定外税には租税競争の問題はないが，（非居住者に税負担を転嫁する）租税輸出の問題がつきまとう．しかし，法定外税を禁止すべきだとはいえない．ある地域において発生する外部不経済について**ピグー課税**を行い，汚染者に負担を求めれば，外部不経済を取り除くインセンティブを汚染者に与えることができる（別荘地税，乗鞍税，産廃税，遊魚税等）．ピグー課税は，地方政府の方がその地域の外部不経済の原因や程度について把握しやすい．また，一部の地方に偏在する外部不経済を抑制するためには，地方特有の課税標準を導入することが必要であろう．その一方，現行制度では法定3要件さえ満たしていれば国は同意せざるをえないので，特定業者を狙い打ちしたり，非居住者に負担を転嫁したりする法定外税を止めることが困難だという問題がある．

演習問題

1．次のURLから居住地の市町村の「決算カード」をダウン・ロードしなさい．http://www.soumu.go.jp/iken/zaisei/card.html 「歳入の状況」と「地方税の状況」を見て，自主財源と依存財源の割合，経常一般財源等を確認しなさい．

2．次の（　　）に入る適当な用語を書きなさい．
個人住民税は居住地で課税されるが，所得税にはない①（　　）があり，所得割の税率は②（　　）税率で，課税標準は③（　　）の所得である．地方消費税は財・サービスを生産した地域ではなく，④（　　）地域に配分されている．このような仕組みを⑤（　　）原則に基づく清算制度という．

3．次の文章を読み，正しい場合には○，間違っている場合には理由を付して×をつけなさい．

①日本の地方税体系は，固定資産税等の資産課税が中心になっている．

②地方消費税の法律上の課税標準は，消費税額である．

4．地方税に関する次の記述のうち，正しいものが1つある．番号を答えなさい．

①個人住民税は，区域内に居住する個人に課税される所得課税である．税率は10%の比例税率であり，課税標準の「所得」は現年度の所得である．また，行政サービスの費用を地域住民が広く分担する趣旨から，各世帯が均一額を負担する均等割が存在している．

②法人事業税は，旧事業税は個人又は法人の行う事業に対して，所得または収入金額を課税標準として課税される収益税である．

③地方公共団体が法定外税を新設するには，総務大臣と協議して，同意を得なければならない．総務大臣は，1）国税又は他の地方税と課税標準を同じくし，かつ，住民の負担が著しく過重となること，2）地方公共団体間における物の流通に重大な障害を与えること，3）地方税法・地方財政法に照らして適当でないことの3要件に該当する場合を除き，法定外税の新設に同意しなければならない．

④地方税原則では，税収の安定性，税源の普遍性，応益性の加味，負担分任の4つが重視されている．このうち安定性と普遍性の2つの原則を満たす税目として，地方消費税を挙げることができる．

文献案内

地方税を概観したいときには，総務省ウェブサイトの「地方税収等の状況」が便利．やや詳細なデータが必要な場合は，総務省自治税務局『地方税に関する参考計数資料』を見るとよい．地方税改革について総論的に知りたい読者には，林宜嗣（2008）7～8章，持田（2004）2章を薦める．林宏昭（1995）は，地方税の負担構造についての実証的な研究．個別の地方税についてやや立ち入った議論を知りたい場合には，以下が役立つ．個人住民税については個人住民税研究会（2001），地方消費税については持田・堀場・望月（2010），地方法人税については，持田（2011）．OECD（1999）は課税自主権の国際比較に先鞭をつけた報告書．5年ごとにデータが更新されている．わが国の課税自主権をめぐる最新の状況について，地域の自主性・自立性を高める地方税制度研究会（2012）が便利．

第8章

税源配分の理論

8章では，税源配分の理論を学ぶ．中央政府と地方政府とに，どのような税を割当てるのが望ましいかを問う．はじめに1節では，地方税の位置づけを行う．地方税は，地方自治の貨幣的な基盤であることを説明する．税源配分問題は，特定の税目を中央もしくは地方のどちらかにはっきりと区分するような，二者択一の問題ではない．次の2節では，租税原則の公平・中立・簡素に加えて，地方税として特に備えなければならない性質は何かを考える．課税標準の移動性が低いこと，地域的な偏在性が少ないこと，歳入の十分性等について説明する．

地方財政では，ある地域の租税政策が，他地域に住む住民の厚生に影響を与えることが問題となる．3節では，財政外部性といわれる問題に焦点を当てる．水平的外部性としては租税輸出と租税競争が，また垂直的外部性としては重複課税による外部性が代表的なものである．2節では望ましい地方税とは何かを論じたが，3節では，地方政府による自発的な行動が非効率な状況を生み出す局面に焦点を当てる．4節では，望ましい地方税の原則を応用して，個別の税目の課税要件（課税標準，納税義務者，税率）について解説する．地方税の王様は固定資産税であり，女王様は個人所得税である．付加価値税と法人税については，甲論乙駁（こうろんおっぱく）の論争がある．

1. 地方税の位置づけ

1.1 地方税と補助金

地方税は，使途が自由な地方の独自財源である．地方政府の歳入が地方税を主柱とし，補助金がこれを補完する構造となっていれば，地方自治の貨幣的基盤は磐石（ばんじゃく）といえよう．このような構造には，次のような規範的根拠がある．3章で説明したオーツの地方分権化定理から明らかなように，地方公共財は地方政府によって供給された方が，中央政府による画一的な供給よりも効率的である．この定理を前提にして，地方政府による公共財供給は，どのように財源が調達されるべきだろうか．効率性を基準にすると，公共財の限界便益の合計が，真の限界費用に等しくなるように意思決定することが条件となる（3章）．地方政府（の納税者）は，歳出の限界的増加にかかる費用を負担しなければならない．

補助金が交付されると地方政府が認識する限界費用は，真の限界費用よりも低くなるので，支出水準は過大になる．地方政府が地方税を持ち，かつ税率決定権を保持しているならば，限界費用が歳出に伴う限界便益に等しくなるように税率を調整することができるので，公共財の供給が効率的になる．

他方で，分権的な地方政府の財政活動には，3つの問題があることがわかっている．第1は，住んでいる地域が違うということを除くと経済的には等しい個人に対して，公共部門が異なった取り扱いをするという財政的公平性の問題である．第2は，社会的な観点からは非効率となるような人口移動を誘発するインセンティブを与えるという，効率性の観点からの問題である．第3は，公共サービスが行政管轄区域を越えて他地域の住民に便益が及ぶという，スピル・オーバーの問題である．第1と第2の問題については，一般補助金（地方財政調整制度）によって問題を緩和することができる（10章参照）．第3の問題については，定率特定補助金によって，地方公共財を社会的に見て望ましい水準に誘導するという解決手段がある（9章参照）．補助金・交付金等の政府間財政移転が，地方歳入の主柱ではなく，あくまで補完的な手段として位置づけられるのは，このような財政的な外部性の有無に依存するからである．

Column-12

地方歳入の類型化

地方歳入の実際は，本文で述べた規範的な議論に厳密には一致しない．経済協力開発機構（OECD）は，クラスター分析を用いて，地方歳入を図のように4つに類型化している（OECD [2009b]）．タイプ1は，税収分割に深く依存して，自主財源である地方税がわずかな割合しか占めない類型で，ドイツ等が該当する．タイプ2は，地方税も税収分割も割合が低く，地方歳入の多くを政府間移転（補助金等）に依存する類型で，韓国・ギリシャ等が該当する．タイプ3は，地方税，税収分割，政府間移転の3つに歳入が分散している類型で，オーストラリア，スペイン等が該当する．そしてタイプ4は，自主財源が歳入の大半を占め，税収分割が皆無に等しく，政府間移転の割合も穏当な類型である．これに属するのはスウェーデン，フランス，アメリカ，スイス等である．

実際と理論の不一致が起こる理由としてOECDが指摘するのは，次の諸点である（OECD [2009b]）．①行政サービスが国レベルの公共財としての性質を帯びている場合（医療等），中央政府は規制や補助金を使って，サービス水準の公平性を保つ．②自主財源である地方税が充実するにつれて，地域間の財政力格差が拡大するので，地方財政調整制度の必要性が高くなる．③租税や支出を通じた財政外部性は国による差異が大きいので，外部性を内部化するための特定補助金のあり方も異なる．

図 8.1　地方政府の歳入パターン（2005年，平均的シェア）

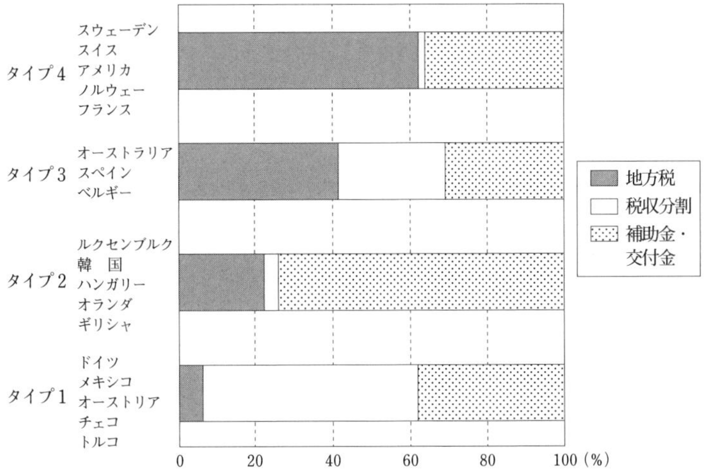

（資料）OECD（2009b）．

1.2 課税自主権

中央・地方間の税源配分問題は，特定の税目を中央もしくは地方のどちらかにはっきりと区分するような，二者択一の問題ではない．実際には，地方政府に完全に課税自主権を与えるものから，地方政府の課税自主権が実質的にないものまで，範囲が広い．

ここで，課税自主権とは個別の地方税に関して，どのレベルの政府が税率と課税標準を決め，誰が徴収するのかという問題である．第1は，地方政府に割当てられている地方税が，**独自課税方式**（own taxes）を採る場合である．これは，州・地方が課税標準と税率の両者について決定権を保持するものである．スイスのカントンやアメリカ合衆国の州の財源である所得税が，この方式を採っている．地方自治が尊重される半面，一部の富裕な住民に税負担を押しつけるとか，観光客等，他地域の住民に負担を転嫁するおそれがある（租税輸出）．また，担税力のある個人や法人を誘致するために，税率の引下げ競争が誘発される懸念もある．

第2の方式は，**重複課税方式**（overlapping taxes）である．これは地方自治体が独自の税率を設定するが，課税標準は中央政府と同一のものを共有するというものである．北欧諸国の地方所得税や，わが国の住民税，地方消費税は，このタイプに属する．カナダでは連邦政府と州政府が租税徴収協定を結んで，個人所得税や法人税の領域で重複課税方式が採用されている．全国的に統一した課税標準を保持しながら，各地方自治体が税率決定権を保持しうるという長所がある．つまり，重複課税は課税標準の協調と税務行政コストの節約，そして自己決定権の保持を同時に満たすことのできる仕組みといえる．

第3の方式は，独自課税と反対の極に位置している**税収分割**（tax sharing）である．これは国税としていったん徴収された税収の一部を，税の発生地に還付する仕組みである．ドイツで採用されている共同税は，これの一種である．わが国の地方譲与税もこれに属する．税収分割には税務行政コストを節約できるという長所があり，また貧困な州・地方に手厚く還付できるという柔軟性もある．しかし，地方政府に税率決定権がないので，負担と支出の関係は切り離されてしまう．税収分割は地方税というより，自己決定権

表 8.1　地方税の課税自主権（2005 年）

（単位：%）

		地方税		課税自主権			
		対 GDP 比	対総税収	裁量権をもつ地方税*	税収分割	中央政府が決定する税	その他
単一制国家	スウェーデン	15.9	32.2	100.0	0.0	0.0	0.0
	日本	6.9	25.2	84.2	15.8	0.0	0.0
	イタリア	6.8	13.6	58.7	41.3	0.0	0.0
	フランス	5.1	11.5	86.0	7.7	4.5	1.9
	韓国	4.6	18.9	75.7	0.0	22.5	1.8
	イギリス	1.7	4.8	100.0	0.0	0.0	0.0
連邦制国家	カナダ	15.2	44.0	98.4	1.6	0.0	0.0
	ドイツ	10.1	29.2	2.9	81.4	9.4	6.3
	アメリカ	9.4	34.4	100.0	0.0	0.0	0.0
	オーストラリア	8.6	27.9	53.2	46.8	0.0	0.0

（資料）OECD（2009a）The fiscal autonomy of sub-central governments: an update.
注）＊税率・課税標準の両者に裁量権を有するものと税率のみに裁量権を有するものを含む.

なき財政移転である.

このように，財政的自律性の議論において，地方政府が**税率決定権**を持っているか否かが大切である．税率決定権がなければ，居住者の選好に従って公共サービスの量を調節することができなくなるし，自己決定した歳入という実感がわかないので，慎重に使おうとしなくなる．表 8.1 は，経済協力開発機構（OECD）による課税自主権の最新の調査をまとめたものである．例えば，ドイツでは地方税の対 GDP 比は 10% を超える．これだけを見ると，この国の地方財政は自主性が高いように見える．しかし，税率決定権のある地方税の収入は，地方税全体の 3 % 以下にすぎない．日本の地方税を見ると，法律上の課税権は一応保障されている．これによれば，わが国の地方税の 84.2% は，税率決定権を地方政府が保持する重複課税方式に属する．日本の地方自治体の課税自主権は，地方税の 100% が課税自主権を持つスウェーデンやアメリカを別にしても，ドイツ，イタリア，韓国，オーストラリアのそれよりも高く，ほぼフランスなみという位置づけになる（OECD [2009a]）.

もっとも，法律上認められた課税権を，地方自治体が有効に活用しているとは限らない．法人住民税と法人事業税の超過課税を除けば，地方税法の想定通り地方自治体ごとに標準税率の上下に税率を変動させるという実態は，必ずしも定着していない．近年，平成16年の税制改正を皮切りにして，個人住民税の超過課税を実施する地方公共団体が増えているものの，個人住民税，地方消費税は実質的には税収分割に近い．

2. 望ましい地方税制

望ましい税制の原則については，広範な合意がある．経済的に等しい人々は同じ税負担を負うべきであるという公平性，税制は資源配分を歪めないものが望ましいという中立性，そして税務行政費用や納税協力費用が少ない簡素性の3つが代表的なものである[1]．地方税は租税の一部であるため，租税原則を満たさなければならない．しかし，地方税には租税原則の公平・中立・簡素に加えて，地方税として特に備えなければならない性質が存在する．Musgrave (1983) や Bird (1999) によって定式化されてきた，標準的な**地方税原則**を解説する．

❑ **所得再分配を目的にしない**　所得税はすべての所得を総合し（総合制），その中で例えば担税力の弱い給与所得には軽課し（差別制），所得上昇に伴って税率を上げていく（累進制）というふうに，担税者の個人的な事情を考慮して課税しうる税である．所得税には税収調達だけではなく，所得再分配を税制面において担うという政策的な役割がある．地方政府が，独自に所得再分配を行うとする．例えば，ある市が住民税の税率を現行の一律10%ではなく，10%と15%との2段階の累進税率に変更して，かつ小中学校に通学するのが困難な児童への就学援助を拡大する．

中央政府と違って地方政府レベルでは，人々はパスポートなしに，自由に移動できる．地方政府の間での人の移動が自由であれば，この市には他の地域から低所得者が流入してくる．低所得の住民が増大するにつれて，所得再分配政策に必要な費用も増大するが，恩恵を受けない高所得者はその市から流出していく．**現金給付と税制を通じる所得再分配**（低所得層を対象とした救貧的な施策）を地方政府が独自に行うことは困難であり，それは中央政府が行

1)　租税原則一般について『財政学』112-118頁参照．

うべきものとなる．もっとも，実際の所得税は「福祉移住」が発生するほど累進制がきついわけではなく，税率構造のフラット化と課税標準拡大が目指されている．低所得層への所得再分配は，納めるべき税金の額が税額控除よりも少ない場合は，逆にその差額分を「給付」として受取ることができる，還付可能な税額控除を通じて行われている．所得税制を設計・管理して，あるべき再分配を念頭に課税標準や累進税率構造を決めているのは中央政府なので，還付型税額控除を行うのも中央政府の役割だということになる．

❑ **課税標準の移動性が低い**　課税客体となる生産要素が，課税管轄圏間を移動することを税の**移動性**（mobility）という．資本所得，法人所得等は移動性が高く，また労働所得でも優秀な頭脳のように移動性が高いものが含まれる．移動しやすい課税客体，例えば資本に地方政府が税金をかけると，資本は税率の低い他地域に流出する．当該地域の税引き後の収益率が，全国的な税引き後の収益率に等しくなるまで，資本の流出は続く．国全体では資本量は一定であるから，他の地域では資本の流入というプラスの効果（水平的外部性）が発生する．

税金を掛けた当該地域は，他地域に発生するプラスの効果を考慮しないので，結果的に，当該地域が資本にかける税率は過少になる．同じように，他の地域にも税率引下げのインセンティブが働く．移動性の高い課税客体への課税によって，税率を引下げる租税競争が発生し，公共サービスの水準は社会的最適よりも過少になる．移動性の高い課税客体には，中央政府が税金をかけるのが望ましい．例えば，固定資産税の移動性は低いので，望ましい地方税といえる．消費地が課税する仕組み（仕向地原則）ならば，売上税の課税客体の移動性も高くはない．もっとも，税率の低い地域で購買する誘因があるので，売上税は，行政管轄区域が狭い基礎的な自治体ではうまく管理できない．

❑ **地域的な偏在度が少ない**　地方政府が徴収する地方税には，経済活動や人口構成の差を反映して，地域間での格差が伴う．1人当たり税収には，最も富裕な地方政府と最も貧しい地方政府との間には，何十倍にも達する開きがあることは珍しくない．貧困地方は，超過課税で最低水準の行政サービスを維持しているけれども，富裕地方は，標準税率未満で高い水準の行政サービスを供給している．異なった地域に居住しているということを除けば，あらゆる点において同等の人々に課された税金の負担が異なるのは望ましくない．それは，財政的公平の原則を破るものである．また，地域格差は労働生産性が各地域で均等になるように人口が移動するのではなく，税収の豊かな地域に人口が過剰に集中することを促進する．居住均衡も，非効率となるのである．

地域的な偏在性の高い税目は，地方税には適さない．法人所得や石油等，天然資源を課税客体とする税目がそうである．地域的な偏在性は，地方財政調整制度によって，ある程度は緩和できる．税財源の地方分権化が進むと，逆に財政調整の必要性が高まることには注意しなければならない．

❑ **歳入の十分性**　地方政府の歳出は教育，医療，福祉等，所得弾力性の高い行政サービスが多く，経費は膨張しやすい．しかしながら，固定資産税や小売売上税等の地方税は，歳出膨張のテンポに歩調を合わせて増大することはない．一方，中央政府に割当てられる所得税は，税収を上げやすい．中央政府は，固有の中央歳出に必要とする以上に税を徴収して，少なく徴収して多く支出している地方政府に，補助金として交付することが広く行われている．

しかし，地方政府に割当てられた歳出責任と税収が乖離（かいり）すると，政策実施に必要な費用を住民自身が負担するという関係が弱くなり，支出は過剰になる．少なくとも，最も富裕な地域が補助金なしに財政運営を行える程度に，地方税が十分であることが望ましい（Bird [1999]）．歳出責任と税収が大幅に乖離しないためには，地方固有の財源である地方税が，十分な歳入を上げる性質を持たなければならない．そのためには伸張性が高く，税収も安定していて予測可能性が高い税目が地方税として望ましい．

❑ **税制が簡素である**　簡素な税制とは，課税を行う際の行政コスト，すなわち**税務行政コスト**が小さく，また納税者にとっての手間，すなわち納税に伴うコスト（**納税協力費用**）が少なくてすむ税制である．これらのコストがあまり高いと，節税や脱税が発生するが，地方税についてはより深刻である．所得税のように所得の源泉が何種類もあり，かつ複数の地域にそれらが分散している税金は，基礎的な地方政府では税務行政コストがあまりに高くなる．

付加価値税についても，製造，卸売，小売の各段階において別々の地域に納税された税を，いかに最終消費地となる地域に帰属させるかは簡単なことではない．最終消費地に税収を帰属させるためには，中央政府の国境税調整と同様に，移入課税・移出非課税の境界税調整を行うことが考えられる．しかし，地域経済は開放経済なので，境界税調整を行うことは困難である．賃金税の課税標準は所得税に比べれば簡単であり，納税協力費用も低い．

❏ **応益原則を加味する**　地方分権的な所得再分配政策では，福祉移住が発生すると考えられるので，地方政府の課税では応能原則の採用は望ましくない．地方公共財の場合には，住民は自動的に便益を享受できる立場にいるので，居住者に応益原則による税を負担してもらうことが可能である．しかも，地方公共財の財源を応益原則に基づく地方税でまかなうと，限界費用と限界便益が一致するので，効率的でもある（9章3節参照）．応益原則を具現するものとしては，固定資産税，個別消費税，そして使用料・手数料がある．わが国では，住民税には所得税にはない均等割があることや，比例税であることが応益原則の例である．応益原則に基づく地方税は，地方公共財をまかなうのに適しているが，医療，教育，福祉といった対人サービスをまかなうには量的に不十分である．

3. 財政外部性

地方財政では，ある地域の地方税が他地域に住む住民の厚生に影響を与えることが問題となる．これは財政外部性の問題と呼ばれ，地方財政論に特有の問題領域となっている．財政外部性は，図 8.2 のように図式化される．**水平的外部性**とは同じレベルの政府間において，また，**垂直的外部性**とは異なるレベルの政府間において生じる財政外部性である．水平的外部性として，具体的には租税輸出と租税競争が，また垂直的外部性としては，重複課税がある．地方税原則では望ましい地方税とは何かを論じたが，ここでは地方政

図 8.2　財政外部性

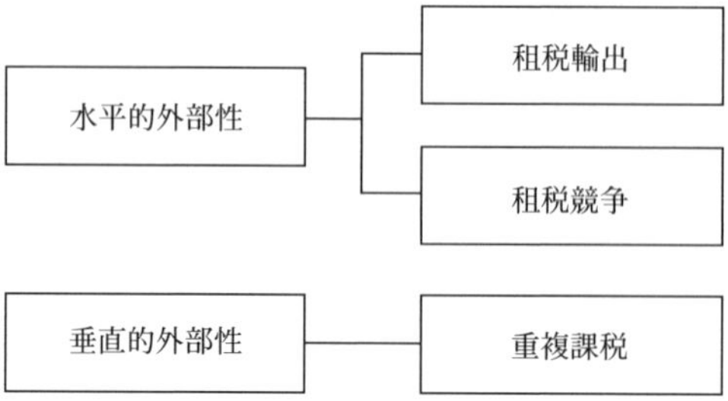

府による自発的な行動が非効率な状況を生み出す面に注目する．

3.1　租税競争

狭い地方行政区域の間では，国と国よりもヒト・モノ・カネが自由に移動する．地方政府が狭い管轄区域のみ負担が及ぶ地方税を課税する場合，どのような影響が生じるのであろうか．他の地域より税負担が重い場合には，課税客体はその地域から流出し，より負担が少ない地域に向かうと考えられる．例えば工場に対する固定資産税を引上げると，資本は他地域に流出する．所得税や賃金税を引上げると，優秀な頭脳が他地域に流出する．消費税の税率を引上げると，消費者は税率の低い地域でモノを購買するようになる．

注目されてよいのは，近隣する地方政府では課税標準と税収は増大しているが，課税した地方政府はそのようなプラスの効果を「損失」としてしか認識していないということである．結果として，課税した地方政府が設定する税率は過少となる．そのことを認識している近隣の地方政府も何らかの対応をとるが，みすみす課税客体が流出することを放置できない．このように課税標準が地域間を移動することが容易な場合，課税標準の流入を目的として，税率を引下げる租税政策を**租税競争**（tax competition）と呼ぶ．租税競争が発生すると社会全体の税収は減るので，厚生水準は下がり，資源配分は非効率となる．

以下では，租税競争の持つ意味を経済学的に説明する．税金 1 単位の費用には，政府へ移転された資源（税金）だけではなく，それが経済にもたらす超過負担も含まれる[2]．税収 1 単位の増加がもたらす限界的な厚生損失の増

図 8.3　水平的財政外部性

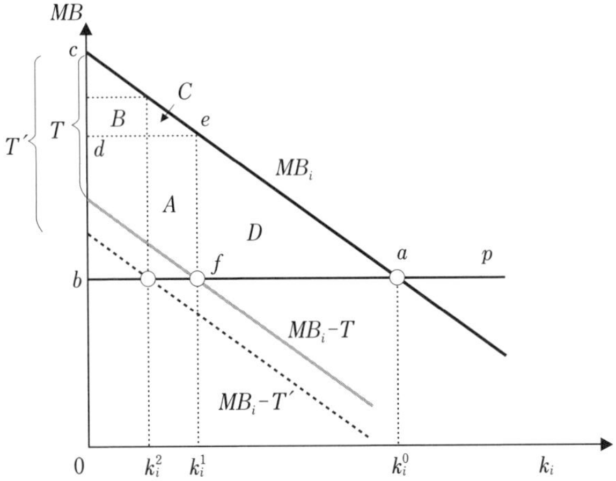

加と税収の和は，**公共資金の限界費用**（marginal cost of public funding, *MCPF*）と呼ばれる．*MCPF* の概念を図 8.3 によって示す．横軸にはある地域 i の生産に用いられる資本量 k_i，縦軸には資本を 1 単位地域 i に投資したときの収益率 MB_i が描かれている．資本は地域の生産に貢献するが，一般に資本の収益率は逓減していくので，資本の限界的な収益率は直線 MB_i のように右下がりになる．地域 i 以外の地域における，資本の税引き後の収益率を ρ とする．このとき地域 i には，k_i^0 だけの資本が存在する．このときに，この地域に発生する余剰は△ *abc* で示される．

地域 i の政府が一定の税収確保のために，資本に対して（従量税）税 T を課すとしよう．このとき資本の純収益率は，粗収益率 MB_i から徴収された税金 T を差し引いた MB_i-T となる．資本への課税によって資本がこの地域から流出し，地域に残る資本量は k_i^1 となる．これによって地域に生じる余剰は，□ *defb* で表される税収も含めて□ *cefb* となる．つまり，地域 i は資本に税を掛けたのであるが，地域の余剰が△ *eaf* だけ減少していることを認識している．

次に，地方政府が税率を T から T' へ引上げるとしよう．限界的に税率が増加すると，市場を均衡させる資本量は k_i^1 からへ k_i^2 と減少する．*MCPF*

2)　超過負担の概念は『財政学』113 頁参照．

は，税収1単位がもたらす限界的な厚生損失の増加と税収の和であるから

$$MCPF=(\Delta R+\Delta DWL)/\Delta R$$

である．ここでΔRは税収の変化，ΔDWLは**超過負担**の増加である．図8.3から$\Delta R=B-A$であり，$\Delta DWL=A+C$である．微小な変化であればCは十分に小さいので，$\Delta DWL=A$と近似できる．

$$MCPF=B/(B-A)=1/[1-A/B]$$

図8.3より，この式は次のように近似される．

$$MCPF=1/[1+T\Delta k/k\Delta T]=1/[1-\varepsilon]$$

ε（イプシロン）は，税率に対する資本の弾力性を表す$((-\Delta k/k)/(\Delta T/T))$．ここからわかるように，公共資金の限界費用は，税率に対する課税客体の弾力性が大きいほど大きくなる．実証研究によると，$MCPF$の大きさは標準的な租税システムでは1.2から2.0の間にある（Boadway and Shah［2009］）．正の財政外部性が発生すると，地域iは公共調達の限界費用を過大に認識する．地域iからの資本流出は，それ以外の地域からすると資本の流入を引き起こしている．自らの税率をまったく動かさないのに，地域iが税率を上げたことで資本が流入してきて，財政状況が好転することになる．しかし，地域iはこのような他地域の税収増というプラスの効果を考慮しない．税率引上げの費用を過大に評価していることから，地域iの設定する税率は過少となる．全ての地域が同じインセンティブに直面しているので，租税競争が誘発される．

▶ Column-13 ◀

水平的外部性：租税輸出

水平的外部性のいまひとつの形態は，租税輸出である．他地域の住民がある地域で財・サービスを消費すると，消費税の負担は他地域の住民に転嫁される．このような租税負担の転嫁の結果，租税輸出のない場合よりも，地方公共財の費用である租税負担が減少し，公共財の供給が高い水準となる．社会全体では，公共財供給水準は他地域の住民負担も考えて決定すべきであるにも関わらず，他地域の負担は公共財供給において考慮されず，供給水準が社会的最適水準よりも過剰となる．

例えば，アメリカ合衆国のネバダ州にあるカジノは，ギャンブル税を州政府に支払っている．しかし，税金の負担はカジノではなく，レクレーションでラスベ

ガスを訪れた観光客に帰着している．租税輸出というと消費税を思い浮かべるが，それだけではないことに注意が必要である．例えば，法人税の負担の一部は，非居住者の株主に転嫁される．実証研究によると，アメリカ合衆国では州税の平均18% は非居住者が負担している．州によって比率は異なり，テネシー州では11% にすぎないが，デラウエア州では税負担の約3分の1が州外の居住者に転嫁されている．

3.2 重複課税

租税の外部性には，水平的外部性だけではなく，異なるレベルの政府間での垂直的外部性がある．特に，中央政府と地方政府とが同一の課税標準を共有して課税する場合に，一方のレベルの租税政策が他のレベルの政府の税収に影響を与えることが知られている．租税競争では，他の地域に対する水平的財政外部性はプラスの効果（課税標準拡大）を持っているが，**重複課税**では，一方のレベルの政府による課税は，他方のレベルの政府にマイナスの効果（課税標準縮小）を及ぼす．

垂直的外部性のケースとして，中央政府と地方政府がたばこに対して重複課税を行う場合を考えよう．図 8.4 は，この重複課税を説明する．供給曲線 S は完全に弾力的であり，需要曲線 D は右下がりと仮定する．当初の連邦消

図 8.4　垂直的外部性

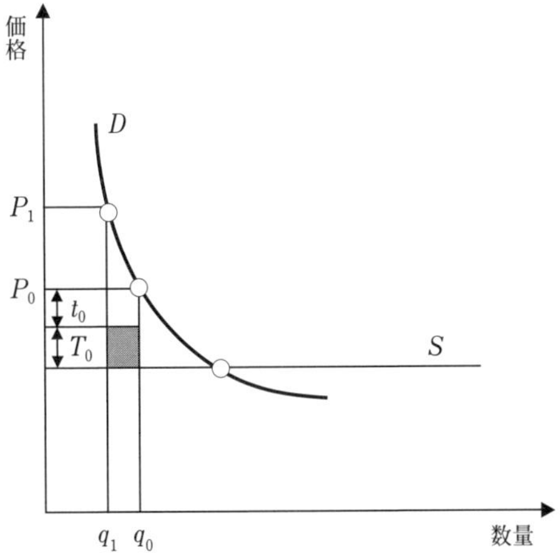

（資料）Hindrinks and Myles（2006）Fig.18-4.

費税の税率がT_0，州税の税率がt_0であるとする．これに対応する価格はp_0で，たばこの消費量はq_0となる．連邦政府の税収はT_0q_0，州政府の税収はt_0q_0である．

もし州政府が税率を$t_1=t_0+\Delta$に引上げると，消費者価格は税収増分だけ上昇して$p_1=p_0+\Delta$となり，消費量はq_1へ減少する．州政府の税収は［p_1-p_0］q_1-t_0［q_0-q_1］だけ増大するけれども，たばこの消費量が減るため，連邦政府の税収はT_0［q_0-q_1］だけ減少する．この減少分は，図の斜線部で示される．同じような垂直的外部性（ただし反対方向にではあるが）は，連邦政府が税率を引上げようとする場合に生じる．もし両者が他の政府の税収減少を考慮しないならば，両者は共有課税標準から税を徴収する費用を過少に評価する．税率引上げの便益を過大に評価（もしくは費用を過少に評価）していることから，異なるレベルの政府が設定する税率は過大となる．

垂直的外部性と水平的外部性が同時に発生した場合に，均衡がどうなるかについて一義的な回答はない．もし，水平的外部性が垂直的外部性を上回るならば，税率は過少になるだろう．この点，連邦政府の所得税額の一定割合を，州所得税として課税するカナダの経験は示唆に富む．一般的に富裕層は移動しやすいので，租税競争が起こるように考えられる．実際には，多くの州政府は所得税の重複課税に加えて，富裕層には付加税を追加的に課税している．これは重複課税によって，州政府が公共資金の限界費用（MCPF）を過少に認識しているためである．このことを理解するため，次の式を思い起こそう．

$$MCPF=(\Delta R+\Delta DWL)/\Delta R \quad \text{または} \quad MCPF=1+\Delta DWL/\Delta R$$

地方政府は中央政府の税収減少を考慮しないので，税率の引上げによる総税収の減少（$-\Delta R$）を過少評価する．このため，地方政府は真の費用である$MCPF$を過少に認識してしまう．垂直的外部性がどのくらい大きいかは，**課税標準の税率に対する弾力性**や中央政府の税率水準等に依存する．

▶ Column-14 ◀

垂直的外部性の実証研究

垂直的外部性についての実証研究によると，非効率は実際に発生している．例えば，アメリカ合衆国についてのBesley and Rosen（1998）の実証によると，たばことアルコールに対する連邦個別消費税が増税されると，州政府の物品税が大幅に引上げられるという．Hayashi and Boadway（2001）は，カナダでは連邦政府と州政府が，法人所得税をめぐって相互作用を及ぼしあっていることを実証している．彼らは連邦の税率が州の税率に大きな影響を与えていることを発見したが，係数の符号は負であった．たばこやアルコールと異なって資本は移動しやすいので，垂直的外部性だけではなく，水平的外部性も生じているらしい．

4. 資産課税と所得課税

本節では，望ましい地方税の原則を応用して，個別の税目の課税要件（課税標準，納税義務者，税率）をより詳しく解説する．

4.1 固定資産税

国際的に見て，最も普及している地方税は固定資産税である．オーストラリア，カナダ，アメリカといった連邦制国家の地方政府レベルでは，固定資産税はほぼ唯一の税目である．また単一制国家でも，イギリスを筆頭に，フランス，日本，イタリアなどで固定資産税は地方税において重要な位置を占めている．

土地と建築物は移動性が低い課税客体なので，租税競争は発生しない．固定資産税の課税権がどの地方政府に帰属するかは，所得税等に比べると明瞭であり，税務行政費用も土地台帳が定期的に更新されていれば，高くはない．税収の予測可能性も所得税や法人税よりも高いし，企業に固定資産税をかけることも応益原則から見て合理的である．ほとんどの居住者が直接的あるいは（賃貸料支払いを通じて）間接的に固定資産税を支払っているので，行政サービスへのただ乗りを防ぐことができる．公共サービスの便益は，地価上昇という形で資本化されるので，固定資産税は応益原則に基づく税であるといえる．

固定資産税の一番の問題は弾力性が低く，下方硬直的に膨張する対人サービスを十分にはまかなえないことにある．固定資産税の弾力性が低いことには様々な理由があるけれども，価格に上乗せされる消費税や源泉徴収される所得税と違って，税金を納めること自体が可視的で政治的に不人気であるということが大きい．また固定資産税の負担が，土地や建築物の所有者ではなく，利用者に一部転嫁されていると思い込んでいる人々がいることも不人気の理由である．どの国においても，個人納税者の抵抗によって評価額や税率が抑えられ，財源としての有効性は低下している．

❑ 固定資産税の制度設計　固定資産税の制度設計について，以下の点に注目しておこう．第1の論点は，課税客体である．一般に土地・建物が対象とされる点は各国共通しているが，企業の償却資産を含めるかどうか，土地については未開発の土地価値を含めるかどうかといった点で，各国の制度に違いが見られる．例えば，オーストラリアでは土地については，開発以前の価値のみに限定して課税を行っている．また，企業の償却資産に課税しない国が多いのも注目に値する点である．わが国の固定資産税は，土地（開発・未開発），建物，企業償却資産のすべてを含んでいる点で国際的に見て重要な特徴をなすが，このような例は必ずしも普遍的ではない．

第2の論点は，課税標準を何に求めるかである．すなわち，課税客体を資本価格（capital value）で評価するか，あるいは賃貸価格（rental value）で評価するかの二者に分かれ，両者を併用している事例もある．**資本価格方式**をとる場合は，一般に「時価」を基準とするのが通常であるが，これになんらかの調整措置を講じている場合が多い．賃貸価格を課税標準とするのは，かつてのイギリスのレート（Rate）が代表例であるが，それは公開市場における実勢とは著しく乖離したものとなっていた．

第3の論点は，納税義務者を誰とするかである．所有者課税か占有者課税かの問題である．この相違は，ほぼ先述した課税標準の場合に対応している．イギリス方式は占有者課税を採るが，今日では多くの資産課税が，所有者を納税義務者としている．占有者課税方式を採る場合には，「空き家」には原則として課税されないことになる．「空き家」をどう認定するか，「空き家」の発生に伴う税収減をどうカバーするかといった財政問題も発生してくることになる．

❑ 転嫁と帰着　次に，固定資産税は経済的に誰が負担しているのかという問題を説明する．図8.5を基に，いわゆる「伝統的な見解」を中心に説明す

図 8.5　固定資産税の帰着（伝統的見解）

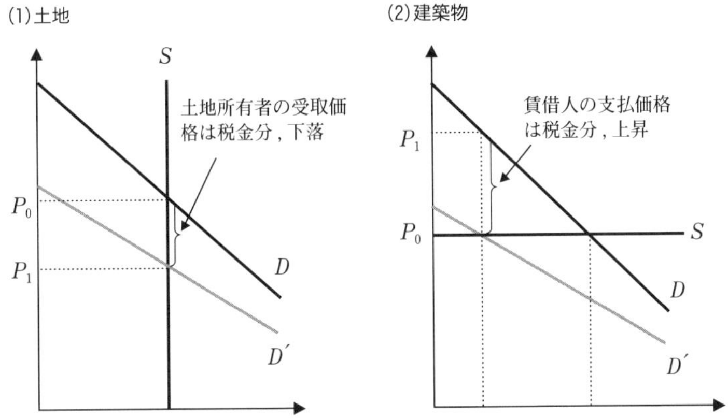

る．**固定資産税の帰着に関する伝統的な見解**によると，固定資産税は土地と建物に帰着する物品税（excise tax）である．

税の帰着は需要曲線と供給曲線によって決まるが，それらの形状は土地と建物では異なる．はじめに，土地についての帰着を考える（図 8.5 (1)）．土地の供給が一定である限り，供給曲線 S は垂直線で表される．税金をかける前の需要曲線は D であり，賃料は P_0 である．土地に従価税をかけると，需要曲線は下へ移動して D' となる．土地所有者が受取る地代は，供給曲線との交点で決まるので P_1 となる．土地利用者の支払う地代は，土地 1 単位当たりの税金を地代 P_1 に加えた P_0 となる．土地利用者の地代は変わらないので，土地所有者の受領する地代が税金分だけ下がる．こうして，土地所有者が税金をすべて負担する．

利用者が土地を購入する場合は，次のようになる．土地購入を考えている人は，土地を購入すると将来税の現在価値だけ価格が下がると予想する．これを，税金の一部が土地価格に資本化されるという．土地購入者の需要曲線は下がる．したがって，税金がかかると土地所有者は（土地価格の低下を通じて）税を負担する．

次に建物に掛かる固定資産税について考える（図 8.5 (2)）．建設産業は，資本を様々な用途（工場の建設，製造業の機械設備，道路・ダム等の公共事業）に用いる．必要な資本を市場価格でいつでも調達できるので，価格がそれほど変化しなくても，長期的には供給量は大幅に変化する．供給は弾力的で供給

曲線 S は完全に水平になる．建物に従価税をかけると需要曲線は下へ移動する．この移動は土地と同じであるが，結果は違う．建物の供給者が受領する価格は，税引き前の価格と同一である．建物の購入者が払う価格は P_1 となり，元の水準よりも税金の分だけ高い．税金は全部，利用者に転嫁される．この結論は，供給曲線が水平であるという前提から導かれる．すなわち，少なくとも P_0 だけの収益がなければ，資本は住宅部門から流出する．資本の供給者が受領する価格が下落しなければ，利用者がすべての税を負担することになる．

伝統的な見解をまとめると「土地への課税は土地所有者が負担し，建築物への課税は利用者（賃借人）に転嫁される」ということになる．この見解によるならば，土地に掛かる固定資産税は**地代所得に比例して負担**されるが，建築物に掛かる税は住宅消費に比例して負担される．その際，所得上昇に伴って土地所有からの収入が増えるか否かが，土地に掛かる固定資産税の所得階層別負担が累進的であるかどうかの判断基準となる．実証研究の結論はほぼ一致しており，土地に掛かる固定資産税は累進的であるとされている．一方，住宅消費は年間所得が上昇するに伴って減少する傾向があるが，恒常所得に対してはほぼ比例的であるとされる．この点に関する実証研究の結果は，基準となる「所得」をどう測るかによって分かれており，建築物への固定資産税は累進的でも逆進的でもないというのが現状である．

固定資産税をめぐる議論については，これを物品税と見る伝統的見解の他にもいくつかある．固定資産税を資本に対する利潤税と見る「新見解」や，公共サービスへの対価としての使用料とみなす見解などである．詳しくは参考文献を参照されたい．

4.2 個人所得税

2番目に良い地方税は，個人所得税である．もっとも，実際にはその様相は国によって多様である．OECD 諸国の中では，約3分の1の国々で，個人所得税の 50% 以上は地方政府に割当てられている．その反対に約3分の1の国々において，個人所得税は完全に中央集権化されている．連邦制国家においては，個人所得税は市町村よりも州により多く割当てられている．市町村レベルで課税しているのは，ドイツ，日本，デンマーク，スウェーデン等である．

地方所得税には，長所と問題点の両面がある．個人所得税は税収に弾力性があり，所得弾力的な対人サービス（教育，福祉，医療）に必要な歳入を調達する能力がある．個人所得税は企業の負担とならないので，法人誘致のための税率引下げ競争を誘発するリスクを回避することができる．一方，地方の歳入として所得税を用いることには，いくつかの問題点がある．

第1の問題は，課税最低限の設定いかんによっては，行政サービスを受けているにも関わらず，税金を納めない有権者が増えてしまうことである．実際のところ，地中海沿岸諸国やオーストリアでは，地方所得税に所得再分配機能を分担せしめ，したがって課税最低限を高く設定しつつ，納税義務者を高額所得層に限定している．一方，北欧諸国や日本では，地方所得税の課税最低限は所得税よりも低く設定して，行政サービスの費用負担を広く分散させている．

第2は，税務行政に関わる問題である．一口に所得税といっても，所得を総合的に合算するものと，所得源泉別に差別課税するものとの2種類がある．後者の分類所得税であれば，例えば賃金税の源泉徴収が比較的簡単なように，地方政府でも課税できる．しかし，複数地域から生じる異なる源泉所得（利子，配当，キャピタルゲイン，賃金）を合算して，しかも負担能力に応じて課税することは，行政管轄圏がせまい地方政府にとって実務的に困難である．総合所得税は，個人の担税力を一元的に把握できる中央政府に割当てるべきである．あるいは，いったんは中央政府の税として徴収しておき，所得の発生地域に税収分割のような形で還付すべきである．

地方政府が，中央政府の所得税と同じ課税標準を共有する重複課税方式であれば，税務行政上の問題は緩和できる．重複課税を採用する国では，中央政府と地方政府の税制調和の度合いは様々であって，概していうと北欧やカナダでは課税標準が調和しているけれども，スイスやアメリカ合衆国では，連邦政府の課税標準と州政府の課税標準は，控除や非課税の範囲が異なっている．

第3は，税率の問題である．地方政府が所得税をかけることが仮に正当であるとしても，その税率を累進税率にするのか，比例税率にするのかという問題がある．比例税率（課税所得の何パーセント）の問題点は，累進性が弱くなるということであって，その場合，所得税の累進性は課税最低限があるということによってのみ生じる．他方，所得上昇に伴って税率を引上げる累進税率を認めてしまうと，地方政府は本来，中央政府の役割である所得再分配機能を分担することになってしまう．しかも，中央と地方でかける所得税を合計するならば，高額所得者に適用される限界税率は禁止的に高いものとなり，労働意欲に影響を及ぼすことにもなる．

したがって，今日では地方所得税は所得再分配機能を担うものというよりも，むしろ中間層向けの対人サービス（教育，普遍主義的な福祉・家族給付）への対価として，すなわち応益課税として正当化することが一般的である．この場合には，課税標準を縮小する諸控除をできるだけ整理・縮小して課税最低限を引下げつつ，負担能力に関わりなく便益の対価として課税するために，比例税率とすべきである．

第 4 は，所得税の納付先は，居住地の地方政府か，それとも勤務地の地方政府なのかという問題がある．後者のアプローチをとるならば，所得税は実質的には**賃金税**（payroll tax）になり，税率の高い地域に居住して税率の低い地域で働くといった歪みが発生する．したがって，居住地の地方政府が課税する方式が望ましい．応益課税の原則からいっても，居住地の地方政府に課税権を帰属させることは正しい．ただし，1 年間のうちに人々が住所を変更するような場合には税制上の居住地を一義的に決めることは難しい．居住期間に応じて，1 年分の課税標準を複数の地域に分割することは複雑な作業を必要とする．1 年分の課税標準を，所与の時点（例えば，1 月 1 日や 12 月 31 日）での居住地にすべて配分する国が大半である．

5. 消費課税と法人課税

5.1 付加価値税

一般売上税のかなりの部分は，中央政府に割当てられている．実際のところ，州・地方へ配分されている一般売上税の割合は，OECD 諸国の平均で 14% 程度である．しかし，カナダ，スペイン，アメリカ合衆国の 3 ヶ国では，一般売上税の 50% 以上が州・地方政府に割当てられている．一般売上税は，地方政府よりも州政府において重要である．

付加価値税については，中央政府に割当てるべきとする伝統的見解と，地方政府による仕向地原則による課税は可能であるとする新しい見解との２つがある[3]．消費型の付加価値税とは，最終消費を課税標準とし，それに対する税額を中間取引の各段階から徴収しながら，最終的な税負担を最終消費者に求める税である．中央政府の租税として，付加価値税は全世界に普及しているが，地方政府による付加価値税の課税には地域間での財貨・サービスの取引にどのように課税するかという問題がある．原産地原則か，それとも仕向地原則かの問題である．

❏ **仕向地原則**　**仕向地原則**（destination principle）とは，消費が行われる国が課税権を持つという原則であり，そのためには輸入された財に輸入国の税率で課税し，輸出にゼロ税率を適用する必要がある．**原産地原則**（origin principle）とは，生産が行われた国が課税権を持つという原則であり，輸入を非課税とし，輸出される財に輸出国の税率で課税する必要がある．両原則のうち，一般的には，生産要素や消費行動に中立的な仕向地原則が望ましいとされる．事実，国家間での課税権の調整は，税関を通じて，仕向地原則に基づいて行われている．しかし，一国内では地域と地域の境に税関を置くことはできず，境界税調整（輸出ゼロ税率・輸入課税）は実施が困難である．したがって，伝統的な見解では付加価値税は，中央政府に割当てることが望ましいとされている．

あえて地方政府が付加価値税の果実に参加するのであれば，税収分割方式（ドイツの共同税，消費譲与税）で地方に交付するか，財政調整制度の原資に組入れる（オーストラリアの財政援助交付金）以外に方法がなかった．これらは税務行政が簡単であるものの，税率決定権がなく，上から与えられた財源と大差ない．ブラジルの州政府が掛けている商品サービス流通税（ICMS）のように，原産地原則での課税を試みる例もあるが，企業を誘致するために州政府が優遇措置を競い合ったり（財政戦争），税収の偏在を是正するために州間取引に軽減税率を適用したりしているため，移出を偽装した取引（インボ

3）付加価値税について『財政学』9章参照．

表 8.2　繰延べ支払方式

	①税　関	②リバース・チャージ	③繰延べ支払方式
1.輸　入	200	200	200
2.輸入課税（1 ×15%）			
a.税関での徴収	30		
b.リバース・チャージ		30	
3.売　上	300	300	300
4.売上に対する税額（3 ×15%）	45	45	45
5.仕入税額控除（2 a 又は 2 b）	30	30	0
6.納付税額（4 − 5）	15	15	45
7.総税収（2 a または 2 b と 6 の合計）	45	45	45

（資料）McLure（2003）.

イスの観光旅行）が横行している．

しかし長年にわたる議論や，EU やカナダ等での経験によって，境界税調整を必要としない仕向地原則の制度が理論的にも制度的にも実施可能であり，かつ税率決定権も保持されることが明らかになっている．新しい見解を代表する解決策は，次の 2 つである．第 1 の方式は，**繰延べ支払方式**（deferred payment method）である．この方式では，ある国から他の国へ輸出される財には，ゼロ税率が適用される．輸入業者は，輸入時点では課税されないが，国内で財を再販売するときに控除すべき仕入税額がゼロとなるため，売上に掛かる税をそのまま納付する．輸入に掛かる税の納付が，税関での保管時点から，国内での再販売時へと自動的に繰延べられる．納付税額は，小売価格に最終消費地である輸入国の税率を掛けて計算されるので，各国の税率決定権は保証される．

表 8.2 は，繰延べ支払方式の簡単な数値例である．事業者は商品を 200 で輸入して，300 で国内販売を行うものとする．最初の 2 つの欄（①と②）では 15% の付加価値税が税関もしくはリバース・チャージによって徴収される．**リバース・チャージ**とは，輸出業者ではなく輸入業者が納税義務者になる課税方式をいう．繰延べ支払方式（③）の場合には，輸入時点では税は徴収されない．商品の国内販売に対する付加価値税は 45 である．このとき①と②の場合には，仕入税額控除が 30 なので納付税額は 15 となる．一方，③の繰延べ支払方式では，輸入に係る税額はゼロなので，納付税額は 45 である．税関での輸入平衡税（2 a），またはリバース・チャージによる税

(2b) に納付税額(6)を加えた総税収は45となるので，3つの方法は理論的に同額の税収となる．

繰延べ支払方式は，カナダのケベック州が実施しているケベック売上税で採用されている．EUの経験が示すように，繰延べ支払方式の問題は前段階税額控除による課税連鎖が途切れ，脱税が起こりやすいことにある．だが，カナダでは連邦政府の財・サービス税の存在によって，地域間取引に関わるケベック売上税の税務行政が監視されているため，脱税問題を防ぐことに成功している．個人が越境して購買する場合には，自己申告によらざるをえないので，仕向地原則を守ることは難しい．

❑ **マクロ税収配分方式**　第2の方式は，最終消費データに基づいて税収を帰属させる**マクロ税収配分方式**（macro revenue allocation method）である．マクロ税収配分は，仕向地原則での税収の帰属が，最終消費地の取引から直接算出できるという事実に着目する．そして，個別の取引ごとに税収を清算する代わりに，いったん消費税をプールして，各地方団体の最終消費額×当該団体の税率によって，配分する簡易な仕組みである．税の徴収と税収の配分が分離されるため，実務的な難点といわれる境界税調整が不要になること，また地方団体ごとに税率が異なっても，システムとして税収配分は可能となるので，税率決定権も保持できる長所がある．

いま，2つの地域A，Bとの間で財の移出が行われている簡単なケースを考える．取引1では地域Aが財をE^Aだけ移出して，移出された財は地域BでC^Bとして消費される．取引2ではその逆となる．地域Bが財をE^Bだけ移出して，移出された財は地域AでC^Aとして消費される．さて原産地原則に基づいて暫定的に納税された地域別の地方消費税額は，地域Aでは$E^A\tau^A+(C^A\tau^A-E^B\tau^B)$となり，地域Bでは$E^B\tau^B+(C^B\tau^B-E^A\tau^A)$となる．第1項は移出業者の納付税額，カッコ内は移入業者の納付税額を表している．τ^iは各地域の税率である．

仕向地原則では，最終消費地に税収を帰属させる必要がある．ここで取引ごとの境界調整（移出免税と移入課税）を行うとする．地域Aでの境界税調整額は$-E^A\tau^A+E^B\tau^B$となり，地域Bでの境界税調整額は$-E^B\tau^B+E^A\tau^A$となる．さきほど求めた暫定的な地域別地方消費税額から，境界税調整額を

図 8.6 マクロ税収配分方式（カナダの協調売上税）

```
┌─────────────────────────┐
│     配分財源プール額      │
└─────────────────────────┘
              │
              ▼
┌─────────────────────────┐          各地域の課税標準の算出
│     各地域の按分比率      │         ┌ 消費支出ベース
│ 当該地域の課税標準×当該地域の税率 │  ⇐  │ 住宅ベース
│ ─────────────────── │     │ 公共部門ベース
│ Σ(各地域の課税標準×各地域の税率) │     │ 金融機関ベース
└─────────────────────────┘         └ 企業ベース
       │      │      │
       ▼      ▼      ▼
   地域Aへの 地域Bへの 地域Cへの
   配分額   配分額   配分額
```

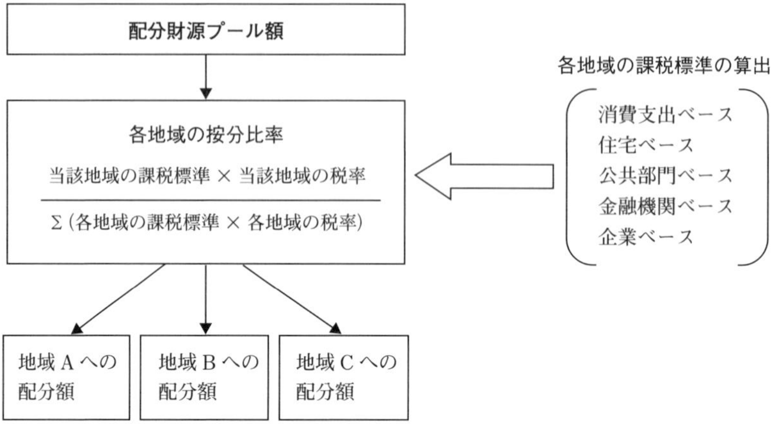

(資料) 持田・堀場・望月 (2010) 図2-1 より．

加減して，最終的な帰属税収を計算すると，地域 A は $E^A\tau^A+(C^A\tau^A-E^B\tau^B)-E^A\tau^A+E^B\tau^B$，地域 B は $E^B\tau^B+(C^B\tau^B-E^A\tau^A)-E^B\tau^B+E^A\tau^A$ となる．しかし，移入に係わる税収を計算するときに，移入地域ごとに移入額と税率の情報が必要となり，税務行政が一見するとかなり複雑になる．

　上記で求めた帰属税収額の式を整理する．地域 A は $C^A\tau^A$ に，地域 B は $C^B\tau^B$ となり，最終消費額に当該地域の税率を乗じた額に一致している．移出・移入に係わる取引でも，最終消費地で取引に着目すれば，上記で求めた帰属税収額が直接算出されるのである（一般的な証明は，持田・堀場・望月 [2010] 5章を参照）．これが，マクロ税収配分方式の簡便で優れた点である．

　この方式の精緻な形は，カナダでの東部3州とオンタリオ州で採用されている**協調売上税**（Harmonized Sales Tax）で実施され，また7章で解説した地方消費税の清算方式は，このマクロ税収配分方式の簡便な形である．図8.6はこれを概念化したものである．例えば，地域 A の最終消費額が100，地域 B の最終消費額が50，地域 C の最終消費額が75 のとき，それぞれの最終消費額を表すマクロ統計は4対2対3となる．付加価値税の税率が等しい場合には，税収帰属も4対2対3となるように清算を行う．税率が地域によって異なり，地域 A が5％，地域 B と地域 C が10％というように，後者の税率が前者の税率の2倍ならば，あるべき税収帰属は上のマクロの統計と税率の双方を考慮する．税収の帰属について地域 A は 100×5％，地域 B

は 50×10%，地域 C は 75×10% となり，その比率は 5 対 5 対 7.5 となる．

5.2　法人税

2 節で解説した地方税原則と合致するかのように，法人税が州・地方政府に割当てられることは少ない．半分以上の OECD 諸国では，法人税は完全に中央集権化されている．このことはフランスについても妥当する．2009 年以前は，デパルトマンの主要な歳入源は**職業税**（taxe professionelle）であったが，法人の事業活動を促進するという中央政府の意思に従って廃止された．

法人に対する課税は，中央政府に割当てるべきであり，地方政府への割当は，州政府のように広大な領域をカバーする行政管轄圏の場合のみ可能であるというのが標準的な見解である[4]．法人企業は，複数地域から中間財を購入し，生産物も複数地域で販売しているため，特定の地方政府が独立税方式で課税することはできない．法人企業の大半は複数の地域にまたがって生産活動を行っているので，課税所得をいかに地域間で配分するかという問題もある．売上，資産，従業員数等に比例して課税標準を複数の地域に配分したとしても，すべての地方が納得できる客観的な基準は存在しない．法人税の負担は他地域の所有者へ「輸出」されるし，反対に移動性が高いため租税競争も起こることがある．

しかし，上記のような法人税の難点が税の理念・性格そのものに由来する本質的な問題なのか，それとも課税方法に由来する技術的な問題なのかについては，意見が分かれている．地方法人税に賛成する論者は，法人企業に提供している公共サービスが，中間投入財ないし生産要素としての役割を果たしている場合は，その対価支払いとして地方法人税を賦課することは，応益説的な根拠付けができると主張している（Bird［1999］）．

このための課税標準は，法人の生産活動量を反映し，かつ生産要素に中立的な幅広いベース，すなわち付加価値（賃金＋利潤＋利子＋賃貸料）が望ましいとされる．付加価値を課税標準とする法人税は，利益に関わりなく納税

4)　法人税について『財政学』8 章参照．

義務が発生するので，外形標準課税ともいわれる．外形標準課税は安定的な税収を確保することだけが目的なのではなく，法人レベルで受益と負担の一致を図り，水平的外部性を是正することにも意義がある．外形標準課税の事例としては，アメリカ合衆国のミシガン州の事業活動税や単一事業税，同じくニュー・ハンプシャー州の事業税，イタリアの生産活動税，そしてドイツの営業税等がある．わが国では，1950年にシャウプ税制使節団が都道府県税として導入を勧告した付加価値税や，2004年税制改正による法人事業税が外形標準課税である．

Column-15

欧米の地方法人税

欧米の地方法人税を簡単に紹介しよう．フランスには**職業税**（taxe professionelle）という地方税がある．課税標準は建物の賃貸価格と支払給与であったが，給与課税は雇用促進の障害になっているという理由から2003年に廃止され，サルコジ大統領の意向により2010年には職業税は廃止された．ドイツには市町村税として**営業税**（Gewerbesteuer）がある．課税標準はフランスの職業税よりもやや広く，営業収益，支払給与，営業資本を課税客体としていた．支払給与部分については80年に，また営業資本部分は98年に廃止され，現在は法人所得課税となっている．イタリアでは，1998年に生産活動税（IRAP）が州税として導入された．基本税率は4.25%で課税標準は，生産高から人件費以外の製造原価を控除した金額である．**生産活動税**は，付加価値税以外の売上税を課すことを禁止した欧州指令第401条に抵触するとイタリアの銀行（Banca Popolare di Cremona）が提訴した．欧州司法裁判所は2006年，2回の法務官の意見を覆して，IRAPは欧州法に抵触しないという最終判断を示した（天野［2009］pp.50–51）．利益に関わりなく課税される外形標準課税は，国際競争力を阻害するものとして，どの国でも厳しい視線が注がれているといえる．

演習問題

1．土地に対する固定資産税の経済効果を考える．（　　）内に入る適切な解答を書きなさい．

課税前に，限界的な購入者は1㎡の土地から毎期15万円の利益を上げていたものとする．割引率が10%であるとすれば，収益の現在価値は①（　　）万円であり，これが需要価格となる．したがって，市場価格は1㎡当たり①（　　）万円となる．ここで土地1㎡当たり毎期3万円の固定資産税が課されるものとする．税引き後のネットの収益は1㎡当たり12万円となるから，割引現在価値は②（　　）万円となる．土地の供給は一定なので限界的購入者は不変であり，市場価格は120万円となる．課税前の地価との差額③（　　）万円は，税の総価値の現在価値に等しい．こうして税は地価に「資本還元」され，当初の土地所有者によって負担される．（ヒント：本章4節を参照）

2．いまA国からB国へ価格1000ユーロのコンピューターが輸出されたとする．A国の付加価値税の税率は5％，B国の付加価値税の税率は25％であるとする．原産地原則に基づいて課税された場合，それぞれの国に帰属する税収を求めなさい．また仕向地原則に基づいて課税された場合，それぞれの国に帰属する税収を求めなさい．（ヒント：本章5節を参照）

3．地方付加価値税の帰属について考える．表のように，A県所在の製造業者X社が，B県所在の卸売業者Y社に加工品を納入し，Y社がC県所在の小売業者Zに商品を納入して，このZ社が消費者に販売したとする．税率を5％とすると，XYZの各社はそれぞれA県，B県，C県にいくら納税するか．①②③に適当な数字を入れなさい．C県の消費者が負担しているにも関わらず，実際の納税は3つの県に分割されている．次にマクロ税収配分方式を導入して，いったん各県に納税された消費税を最終消費額によって事後的に按分する場合を考える．このとき，どの県にいくらの税収が帰属するだろうか．（ヒント：本章5節を参照）

	A県（5％）事業者X	B県（5％）事業者Y	C県（5％）事業者Z
売　上	2,000	5,000	9,000
仕　入	0	2,000	5,000
A県への納税額	①（　　）	—	—
B県への納税額	—	②（　　）	—
C県への納税額	—	—	③（　　）

4．資本に対する地方税を例として，租税競争を考える．次の表は，隣接する地方政府Aと地方政府Bが税率を引下げた場合と維持した場合について，それぞれの地域の住民が得るであろう利得を表している．左側が地方政府A，右側は地方政府Bの利得である．税率を維持した場合と引下げ競争を行った場合では，社会全体としてどちらが望ましいだろうか．このとき，2つの地方政府がともに税率を維持するように相談して，（100，100）を得ることは可能であろうか．可能でないとすれば，その理由は何か．

		地方政府B	
		税率維持	税率引下げ
地方政府A	税率維持	（100，100）	（50，150）
	税率引下げ	（150，50）	（70，70）

（資料）中井他（2010）図8-1を一部修正．

5．比例税率の所得割と一定額の均等割から構成される，地方所得税の効果を考える．消費者の効用関数は，$U=x(1-l)$ で定義されるとする．x は消費，l は労働供給である．賃金率 w を一定とすると，次の2つのうちどちらの方が労働供給は大きいだろうか．①比例税率の所得税，②①と同じ税収を上げる均等割．

文献案内

地方税の理論については，初心者向けのテキストが少ない．地方税原則の古典的な業績となっているのは，Musgrave（1983）であり，通説．この流れを汲むものとして，Norregaard（1997）等がある．ここ数年，Bird（1999）を発端とした，地方税原則の再検討が精力的に進められている．地方政府の付加価値税をめぐる論争については持田・堀場・望月（2010）が詳しい．マスグレイブとバードの両説の比較については持田（2004）3章を参照されたい．財政外部性については，Boadway and Shah（2009），Hindriks and Myles（2006）が初心者向け．堀場（1999）は租税競争，租税輸出についての研究書．地方税の国際比較については，OECD and KIPF（2012）が最新のデータに基づき包括的．やや古いが財務省財務総合政策研究所（2002）も簡潔に地方税制を国際比較している．

第9章

特定補助金の理論と応用

9章では，特定補助金について学ぶ．中央政府から地方政府へ交付される補助金には，使途が特定された補助金と，地方の裁量に委ねられる一般補助金がある．本章では，前者に焦点を当てる．はじめに1節では，補助金にはどのような類型があり，その組合せがいかなる意味を持つのかを解説する．一般補助金と特定補助金，定率補助金と定額補助金等を区別する．補助金は，誰かが援助してくれるというニュアンスというより，地方政府の経費を，中央政府も義務として分担するという性格があることを理解する．2節では，補助金が地方政府の財政運営にどのような影響を及ぼすかという問いかけを行う．所得効果，代替効果といった初歩的な経済学の道具を使って，この問いに答える．中央政府の目的が特定の財の供給を奨励する場合と，当該地域の厚生水準の向上にある場合とでは，望ましい補助金の種類が異なることを確認する．

3節では，中央政府が補助金を交付する根拠と問題点に焦点を当てる．補助金には，中央政府の地方に対する過度の統制を招いたり，受益と負担の関係を曖昧にしたりする弊害がある．その一方，スピル・オーバーによる非効率の是正，ナショナル・スタンダードの確保等に，補助金は有益な役割を果たしている．4節では，補助金改革論はいかなる理由から，どのように補助金の整理・縮小を図ろうとしているかを解説する．

1. 補助金のタイプ

1.1 歳入に占める割合

地方政府には，歳出に見合った十分な地方税が割当てられているわけではない．かかる不均衡を事後的に解消しているのが，中央から地方へ交付される国庫支出金である．地方公共団体の行う事務の中で，補助金を比較的多く受け入れているのは教育費，民生費，土木費ならびに特別会計で経理されている介護保険や国民健康保険がそれである．これらの事務は，財源の少なからぬ部分が中央から地方へ移転されることによって支えられている．**財源の中央集中と支出の地方分散**という，わが国の地方財政の特徴が表れている（1章4節）．

国庫支出金が，地方財政全体と中央財政全体にとって，どのような大きさを占めるかについて見ておこう．表9.1のA欄は，地方普通会計の歳入総額に占める国庫支出金の割合，B欄は中央一般会計・特別会計の歳出純計に占める国庫支出金の割合を，それぞれ示している．いずれの欄を見ても，1980年代に数値はかなり低下しているが，それでも現在，普通会計歳入総額に占める割合は14.7%，中央歳出純計に占める割合は14.2%である．国庫支出金が中央財政・地方財政両者にとって，重要な機能を果たしていることがわかる．

表 9.1　国庫支出金の割合

（単位：%）

	A	B
1970（昭和45）年	19.7	24.6
1980（昭和55）年	21.3	22.9
1990（平成 2）年	12.5	15.6
2000（平成12）年	14.3	14.3
2010（平成22）年	14.7	14.2

（資料）総務省『地方財政白書』各年度より作成．

注）A欄は地方普通会計に占める国庫支出金の割合，B欄は中央一般会計・特別会計の歳出純計に占める国庫支出金の割合．

1.2　特定補助金と一般補助金

補助金を理解するには，どのような類型があり，その組合せがいかなる意味を持つのかを押さえておく必要がある．図 9.1 を掲げて，代表的な補助金の類型について説明する．特定補助金（earmarked grant）と一般補助金（non-earmarked grant）の区別は，補助金の使途や目的に条件がついているかどうかに着目した分類である．**特定補助金**は，特定の目的のみに使用するという条件で交付される補助金である．このため，特定補助金は受領した地方公共団体の歳出の自由を制限する．例えば，○○町の道路の改修のための補助金とか，公立保育所の施設整備のための補助金等がこれに該当する．**一般補助金**とは，受領した地方公共団体が自由に使用できる，縛りのない補助金である．わが国では，地方交付税交付金が一般補助金に該当するといわれている．

一般補助金と特定補助金との中間形態として，使途制限を大幅に緩和したブロック補助金（block grant）がある．これは特定の事務・事業に限定した補助金ではなくて，地方公共団体が分野を広くとらえた事業を計画するために受領する補助金である．わが国では，2012 年度に実現した，沖縄振興一括交付金がこれに該当する．当初，沖縄県が要求した一括交付金は，内閣府沖縄担当部局所管の国庫補助金すべてを実質上使途制限のないブロック補助

図 9.1　補助金のタイプ

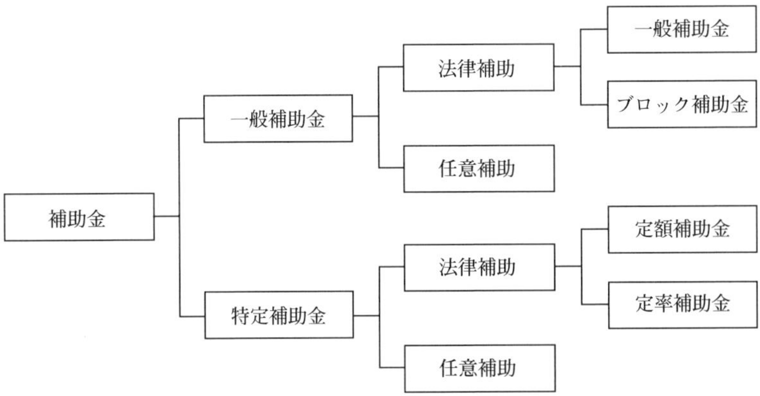

（資料）OECD and KIPF（2012）*Institutional and Fiscal Relations Across Levels of Government.*

金に転換するものであり，補助率や交付要件等に縛られた国庫補助事業の枠を大きく超えるものであった（池上岳彦［2011］）．

1.3 法律補助金と任意補助金

特定補助金と一般補助金は，さらに法律補助（mandatory grant）と任意補助（discretionary grant）に区分される（図 9.1）．これは，交付する側である中央政府にとって，補助金が義務なのか任意なのかに着目した分類である．**法律補助**とは法律に根拠を持ち，それを交付することが国に義務づけられている補助金である．わが国では，地方財政法第 10 条の国庫負担金がこれに該当する．法律補助の実際が交付要綱に反している場合には，本来の補助金交付を請求すべく，地方公共団体は国を相手に訴訟を起こすことがありうる．

任意補助はその金額や交付条件は法律に基づいて決められているのではなくて，行政の裁量に委ねられている補助金である．わが国では，地方財政法第 16 条に定められている補助金がこれに該当する．任意補助は一時的・臨時的な補助金であり，特別なインフラ整備や被災地への緊急援助金等が含まれる．

▶ Column-16 ◀

摂津訴訟

大阪府摂津市は，児童福祉法第 35 条に基づいて 4 ヶ所の保育園を設置し，9273 万円を支出した．これに対して国は 250 万円の国庫補助を措置した．地方財政法ならびに児童福祉法には，保育施設には 2 分の 1 の定率国庫負担が明記されていることを根拠に，同市は残額 4386 万円の支払を国に求める訴訟を提起した（昭和 48 年）．これに対して一審（昭和 51 年）は請求棄却，控訴審（昭和 55 年）も控訴棄却の判断を示した．いわゆる「摂津訴訟」である．

摂津市の主張は，児童福祉法 52 条に定める国の負担金は，任意補助金と異なり，地方財政法 10 条以下の負担金に該当する義務的なものであり，その支払い請求は特別の手続きなしに発生するというものだった．これに対して裁判所は，国による交付決定によってはじめて補助金等の具体的請求権を発生させるのであり，交付決定とは無関係に実体上の負担金支払請求権を行使できるとの見解はとらないとの判断を示した．摂津訴訟は，地方公共団体が超過負担の問題について国を相手取って行った最初の訴訟である．結果的に同市の主張は認められなかったが，法律補助金と任意補助金の違い，超過負担問題等が広く世の中で認識されるきっかけとなった．

1.4　定率補助金と定額補助金

特定補助金は，定率補助金（matching grant）と定額補助金（non-matching grant）とに区別されることがある（図9.1）．これは，中央政府による負担の形式に着目した分類である．**定率補助金**とは，地方政府による財政支出の一定割合に相当する財政資金の移転を行うものである．その際に，費用の一部を地方政府が自己負担するという条件付で補助金が交付される．わが国では，教育，医療，福祉に関係する補助金の大半は，定率補助金である．定率補助金といっても，地方政府による財政支出に対して，中央政府が無制限に補助金を交付しているわけではない．補助対象事業には中央政府による規制（学級数，1学級当たりの児童数）がかけられているので，補助金には事実上の上限がある．

特定補助金のうち，中央政府が地方政府に一定額を財政移転するものを**定額補助金**という．例えば，人口1人当たりいくらといった形で交付されるものが定額補助金である．定率補助金は，地方の財政支出が減少したときに自動的に減るが，定額補助金は，歳出の減少とは無関係である．わが国では，1989年に竹下登総理大臣のかけ声で実施された，全部の市町村に「一律1億円」を交付する「ふるさと創生1億円」事業が代表的なものである．

1.5　地方財政法における「国庫支出金」

特定補助金は，法律上は「国庫支出金」と呼ばれる．国庫支出金には，誰かが援助してくれる補助金というニュアンスに近いものから，地方公共団体の経費を国も分担し合うという性格のものまで，いくつかの種類があるので注意しなくてはならない．

第1は，「**負担金**」である．これは中央が義務的に負担するもので，事務の性質上，中央が当然に一定程度の責任があると考えられるものについて地方公共団体へ支出される補助金である．負担金には法律上，3つのカテゴリーがある．ひとつは，一般行政費国庫負担金である（地方財政法第10条）．

義務教育費国庫負担金が代表的なものであり，都道府県が負担する教員給与の3分の1を国が負担する．国が負担しているために，小中学校の学級編成や教員配置について市町村の自由が制限されていて，地域住民の希望に沿った教育ができないという批判がある．生活保護費国庫負担金も，一般行政費国庫負担金である．

いまひとつは，建設事業費国庫負担金である（地方財政法第10条の2）．公共事業は，国全体の立場から総合的に計画されている．道路，河川，砂防，海岸，港湾，空港，林道，公営住宅等の建設費を国が負担する．建設事業費国庫負担金の本来の性格は，一般行政費国庫負担金と同じく，中央が一定程度の責任がある行政についての義務的負担である．社会資本には，「国民が等しく受ける権利のある標準的な行政サービス」という言葉はあてはめにくい．例えば，1人当たり道路の延長がいくらであればナショナル・スタンダードかは明確ではない．本来の負担金とは異なり，政治家による地元への利益誘導手段として，この種の負担金が支出されることがある．さらに，災害復旧等国庫負担金というカテゴリーもある（地方財政法第10条の3）．台風や地震等，大きな災害が起こったときに，地方公共団体の手持ちの財源では到底対応できないような事業に対して国が負担している．

国庫支出金の第2は，「**補助金**」である（地方財政法第16条）．中央の見地から見て特定の事務の実施を奨励したり，あるいは地方公共団体の財政を援助したりするために支出されるもので，中央にとって義務ではなく任意である点で，負担金や次に述べる委託金と異なる．内容から見て，2つの種類がある．地方公共団体が特定の施策に取り組むのを促す目的の「奨励的補助金」と，地方公共団体の財政負担を軽減するための「財政援助的補助金」である．各省庁が施策を推進する場合に，競って「補助金」を設けるので，その種類や件数は膨大である．

国庫支出金の第3は，「**委託金**」である（地方財政法第10条の4）．これは本来，中央の事務であるが，便宜上，地方公共団体に委託されているものについて費用の全額を国が支出するものである．具体的には，国会議員の選挙，外国人登録に要する経費，国民年金等に要する経費，パスポートの発行等の事務への委託金が含まれる．

こうした法的枠組みによる3種類の国庫支出金の内訳を示すと，図9.2の

図 9.2　地方団体向け国庫補助負担金等（一般会計及び特別会計，20 年度予算）

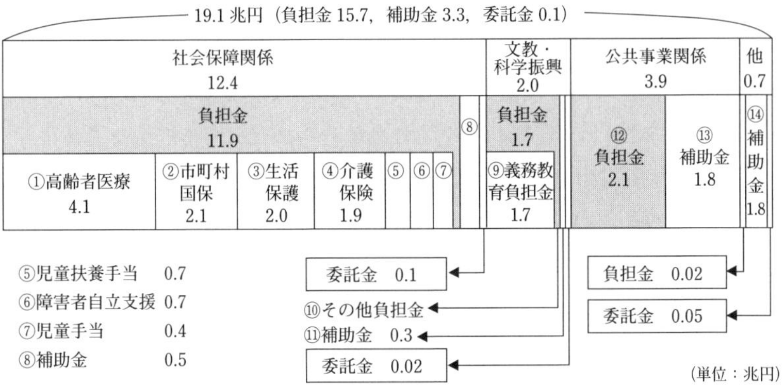

ようになる．地方公共団体は，これらの国庫支出金を一般会計または特別会計で受入れる．この図は，国庫支出金がどのような目的で支出されているのか，またその性質は国庫負担金，補助金，委託金のどれにあてはまるのかを示している．総額は約 19.1 兆円（平成 20 年度予算）であり，社会保障関係が全体の 65% と圧倒的に高い割合を占めている．これは，わが国の地方財政が教育，福祉，医療といった現物給付，生活保護のような現金給付を通じて，所得再分配機能に責任を負っていることを反映している．また 3 つの種類の国庫支出金の中では，負担金が大きく，8 割以上を占めている．

2. 補助金に関する分析的問題

本節では，補助金が地方公共団体の財政運営にどのような影響を及ぼすかについて，経済学の標準的な道具を用いて解説する．

2.1　一般補助金

はじめに一般補助金の効果を考えよう．補助の形式は定額補助金とする．公共財 X と私的財 Y があり，P_1，P_2 をそれぞれの財の価格，M を所得，一般補助金を G とする．地域社会の直面する予算制約線は $P_1X+P_2Y=M+G$ と表される．Y について解くと

$$Y=\frac{M+G}{P_2}-\frac{P_1}{P_2}X$$

となる．補助金がない場合，この地域社会は，図 9.3 において予算制約線 AB と代表的個人の無差別曲線との接点である点 E を選ぶ．

次に，中央政府が一般補助金をこの地域社会に交付する場合を考えよう．一般補助金は所得の変化による需要量の変化，すなわち**所得効果**のみを有し，予算制約線が AB から CD に平行にシフトする．新しい均衡は，予算制約線 CD と代表的個人の無差別曲線との接点 E' となる．E と E' を比べると，補助金は公共財 X への支出を高めるだけではなく，1人当たりの私的財 Y の消費水準も高める．一般補助金は公共財への支出を増加させると同時に，減税という形で地域住民に還元される．このように，理論的には一般補助金は国税減税による所得の一括増加と同じような効果を持つ．

現実の地方政府行動を観察すると，理論的な予想と現実とは大きく乖離(かいり)していることがわかっている．一般補助金が1万円増加することと，減税によって所得が1万円増加することとは同じ効果があるはずなのに，実際には前者の方が後者に比べて歳出増加がより大きい．補助金は，それが最初に当たった地方公共団体に「くっつく」のであって（≒歳出に回される），減税という形で住民に還元される部分は理論的な予想よりもはるかに小さい．アメリカにおいて州・地方政府の限界支出性向は個人所得では10% であるが，連邦補助金では 80〜90% である．この現象は，グラムリッチ（E. M. Gram

図 9.3　一般補助金の効果

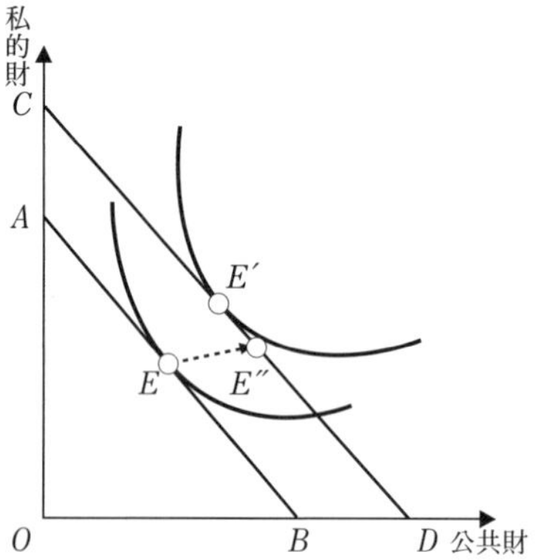

lich）によって，**フライ・ペーパー効果**（flypaper effect）と命名されている．

図 9.3 で直感的に確認しておこう．E から均衡 E' ではなく，均衡 E'' へのシフトがフライ・ペーパー効果を表す．E' と E'' を比べると，後者では私的財の増加は少なく，公共財への支出が大きく増加している．わが国については土居（2000）によるフライ・ペーパー効果についての実証研究がある．それによると，不交付団体ではフライ・ペーパー効果は認められないものの，交付団体，特に地方交付税が固定資産税よりも多い団体では，フライ・ペーパー効果が認められるという．

これは，次のような頭の体操を行えば理解できる．007 スカイフォールの映画チケットを紛失してしまい，再度購入するかを決めなくてはならないとする．次に，同じ額のお金を紛失したとき最初と同じように映画チケットを買おうとするかを考える．どちらの場合にも，予算制約は同じである．チケットを紛失した後に新しいチケットをもう一度買うことは，同じ額の手元にあるお金を紛失した場合と比べて，可能性は高くない．

2.2　定額特定補助金

定額一般補助金は，補助対象財だけではなく，私的財の消費も高める．定額の特定補助金であれば，より効率的に補助対象財への支出を刺激することができるだろうか．この問に対する回答は「ノー」である．2 種類の公共財（例えば，保育園と高齢者施設）があり，地域社会の予算制約は当初は AB であるとする．当初の均衡は図 9.4 の点 E で示される．中央政府が保育園に支出することを条件に，定額の特定補助金を交付するとする．地域社会は以前に比べると，AC だけより多く保育園に財政支出を行うことができるので，予算制約線は当初の AB を AC だけ水平的に移動したものとなる．予算制約線は ACD となり，点 E' で当該地域は効用を最大化する．

中央政府が定額補助金を保育園のために用いるべきであると使途を制限しても，地域社会の行動に違いは生じない．使途を特定したとしても，定額補助金であるため，所得効果のみを有し，2 財の相対価格は変化しない．補助金が交付されると保育園への支出は増加しているが，その増加分は定額補助金 AC よりも明らかに小さい．地域社会は補助金をすべて保育園に用いると

図 9.4　定額特定補助金

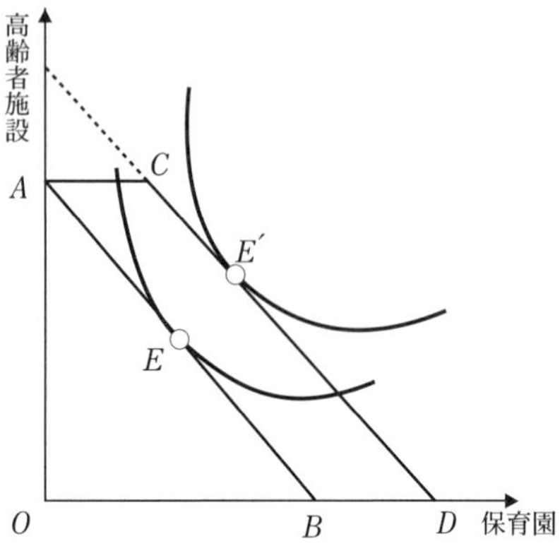

いう条件に従っているけれども，実質的には補助金を高齢者施設にも流用する．中央政府が保育園の支出が増えることを期待しているとすれば，地域社会の行動は中央政府にとって残念なことである．

2.3　定率特定補助金

定額ではなく定率補助金にしたならば，補助対象事業への支出はどのくらい刺激されるであろうか．一般補助金に関する上記の結果を，定率特定補助金の効果と比較しよう．中央政府が，ある事業（例えば，保育園）の費用の1/2だけ負担する定率補助金を交付したとする．補助対象財はX，補助率をSとする．予算制約式は$(1-S)P_1X+P_2X=M$となる．Yについて解くと

$$Y=\frac{M}{P_2}-\frac{P_1(1-S)}{P_2}X$$

補助金がない場合（$S=0$）の予算制約線の傾きは$-P_1/P_2$である．定率補助金は，補助対象財の価格P_1を下げる代替効果を有するので，図 9.5 で示されるように，予算制約線の傾き（絶対値）は半分に低下してなだらかになる．予算制約線はABからARへ変化するので，E'が均衡点となる．**代替効果**が働いて，X財の費用が相対的に安くなるために，地域社会は保育園の供給をX_1から社会的に望ましい水準であるX_sへと増大させるのである．

ところで当該地域に交付された補助金が定額の一般補助金によって置き換えられたとするとどうなるであろう．定額一般補助金は，相対価格に影響を

図 9.5　定率特定補助金

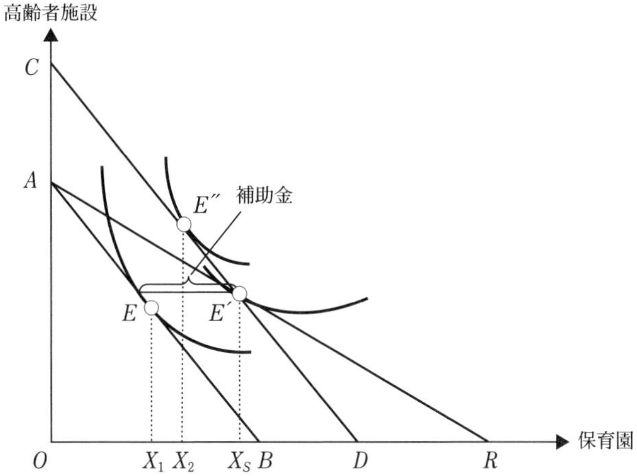

与えないので，予算制約線 CD の傾きは予算制約線 AB のそれと同じになる．補助対象財（この例では保育園）への支出は X_2 へと増大するものの，その水準は社会的に望ましい水準 X_s よりも少ない．

ここで，2つのことに注意すべきである．第1に，定率特定補助金は，一般補助金よりも公共サービスの水準を増大させる効果が大きい．第2に，地域の社会的な厚生水準は，補助金総額が同一であれば，定率特定補助金よりも一般補助金を用いた方が高い．これらには重要な政策的含意がある．中央政府の目的が特定の財の供給を奨励することであるならば，一般補助金よりも定率特定補助金の方が有効である．しかし，中央政府の目的が当該地域の厚生水準の向上にあるならば，定率特定補助金よりも一般補助金の方が望ましい．わが国の「三位一体」改革（2004～2006年）においては，補助金の一般財源化が様々な形で推進された．一般財源化というのは，国が使途を決めて交付する特定補助金を廃止し，代わりに使途の限定がない「地方交付税」を交付する措置をいう．例えば，公立保育園の運営費補助金1700億円のうち，人件費分1200億円について一般財源化された．こうした補助金政策の意味を理解するためには，上述の分析用具が役に立つ．

3. 補助金の意義と弊害

本節では，補助金の意義と弊害に焦点を当てる．補助金には中央政府の地方に対する過度の統制を招いたり，公共サービスの受益と税の負担との関係を不明瞭にしたりする弊害がある．他方，補助金には歳出責任と税収配分のギャップ解消，スピル・オーバー効果の是正，そしてナショナル・スタンダードの確保というメリットがある．

3.1 画一性

使途を特定した補助金としての性格から当然のことであるが，交付手続き，使途，支出方法，付帯条件等が中央政府から厳しく統制されているため，地方の自立的な財政運営としばしば抵触し衝突する．中央政府からいえば，全国の納税者から徴収した租税資金を，特定地方の特定事業に支出するのであるから，納税者に対する責任からいっても，当該地方，当該事業担当者の恣意のままに費消させることはできないであろう．しかしややもすれば，このような統制が行過ぎてしまうことも少なくない．およそ補助金のあるところ，洋の東西を問わず，それに伴う煩雑な事務，中央のコントロールと実情無視，画一性に伴う無駄などが無数にかつ繰り返し指弾され続けているのは，このためである．

わが国における補助金も，その例外ではありえない．国から地方へ交付されている補助金の 6 割以上は，社会保障関係のそれである．このうち，社会福祉施設に関わる国庫補助については，法令や通知において補助基準がこと細かく定められている．例えば，保育所の場合，法令において調理室の必須設置や，乳児がハイハイする「ほふく室」は 1 人当たり 3.3 ㎡ 以上でなければならないこと，屋外の遊戯室等を設けなければならないことなどの最低基準が定められている．公立幼稚園を保育所に転用しようとしても，最低基準で調理室の設置が必要であるため，転用できない．同じような画一性は，教育関係の補助金にも見られる．例えば，学校教育設備整備費等補助金では，学級数により補助金の「資格面積」が決定される．学級数の算定は少人数学級の流れに明らかに反して，実際の学級人員と無関係に 1 クラス 40 人で行うと定められている．実学級数に見合った施設整備に対応できず，生徒数が減少している学校では既存施設面積が資格面積を上回ってしまう．

3.2　費用転嫁

補助金を受領することは，地方政府にとっては合理的な行動であるが，社会的な観点から見るならば，非効率が発生している．部分最適は，必ずしも全体最適とは限らない．３章で，公共財の供給が効率的になる条件について学んだ．地方政府がサミュエルソンの条件を満たすように，すなわち，住民の限界費用と公共財の限界便益の和が等しくなるように地方公共財の量を決定しているとき，公共財の供給は効率的となる．しかし，国が地方公共財の費用を補助金によって分担してしまうと，国税納税者に費用が転嫁されるため，結果的には住民の便益の総和と限界費用とは一致しなくなる．

次の図9.6は，地方政府が費用転嫁によって一体どのくらいの社会的損失が発生するかを示したものである．ここで ΣMB は，追加的1単位の公共サービスから，現在の住民が得る限界便益の総和を示している．他の地域への便益のスピル・オーバーはないものとする．また MC は，1単位の公共財を生産するのに必要な社会的限界費用（供給曲線）である．効率的な供給水準は，限界便益 ΣMB と，限界費用 MC が一致する X_e である．このとき，納税者は［$A+B+E$］に等しい便益を享受して，他方で面積［$B+E$］に等しい税金を支払うので，ネットの**消費者余剰**は面積［A］に等しくなる．

中央政府が，補助率 θ の定率補助金をこの地域社会に交付したとしよう．

図 9.6　補助金と費用転嫁

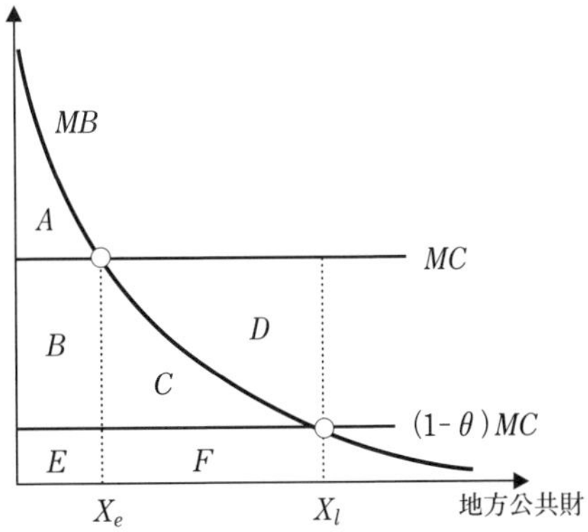

（資料）Rodden, Eskeland and Litvack eds.（2003）Fig. 2-1.

社会的限界費用 MC と，実際に住民の支払う限界費用 $(1-\theta)MC$ の間に，$MC\times\theta$ という補助が投入されるので，$\Sigma MB=MC$ の等式は成り立たない．住民にとって，限界便益 ΣMB が新しい限界費用に等しくなるまで，すなわち，$\Sigma MB=(1-\theta)\times MC$ となるように地域社会は支出を拡大する．住民は X_1 のサービスを購入するので $[A+B+C+E+F]$ の便益を享受するが，他方で税金の負担は $[E+F]$ なのでネットの消費者余剰は $[A+B+C]$ となる．しかし，これは地域社会にとって合理的な選択であるには違いないけれども，社会全体の観点からは非効率である．なぜならば，国税の納税者が補助金の費用 $[B+C+D]$ を負担しているにも関わらず，地域社会はそれをまったく考慮していないからである．

もし，国税の納税者の負担を地域社会のネットの消費者余剰から控除すれば，社会全体のネットの消費者余剰は $[A-D]$ となる．これは，地方の独自財源によって分権的にサービスを提供した場合の $[A]$ に比べると，明らかに少ない．面積 D の部分が，費用転嫁による社会的非効率の大きさを表している．

Column-17

栄村の知恵

かつて国土交通省の「雪国快適環境総合整備事業」では，国が「克雪」設備（ロード・ヒーティング等）を設けた地方公共団体に対して，スキー場建設等の「親雪」事業と一体であることを条件に，補助金を支給することとされていた．このため福井県福井市（旧美山（みやま）町）は1990年代前半に国から「克雪」設備に関わる補助を獲得するため，本来であれば必要のないスキー場を建設した．スキー場が一度も供用されていないことが「平成18年決算会計報告」で問題視され，補助金要綱から「親雪」事業と一体という条件は削除された．補助金が無駄に使われた典型的なケースといえる．

国や県の補助事業にしようと過大な投資を行うのではなく，身の丈にあった単独事業を行うことにより費用節約の努力を払っている地方公共団体もある．長野県下水内郡（しもみのちぐん）栄村では，「田直し事業」と呼ばれる圃場整備や，「道直し事業」と呼ばれる舗装事業を，重機オペレーター，農家，そして村役場の3者が現場の実情にあった施工方法を話し合いながら行っている．補助率の高い公共事業では一定規模以上の面積でなければならず，しかも工事費も高くなる．栄村の方式では，測量設計費がかからず，道路構造令（幅員7メートル）等を基準としないため，費用は3分の1で済んでいる.

3.3 財政不均衡

次に，補助金のメリットに目を転じる．地域間で移動するのが容易な課税客体は，地方政府よりも中央政府の租税として割当てるのが望ましい．結果的に，中央政府が固有の歳出に必要とするもの以上に税を徴収して，その余剰を少なく徴収して多く支出している地方政府に交付することになる．その際に，地方政府への交付金はできるだけ受領した地域の厚生水準を高めるものがよい．すなわち，一般補助金である．このことは，先の図9.5で示すことができる．補助金がない場合には，この地域の住民は予算制約線 AB 上の点 E を選択する．線分 CA の大きさに等しい一般補助金は，予算制約線を CD にシフトさせる．新しい均衡は E'' となる．同じ金額の定率補助金は，補助率が $BR／OR$ となるので，住民は E' を選択する．必ず E' は E'' より下側に位置するので，地域住民の厚生水準は，定率特定補助金よりも一般補助金の場合の方が大きい．

歳入財源と歳出責任の不均衡を補塡するいまひとつの方法は，中央政府が地方政府に代わって税を徴収して，その一部を地方政府に戻すことである．このような租税徴収協定の持つメリットのひとつは，全国的に統一された課税ベースを確保できることである．しかし，それだけでは不十分である．10章2節で解説するように，中央政府が税の発生した地域に還付するのではなく，地域間での税の再分配を積極的に行うことには理論的な根拠がある．

3.4 スピル・オーバー

地方公共財とは，その便益の及ぶ範囲が空間的に限定されている公共財である．地方公共団体の行政サービスは，その地域住民以外の非居住者にまで恩恵が及ぶことがある．これは外部性の一種で，便益のスピル・オーバーと呼ばれる．例えば，公立高校・大学は地域住民の子弟に恩恵をもたらすが，卒業生は地元ではなく大都市圏で生産活動に従事する場合が少なくない．また，大都市圏に隣接する府県の住民が大都市に通勤するとき，地下鉄や道路，公園や図書館の整備，あるいは水道供給の便益を受ける．

地方公共団体が住民の便益だけを考慮して，こうした外部性を無視すると，地方公共財の供給は，社会的観点から見て過少になることがわかっている．**外部性による公共財の過少供給**を是正するためには，地方公共団体に定率特定補助金を交付するのが望ましい．図 9.7 で横軸には公共財の数量が，また縦軸には公共財の価格を示す．右下がりの曲線 D_1 は，公共財を生産する地方公共団体 A の住民の，この公共財に対する需要の合計である．直線 S は公共財の限界費用を表している．このとき，点 Q_1 が均衡に対応した公共財の量となる．

公共財の便益が他団体の住民にも拡散し，他団体の住民にも効用を与えるなら，この公共財の供給量はそれをも考慮して決められるべきである．近隣の地方公共団体 B の住民が，拡散してきた便益から感じる喜びの大きさが曲線 D_2で表されるとする．社会全体として見た場合，この公共財に対する需要は，D_1で表される地元住民の需要と，D_2で表される他地域の住民の需要とを足し合わせた D_s になる．社会全体の観点からは，社会的需要曲線 D_s と S とが交わる E_s が均衡となるが，最適な供給量 Q_s と比べると，現実の供給量 Q_1は過少である．スピル・オーバーによる公共財の過少供給を是正するには，地方公共団体 A の住民が，負担する公共財の限界費用を S から S' へ引下げ，Q_s を通る垂直線上の E_s' が均衡になるようにすればよい．そのために補助率 E_sE_s'/E_sQ_s の定率補助金を交付する必要がある．

図 9.7　便益のスピル・オーバー

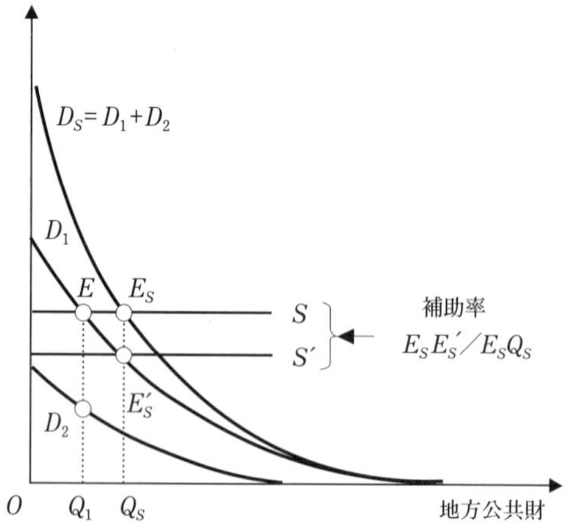

上記の議論は，地方政府の行政管轄権と地方公共財の便益範囲が一致していない事実を，巧みにとらえている．しかし，それをもってただちに現実の定率補助金の存在を説明するのに役立つと断定することはできない．1節で見たように，純粋公共財に対する補助金の割合は無視しうるほど低く，大半は社会保障関係向けの補助金である．補助金の存在は効率性というよりも，むしろ所得再分配の観点に根ざす．また，他地域の住民に漏れる公共サービスの便益を，量的に測定することは簡単ではない．上記の議論によれば，最適な補助率は，他地域に流出する便益が総便益に占める割合に等しい．実際の補助率の計算は，スピル・オーバー比率に基づいていない．道路補助金の補助率は通常3分の2であるが，他都道府県から流入する車両が占める割合はせいぜい2割以下であり，地方部では5％以下の場合もある．道路投資は，補助金のためにかえって非効率（過大）になっている可能性すらある．

3.5　ナショナル・スタンダード

地方政府が供給する行政サービスについて，ナショナル・スタンダードが設定されている場合が少なくない．それには2つの合理的な理由がある．第1に，労働力や商品が全国的規模で自由に移動するようになると，どの地域においても最低限の水準，いわゆるナショナル・スタンダードの確保がますます強く要求されるようになる．第2に，国レベルでの公平性の確保が必要だからである．地方政府が供給するサービスの多くは，教育，医療，社会福祉等の現物給付による所得再分配に関わるものである．しかし，地方政府による現物給付の供給は，国レベルでの公平性の原則を破る可能性がないわけではない．生産要素の移動性やそれに伴う租税競争にさらされている地方政府では，再分配は十分に行えないし，貧困者や高齢者等の社会的弱者を，これらのサービスから遠ざけるようなインセンティブが働くこともある．このような歪んだインセンティブは，条件付きの特定補助金によって取り除くことができる．再分配の基準を補助金の交付条件に入れて，そうした条件に従わない地方政府についてペナルティを課すことによって，公共サービスの水準をナショナル・スタンダードに誘導することができる．

わが国の生活保護をめぐる国と地方の財政関係を，例として挙げる．地方自治法上，生活保護の実施に係る事務は法定受託事務とされている．地方財政法上，経費負担に関しては国が地方公共団体の費用の全部又は一部を負担する事務（10条の4）があるが，生活保護は同上に列挙されている事務である．また財源保障の観点からは，法定受託事務については，地方自治法232条2項に国が財源保障義務を負う旨が明記されている．財源保障義務の内容としては地方財政法に，国庫負担金に伴って地方公共団体が負担することになるものについては，地方交付税の基準財政需要に算入することが明記されている（11条の2）．すなわち，生活保護の実施に関わる事務は，本来は国が果たすべき役割に関わる法定受託事務であるが，経費負担は国と地方で折半され，かつ地方負担分については地方交付税の基準財政需要に算入されることで，財源保障が果たされているのである．

4. 補助金改革論

かつては中央政府と地方政府の機能と責任が分離し，それぞれの政府が独立に事務を実施し，財源を調達してきた．しかし，現代では地方財政は一方で教育，福祉，医療といった現物給付により，他方では生活保護のような現金給付により所得再分配機能に責任を負っている．分権的な地方政府が所得再分配に関与するようになると，様々な非効率や不公平が生じる．このため，ナショナル・スタンダードの確保や，スピル・オーバー効果の是正といった目的を達成する手段として，補助金には活躍の場が与えられる．補助金を媒介項にして，中央政府と地方政府が責任を共有する共管領域が拡大していく現象は，多かれ少なかれ現代の政府間財政では普遍的に観察される．

しかし，補助金には中央政府の地方に対する過度の統制を招き，受益と負担の関係をあいまいにして，行政サービスへの過大な要求を生じせしめるという弊害がある．そこで，中央と地方の共管領域を補助金が支えるという本来の目的を活かしながら，いかに補助金を改革すれば，地方公共団体の自主的な財政運営と財政規律を確保できるかが問題になってくる．補助金改革論が，世界中で議論されている所以である．その際，補助金改革論は何を目標として，どのような手段を採るであろうか．ここでは3つのパターンを取り出すことができそうである．

4.1 補助金改革のパターン

第1は，中央政府と地方政府との間で機能と責任の共有を認めず，責任の徹底的な分離を求める方向に沿って，補助金を改革するパターンである．1949（昭和24）年に発表されたシャウプ勧告が，その代表的なものである．勧告は，ひとつの特定の仕事は一段階の政府に配分されるべきだという「**行政責任の明確化の原則**」を掲げて，中央政府と地方政府の機能と事務を明確に分離した．そのうえで，奨励的補助金と公共事業補助金以外の国庫支出金は原則として廃止し，一般補助金（勧告は地方財政平衡交付金制度を設けるよう勧告）に吸収すべきとした．しかし，勧告は当時の日本の福祉国家の現実と対立して挫折した．補助金を所管する省庁の強い抵抗に遭い，生活保護負担金や義務教育費国庫負担金は存続することになった．

第2は，現代の政府において，中央政府と地方政府の間で機能と責任の共有が起きることを不可避な現象ととらえた上で，それを前提としつつも，補助金による過度の統制を排除するというパターンである．このパターンには，次のような2つのバリエーションがある（市川［2012］5章）．ひとつのバリエーションは，「**事務再配分論**」に沿った補助金改革である．これは地方政府の実施している事務を，国の事務と地方政府の事務に峻別して，後者については国による権力的関与を廃止し，助言・勧告・報告徴収等の非権力的関与や，法律による基準の設定に限定するというものである．1950年の神戸（かんべ）勧告（行政事務再配分に関する勧告）や，近年の地方分権推進委員会の最終報告が代表的なものであろう．そのために「国庫補助負担金は真に必要なものに限定し，その財源を地方一般財源に振り替えていくべき」（地方分権推進委員会最終報告［第3章］平成13年6月14日）というアプローチがとられる．

いまひとつのバリエーションは，1960年代に旧自治官僚が主張した「**事務融合論**」に沿った補助金改革である．これは中央政府と地方政府は，共管領域の存在を前提にして，計画・基準設定・実施等の諸機能を分担しているという認識に立つ．1948（昭和23）年の地方財政法第10条において，現在の国と地方の負担区分が成立した．これは，地方公共団体の行う経費を3つに区分して，もっぱら地方公共団体の利害に関わる経費は国が負担し，もっぱら国の利害に関わる経費は地方が負担するが，国と地方公共団体双方の利害に関わる経費については，国と地方の共同負担にする（いわゆる「割り勘」的補助金），というものである．事務融合論に基づく補助金改革は，地方財政法第10条を前提にした改革論という位置づけになる．改革手法としては，事務を2つに類型するのではなく，個々の事務の性質に応じて，それにふさわしい国の関与を定めることになる．だがこのアプローチによると現状追認となってしまい，補助金を通じた国の関与が残ってしまうという可能性が排除できない．

4.2 グローバル化と補助金

このように，これまで補助金改革は中央政府と地方政府の機能と責任の共有の是非をめぐって，2つのパターンに峻別されてきた（市川［2012］）．しかしながら，この10年来，それらとしばしば重なり合いながら，もうひとつの別の力が補助金改革を突き動かしている．それは世界的な経済競争への対応として補助金が改革されるパターンである．これが第3のパターンである．グローバル化の中で生き残るためは，何よりも国民経済にとっての公的部門の負担を減らして，民間の経済力を強化することが求められる．中央政府が経費削減で身軽になろうとする場合，固有の中央歳出よりは，削減しやすい地方への補助金等にまず手を付ける傾向がある．特に，高率補助金が削減のターゲットになりやすい．やや古くなるが，1980年代の財政再建に起因する国庫支出金の補助・負担率引下げが，そのケースであろう．81年に設置された臨時行政調査会は，大平内閣の消費税導入失敗を受けて，「**増税なき財政再建**」を掲げた．当時，国庫支出金が国の一般会計に占める割合は2割を超えていたので，高率補助・負担率の引下げが目標とされた．85年に生活保護費の国庫負担率が80%から75%へと引下げられたことを筆頭にして，一般国道の改築や一級河川の改修といった，高率補助・負担率が大幅に引下げられた．

もっとも，単純な補助金削減では，国から事務の執行を委任されている地方政府の財政が悪化してしまう．そこで，補助金削減によって財源を捻出して，地方へ税源として移譲するというより巧妙なバリエーションが生まれてくる．具体的には「地域に必要なサービスを住民が負担との見合いで選択できるよう，国庫補助負担金や地方交付税，地方財政計画により財源を手当する歳出の範囲・水準を縮小する」（経済財政諮問会議答申，平成13年6月21日）というアプローチが採られる．依存財源である補助金を削減して，代わりに地方税として移譲して，受益と負担の一致を図りつつ，公的部門の肥大化に歯止めをかけるというわけである．第3のパターンに属する補助金改革は，中央と地方の事務分担関係の見直しを伴わなくても実施できるので，地方公共団体の自主的な財政運営にとって常に良い結果をもたらすとは限らない．第2次小泉内閣の下での「三位一体」改革（2004～2006年）によって実施に移された，**4.7兆円の国庫補助負担金改革**がそのケースにあたる．補助金削減の規模や，地方公共団体の協議への参加等について，おおむねプラスに評価できるが，数字合わせが優先されたため，地方公共団体の自由度が高まらなかった．

Column-18

4.7兆円の国庫補助負担金の改革

「三位一体」改革における国庫補助負担金改革では，2.8兆円と規模がケタ違いに大きい義務教育国庫負担金が争点のひとつとなった．この負担金は，小中学校の教職員給与の2分の1を国が負担する制度で，残りは都道府県が負担していた．教職員の給与は，給与水準と教員定数の両方が国の法律で定められているので，地方公共団体に裁量の余地はない．これを全額，一般財源として地方に移譲すれば，地方は実情に応じて柔軟に教職員を配置できるというのが改革を進めようとする側の論理であった．

義務教育費国庫負担金の改革は難航を重ねた．全国知事会は異例の採決を行って負担金の廃止案を採決したものの，国と中央教育審議会は国庫負担金制度の「堅持」を求めた．最終的には首相の判断により，8500億円が削減されることになったが，地方提案のように中学校分を全額削減するのではなく，国の負担率を2分の1から3分の1に引下げることで決着した．この過程で国は，地方の自由度を拡充するための方策を導入した．2003年，教職員の給与水準と人数を決める法律は変えないが，計算された人件費の枠内で，それをどう使うかは地方公共団体に任せる総額裁量制が導入された．

義務教育費国庫負担金と並んで，焦点となったのは社会保障関係の補助・負担金であった．金額は約11兆円にのぼり，地方向け補助金等の半分以上を占める．生活保護費の国庫負担金は，早くから補助金改革の俎上（そじょう）にのぼった．国は保護率の上昇とその地域間格差は，地方の実施体制（ケース・ワーカーの充足率等）に影響を受けているという理由から，生活保護費の国庫負担を現行の４分の３から２分の１ないし３分の１へ削減することを主張した．生活保護費は地方にとって裁量の余地はほとんどないと地方公共団体が強く反発したため，負担率の引下げは取りやめとなった．代わりに国民健康保険，児童手当，児童扶養手当の国庫負担が削減され，公立保育園の運営費補助金が廃止された．

もうひとつの懸案は，治山治水等の公共事業と，文教や福祉関連の「ハコモノ」の施設整備に関わる補助金であった．国は公共事業の財源は建設公債であるので，地方に移譲できる税源はないと主張した．地方側は建設国債の償還時には税源が必要であり，補助金を削減する分，地方に税源を移譲すべきだと反論した．施設費は廃止・減額分の５割を税源移譲に充てることになった．公共事業関連の補助金が税源移譲の対象となったのは珍しいことである．

演習問題

1．次のURLから居住地の都道府県・市町村の「決算カード」をダウン・ロードしなさい．http://www.soumu.go.jp/iken/zaisei/card.html　「歳入の状況」欄を見て，国庫支出金の金額と構成比を確認しなさい．

2．次の文章を読み，正しい場合には○，間違っている場合には理由を付して×をつけなさい．

①定率特定補助金が交付されると，補助対象事業の相対価格が下がって事業量が増える．

②定額特定補助金には代替効果があるので，定額一般補助金の場合よりも補助対象事業の増加は大きい．

3．次の（　　）に入る適当な用語を書きなさい．

国から地方へ交付される補助金には，使途が特定された①（　　）と，使途が特定されない②（　　）とがある．また補助金額が一定のタイプを③（　　）と呼び，地方支出の一定割合を補助するタイプを④（　　）という．これらの２つの分類基準に従うと，わが国の国庫支出金は⑤（　　）に，地方交付税交付金は⑥（　　）になる．定率特定補助金には補助対象財の相対価格を下げる⑦（　　）効果と，地方団体が豊かになることによって補助対象外の財への支出も増える⑧（　　）効果とがある．定額一般補助金は使途に制限がない補助金であるので，その補助金は地方団体の予算線を⑨（　　）させる．このため，定額一般補助金は⑩（　　）効果のみ有する．

4．補助金に関する次の記述の中には，正しいものが２つあるが，それはどれか．番号で答えなさい．

①国庫支出金には，負担金（地方財政法第10条の1，2），定額補助金（地方財政法第16条），分担金（同10条の4）の3つの種類がある．

②法定受託義務については，地方自治法第232条2項に国が財源保障義務を負う旨が明記されている．

③便益のスピル・オーバーによる非効率を是正するには，定率特定補助金を交付することが有効である．

④国の目的が地方団体に特定のサービス供給を奨励することにある場合には，定率特定補助金よりも一般補助金の方がより有効な手段である．

5．地域社会が教育とその他の財に，どのように支出を配分しようとするかを考えている．横軸に「教育」，縦軸に「他の財」をとり，予算制約線を描きなさい．

①貧しい地域の予算制約を，裕福な地域のそれと比べなさい．無差別曲線を用いて，なぜ貧しい地域が裕福な地域よりも教育支出を少なくするかを説明しなさい．

②次に，貧しい地域に定率特定補助金が与えられ，その結果，貧しい地域が1％の税金から得る追加的な教育支出が裕福な地域のそれと同じになると仮定しよう．この場合の予算制約を書きなさい．貧しい地域の教育支出は，依然として裕福な地域よりも少ないだろうか．

③上記の定率特定補助金を，それと同額の一般補助金によって代替したとしよう．この場合の予算制約を描き，貧しい地域の教育支出や厚生水準にはどのような影響が出るかを説明しなさい．

文献案内

特定補助金の経済効果については，Boadway and Shah（2009）Ch. 9及びRosen and Gayer（2010）Ch.20が標準的．わが国の補助金に関する，理論的枠組みを前提にした実証研究としてIshi（2000）Ch.13と土居（2000）がある．前者は所得効果・代替効果の実証，後者はフライ・ペーパー効果の実証．補助金の弊害についてはRodden, Eskeland and Litvack（2003）が詳しい．シャウプ勧告における補助金改革について，大蔵省財政史室編（1978）がある．市川（2012）5章は，戦後の補助金改革と近年の分権改革を再解釈する試みとして注目される．近年の補助金改革については林宜嗣（2008）9章，一括交付金をめぐる論点整理については深澤（2009）と池上岳彦（2011）がわかりやすい．

第10章

地方財政調整制度

10章では，地方財政調整制度について学ぶ．この制度は広義の一般補助金であるが，地方公共団体間における水平的な財政力格差を部分的に均等化している．わが国では，地方交付税が該当する．はじめに1節では，財政調整制度にはどのようなタイプがあるのかについて解説する．財政調整制度のファンドを拠出しているのは誰か，各地方公共団体へどのようなルールで配分するのか等々の問題について論じる．

2節では，地方財政調整制度の理論的根拠について学ぶ．分権的な地方政府の行動には，効率性，公平性の両面で問題が生じる．経済的に等しい個人が，住んでいる地域が違うだけで公共部門による取扱いが異なってしまうかもしれない．地域間の人口移動が自由でスムーズに行われる場合でも，移住均衡が効率的になるとは限らない．こうした不公平，非効率を是正する手段として，財政調整制度が位置づけられる．

3節では，わが国の地方交付税制度の仕組みと意義について学ぶ．地方交付税には，財源均衡化と財源保障との2つの機能がある．マクロとミクロの財源保障とは一体，どのような意味なのかを解説する．最後に4節では，地方交付税制度をめぐる政策的な諸問題について論じる．地方交付税の法定財源は，必要とされる交付税をまかなっているだろうか．交付税の算定は，納税者から見て簡単でわかりやすいだろうか．地方公共団体の自主的な財政運営を歪めていないだろうか．

1. 地方財政調整制度：入門

1.1 なぜ，必要なのか

地方財政調整制度という言葉に当たるドイツ語はFinanzausgleichであり，英語ではFiscal Equalizationである．Finanzausgleichという言葉はもともと，1918年にオーストリアで作られた造語である．これがドイツに入ってきて，たちまち流行語になり，ドイツ語の中に定着した．この言葉は常識的にいうと，地方公共団体間，特に同位のそれの間における，水平的な財政力格差を完全もしくは部分的に均等化する機能を含む制度を示す．

地方財政調整制度が必要となる理由は，課税力ならびに行政費用が地方によってかなり異なっていることにある．わが国においては，ある都道府県の1人当たりの課税力は他の都道府県の3.1倍であり，最も富裕な市町村と最も貧困な市町村の間には，44.6倍にも達する開きがある．不幸なことに最も多くの地方公共財を必要とする地方，すなわち高齢者が最も多く，疾病度が最も高く，人口密度が低く，かつ最も公共土木事業を必要とする地方が，最も課税力のない地方である．その結果，貧困な地方は超過課税で最低水準の公共サービスを維持しているが，富裕な地方は標準税率未満で遥かに高い水準の地方行政を維持できる．

地方財政調整制度の必要性が何であるのかを，図10.1によって直感的に理解しよう．地域Aは工業化された都市地域であり，また地域Bは高齢化の進んだ典型的な農村であるとする．下半分の長方形の「縦」の長さは，行政サービスの平均費用を表している．平均費用は，小規模団体では「規模の経済」が働いて逓減していくが，大規模団体では「混雑」が発生するため逓増する．平均費用は，人口に対してU字型のカーブを描くことがわかっている．ここでは地域Bが小規模団体であるため，平均費用は割高になっている．

長方形の「横」の長さは，行政サービスのニーズを表している．人口規模が同じでも，学齢児童比率や老齢人口比率は地域によって異なるので，行政サービスの受益者は一律ではない．ここでは，地域Bには高齢者が多いので，福祉サービスへのニーズが地域Aよりも大きくなっている．長方形の

図 10.1　財政力と行政サービス費用

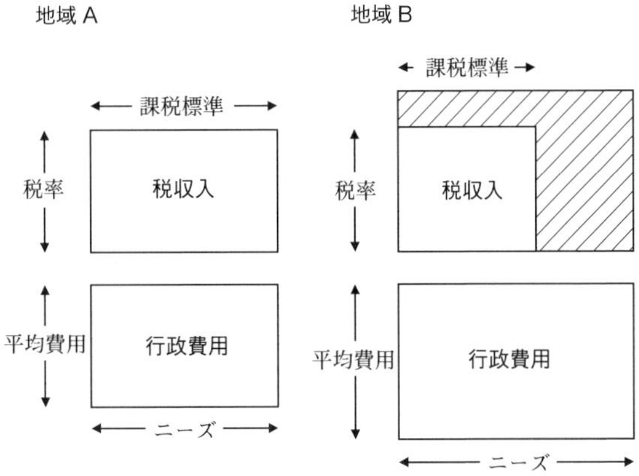

面積が，それぞれの地域での行政費用の総額となる．次に図の上半分に注目する．2つの地域は，比例税率の地方所得税を課税している．長方形の「縦」の長さが税率を表し，「横」の長さが課税標準である所得を示している．したがって，長方形の面積は地方税収入額となる．地域Bは現役を引退した住民が多いので，所得は少なく，したがって同じ税率でも税収は地域Aより少ない．

地方財政調整制度がないときには，地域Bの**公共サービスの水準**は地域Aよりも低くなることは明らかである．なぜならば，公共サービスの水準は税収入の行政費用に対する比率だからである．これらの差異は，個人の厚生水準に関して不公平が存在していることを示すものであり，かつ好ましくない．なぜならば，このような不公平は，人々が異なった地方に住んでいるということを除けば，あらゆる点で経済的に同じ人々に掛けられた税金の負担が異なっていることから起こるからである．2つの地域のサービス水準の格差を解消するには，図10.1で斜線の部分の面積に等しい一般補助金が，地域Bへ交付される必要がある．財政調整制度による均等化が十分に行われれば，住民は同じような負担水準で同じような公共サービスを，住んでいる地域いかんに関わらず受けることができる．

1.2　どのように均衡化するか

ところで地方財政調整制度は，一般的には経済的に恵まれた地域から相対的に貧しい地域へ所得を再分配するという形で実施される．表 10.1 は財政調整制度のタイプをまとめたものである．誰がこの原資を拠出するかについて，2つの流儀がある．それは，**水平的財政調整**と垂直的財政調整である．前者はロビン・フッド・モデルとも呼ばれ，スウェーデンとデンマーク及びドイツの州間財政調整において部分的に実施されている．財政的に豊かな地方公共団体が財源を拠出して，それを貧困な地方公共団体へ再配分するもので，中央政府は負担しない．

これに対して，**垂直的財政調整**では，中央政府が地方財政の不均衡を是正するために，一般補助金を交付する．オーストラリアやカナダ，日本の財政調整制度である地方交付税は，このタイプに属するといってよい．もっとも，水平的財政調整制度では豊かな地域は自分たちの税収を集中して貧しい地域へ拠出するということに反対するので，制度的には不安定になるという問題が指摘されている．このため，財政調整制度の世界では，中央政府が一般補助金を地方政府へ交付するという垂直的財政調整が主流となっている．

中央政府が交付する一般補助金の総額は，様々なルールによって客観的に決められている．水平的財政調整の場合には，地方公共団体間の総拠出額と総受領額とが一致するように制度を設計すればよい．これに対して，垂直的財政調整ではそういうわけにはいかず，はじめに一般補助金の総額を決めなければならない．この場合，シャウプ勧告における平衡交付金制度のように，各地方公共団体の受領額を何らかの方法で客観的に算定して，すべての地方公共団体の受領額を積み上げるといった方法が考えられる．しかし，こ

表 10.1　財政調整制度のタイプ

	垂直的調整		垂直・水平混合制度	水平的調整
	ルール*1	予算措置		
財政力ベース型	カナダ			ドイツ*4
需要・財政力混合ベース型	オーストラリア 日　本	イギリス 中　国 アメリカ*2	スウェーデン*3 スイス*5	デンマーク ドイツ*4
需要ベース型				

注）＊1　国税の一定割合等．
＊2　歳入分与制度（1972-1985）．
＊3　2005 年 1 月 1 日以降．
＊4　州間財政調整．実質的には財政能力ベースだが，形式上，需要と収入を比較．
＊5　2004 年 11 月国民投票，2008 年 1 月実施見込み．

のような積み上げ方式では，中央政府は無制限の責任を負ってしまうことになる．したがって，地方交付税やドイツの共同税あるいはオーストラリアの財・サービス税歳入交付金のように，国税の一定割合を総額とすることを法律で定めるといったやり方が採られることになる．

もっとも，すべての国の財政調整制度がこのようなやり方で総額を決めているわけではない．毎年度の予算編成の際に，政府が時々の経済状況を勘案して，裁量的に一般補助金の総額を決めている国も決して少なくはない．イギリスの歳入補填交付金や，2000 年までのオーストラリアの財政支援交付金，廃止されたアメリカの歳入分与がその例である．

一般補助金の総額が決まると，次に各地方公共団体へどのように配分するかということが問題となる．一般に税源の分権化がより進んだ国ほど，一般補助金の配分ルールは地方公共団体の歳入調達能力を反映するものになる．ここで，地方政府が代表的な課税標準に標準的な課税努力をもって賦課したときに得られる歳入が，当該地域の歳入調達能力である．カナダの平衡交付金がその典型であろう．ドイツの州間財政調整も，実質的にはこれに近い．これに対して，福祉・医療・教育等の所得再分配に関わる国の事務が地方政府へ委任されている国では，財政調達能力面だけではなく，ニーズやコストを反映する標準的財政需要を考慮に入れた配分ルールが採用されている．このような混合ベース型の配分ルールは，オーストラリア，イギリス，日本などで採用されている．これらの国々では，平均的な課税努力を行っている地方公共団体が標準的な行政サービスを提供できるように，中央政府が一般補助金を交付している．

2. 財政調整制度の理論的根拠

本節では，財政調整制度の理論的根拠を学ぶ．分権的な地方政府の財政活動には，2 つの問題があることがわかっている．第 1 は，公共部門の経済的に等しい個人に対する取扱いが異なってしまうという，財政的公平性の問題である．第 2 は，社会的な観点からは非効率となるような人口移動を誘発するインセンティブを与えるという，効率性の観点からの問題である．地方財政調整制度は，このような不公平，非効率を是正する手段として理論的に位置づけられている（Boadway and Wildasin［1984］）．本節は学部学生向けのテキストとしては，やや高度な内容を含む．実際的な問題に関心のある読者は，本節をとばして3節に読み進んで構わない．

2.1 財政的公平

経済的に見て等しい人々を公共部門が等しく処遇することは，水平的公平と呼ばれる．この原則を地方財政に適用したのが，財政的公平である．これは，どこに居住していようとも，経済的に等しい人々は政府によって等しく処遇されるべきだという原則であり，Buchanan（1950）が最初に提唱している．

しかし，公共サービスの提供を分権的な地方政府に委ねると，経済的には同じ個人でありながら，住む地域が違うというだけで，公共部門から異なる処遇を受けてしまうことが問題となる．それは，所得の高い地域に住んでいる個人は，別の地域に住んでいる経済的に同じ個人よりも，より多くの純財政便益を地方政府から受取るからだ．ここで**純財政便益**（net fiscal benefit）とは，便益マイナス税負担のことをいい，次の式で表される．

$$NFB_i = G_i/(N_i)^a - T_i$$

NFB_i は i 地域の純財政便益，G_i は歳出額，N_i は人口，T_i は居住者の税負担を示す．a は提供されるサービスの性質を区別するパラメーターである．したがって，$a=1$ の場合に公共サービスは分割可能な準私的財となり，$a=0$ の場合は公共財となる．

数値例を用いて，分権的な地方政府の活動が，財政的公平の原則を破ることを説明しよう．話を簡単にするために，教育・福祉のような準私的財を，所得比例的な居住地課税（例えば所得税）によってまかなう場合を考える．2つの地方政府A，Bは，一律に税率12％の所得税を賦課して，それを財源に準私的財（教育，福祉）を供給している．地方政府Aは R_A，R_A，P_A の3人から構成され，R_A，R_A の所得が1000万円，P_A の所得が500万円であるとする．地方政府Bも3人から構成されるが，R_B の所得は1000万円，P_B，P_B の所得は500万円とする．12％の所得税を徴収すると，地方政府Aでは1人当たり100万円の教育サービスを受けることができる．しかし，地方政府Bでは1人当たり80万円相当のサービスとなる．同一地域内では，低所得者の純財政便益と高所得者の純財政便益の和はゼロになる．

このとき，Aに居住する高所得者 R_A の純財政便益は −20万円となるが，Bに居住する高所得者 R_B の純財政便益は −40万円である．所得が同一であっても，居住する地域によって純財政便益に系統的に格差が生じる．所得が等しい個人はどこに住んでいるかに関わらず，同額の地方税を支払うが，彼が地方政府から給付を受けるサービス水準は同じではない．便益は地域の平均所得の関数となるが，負担は住んでいる地域に関わりなく，特定個人の所得の関数となるからである．この問題の解決策は，1人当たり居住地課税を平準化することである．地方政府Aから地方政府Bへ30万円の税収を移転すると，各地域は全住民に対して，同じ税率で同じレベルのサービスを提供することができる．水平的な財政調整（AからBへ30万円）か，もしくは税率0.66%の国税としての所得税を財源とする方式とがありうる．

2.2 移住外部性

財政的公平性の観点から見て，地方財政調整制度が必要となるということがわかった．ただし，以上は地域間の人口移動がない前提での常識的な話である．実際には，家計は実質所得がどの地域でも同一になるまで移動する．ある地域の実質所得が他の地域よりも高ければ，低い地域から高い地域へ移動することはパレート改善的であろう．人口移動を前提にすると，財政的公平性の観点だけでは地方財政調整制度は正当化できない．

しかし，人口移動によって効率的な資源配分が達成されるかどうかは確かではない．実際のところ，地方政府の財政活動は，社会的な観点からは非効率となるような人口移動を誘発するインセンティブを与えることがわかっている．非効率は2つの理由から起こる．第1の理由は，居住地課税が限界的な混雑費用に一致していないがために，非効率な人口移動が起こるからである．第2の理由は，すべての地方政府が同じ再分配を行っても，純財政便益が地域によって違うため，労働は所得の高い地域に移動しようとするからである．

❏ **既存住民の税負担軽減**　はじめに第1の理由，すなわち**移住外部性**について具体的に解説する．いま，限界的な家計の効用が，地域Aと地域Bで無差別だとする．地域Aに居住することによる総効用をTB^Aとし，それは私的財の消費と公共財の量によって決まるとする．私的財の消費は，賃金所得と税金に依存する．同じように地域Bに居住することによる総効用をTB^Bとする．したがって，移住均衡は次の式で表される．

$$TB^A = TB^B \tag{10-1}$$

式(10–1)の移住均衡が効率的か否かを判断するには，財源調達の方法を区別しなければならない．はじめに，地域Aが人頭税を賦課するとしよう．この地域に流入した限界的な家計はT^Aを支払う．このとき，限界的な家計の流入による社会的な便益はどうなるであろうか．新規住民はT^Aを地方税として支払うことによって，結果的には既存住民の税負担を減らし，私的財の財消費を増やす．限界的な家計が流入することによる社会的な便益は$TB^A + T^A$である．人口移動が効率的となるには，人口移動による社会的便益が2つの地域で同じでなければならないから，

$$TB^A + T^A = TB^B + T^B \tag{10-2}$$

式(10–2)が効率的な人口配分の条件となる．式(10–1)の移住均衡は効率的となるのは，$T^A = T^B$の場合のみである．しかし，人頭税が各地域で同じである保証はないので，移住均衡は一般的にいうと非効率となる．

❑ 混雑費用の発生　移住均衡の非効率は，既存住民の税負担を軽減する効果からだけではなく，**混雑費用**からも発生する．地方政府が供給する財が，純粋公共財ではなく準私的財である場合，家計があるコミュニティに移住すると，既存住民に混雑費用が押しつけられる．MCC^Aを，家計が1つ増えることに伴う限界的混雑費用（marginal congestion cost）と定義しよう．T^AとT^Bを，AとBで課税される人頭税とすると，効率性の条件は次のようになる．

$$TB^A + T^A - MCC^A = TB^B + T^B - MCC^B \tag{10-3}$$

式(10–3)は，コミュニティに流入した限界的な家計は，2種類の外部性を発生させることを物語っている．既存住民の税金を軽減する効果（T^A）と，混雑（MCC^A）である．式(10–1)で示された移住均衡は，式(10–3)の効率性条件を必ずしも満たさない．地方政府が源泉地課税を用いると，$T^A = T^B = 0$となるので，$MCC^A = MCC^B$でない限り，移住均衡は非効率になる．移住均

衡が効率的になるためには，例えば，地方政府が限界的混雑費用に等しい人頭税を課税すればよい．すなわち，$T^A = MCC^A$ である．必要な税収の残りの部分を，移住外部性を発生させない源泉地課税で調達すれば，移住均衡は効率的になる．また特別な場合として，地方公共財に完全な競合性があるために（私的財），総供給費用が 1 人当たり費用 C^A に家計の数 N^A を乗じた値になるときを挙げることができる．限界費用が一定で，かつ平均費用に等しければ，$MCC^A = C^A$ となる．$T^A = MCC^A$ となるように人頭税を課税すると，$N^A T^A = N^A MCC^A = N^A C^A$ となり，税収入は公共支出の総額に等しい．地方公共財に競合性がある場合には，収入は居住地課税で調達すべきだということになる．

2.3　純財政便益の格差

非効率な人口移動が起こる第 2 の理由は，分権的な地方政府に特有の，**純財政便益の格差**である．標準的な見解によれば，特定の地方政府によるユニークな再分配は，裕福な人々の流出と貧しい人々の流入を誘発するので，再分配は中央政府が一律に行うのが望ましいとされる．しかし，すべての地方政府が仮に同じ所得再分配を行ったとしても，人口移動が誘発されることがわかっている．

地方政府 A と地方政府 B があり，高所得者と低所得者の構成に違いがあるとする．裕福な地方政府 A には 2 人の高所得者と 1 人の低所得者が居住しているが，貧しい地方政府 B には 1 人の高所得者と 2 人の低所得者が住んでいる．ここで，各地方政府は税率 20% の所得税を課して，1 人当たり均等額の私的財を行政サービスとして供給しているとする．この予算の住民に対する影響は，所得再分配的になる．なぜならば，すべての住民は公共サービスから同一の便益を受けるが，税金は所得に比例するからである．

表 10.2 では，地方政府の予算が 2 種類のタイプの個人に与える影響が，純財政便益（net fiscal benefit）を尺度にして示される．純財政便益は，1 人当たり公共支出額と税金支払額の差であるが，地方政府 A に住む個人の純財政便益は，地方政府 B に住む個人よりも 26.7 万円だけ系統的に大きい．所得が同一の個人が払う税金は同じであるが，各人が受ける純財政便益は，人口構成を反映して違っているのである．このとき，地方政府 B から

表 10.2　地方政府の予算が所得に与える影響

	地方政府 A		地方政府 B	
	所得 600 万円の個人	所得 200 万円の個人	所得 600 万円の個人	所得 200 万円の個人
税金	120.0	40.0	120.0	40.0
1人当たり財政支出	93.3	93.3	66.7	66.7
純財政便益	−26.7	53.3	−53.3	26.7

A に移住するインセンティブがあるといえよう．問題はそのような人口移動が，効率的であるかどうかである．ある地域 i に居住する個人の包括所得 I は，貨幣賃金（w_i）に純財政便益を加えたものとなる．この包括所得 I が各地域で等しくなるように，地域間の人口移動が生じるため，限界生産性（＝貨幣賃金）は各地域で等しくならない．

$$I_i = w_i - T_i + G_i/(N_i)^a$$

2.4　非効率な人口移動と財政調整制度

地方政府の財政活動は，社会的な観点からは非効率となるような人口移動を誘発するインセンティブを与えることが明らかになった．非効率は，2つの原因から起こる．ひとつは，居住地課税が限界的な混雑費用に一致していないがために，非効率な人口移動が起こることである．いまひとつの原因は，すべての地方政府が同じ再分配を行っても，純財政便益が地域によって違うため，労働は所得の高い地域に移動しようとすることである．

このような非効率を是正する方法のひとつは，地方財政調整制度を導入することである．それは，財政的に恵まれた地域から，そうでない地域に所得が移転するようなものでなければならない．財政調整制度は，次のような具体例によって示すことができる．2つの地域があり，住民に対して1人当たり均等の私的財を供給しているとする．地域 A は地域 B に比べて法人の事業活動が活発で，1人当たりの法人税 R^A が大きいとする．L^A を地域 A の人口，L^B を地域 B の人口とすると，R^A/L^A が法人税を財源に供給される1人当たりの公共サービスとなる．このとき，人口移動による非効率は図 10.2 のように表される．この図では，地域 A での賃金カーブが原点 O_A から，地域 B での賃金カーブが原点 O_B から描かれている．それぞれの賃金カーブは生産要素が一定のために，人口が増大するにつれて減少するように描かれてい

図 10.2　地域間の人口配分

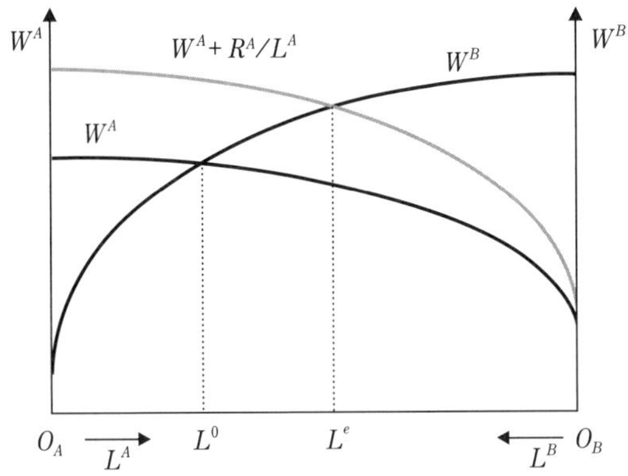

（資料） Boadway and Wildasin （1984） Fig. 15-4 より転載.

る．法人税がない場合には，$W^A = W^B$ となるように，労働者は２つの地域に配分される．そのときの人口配分 L^0 は，効率的になっている．

新規の移住者が，１人当たりの法人税に等しい便益を受けると，労働者は $W^A + R^A/L^A = W^B$ となるように２つの地域に配分されるだろう．これは図 10.2 において非効率な配分である L^e で示されていて，地域 A の労働者は過剰になっている．このような非効率は，１人当たりの源泉地課税を等しくすることによって是正できる．この場合，R^A/L^A の半分を地域 A から地域 B に移転する財政調整を行えばよい．もっとも，地域間での所得移転は簡単ではない．中央政府が，実際に徴収された地方税を地域間で再分配しようとすれば，地方政府が税を徴収しようとするインセンティブが弱くなるからである．したがって，財政調整制度の仕組みは地方政府の徴税努力を著しく損なわないものでなくてはならない．上記の結論は，法人税が私的財の性質を持つ公共サービスに支出される仮定に基づく．税収が純粋公共財に使われるならば，非効率は発生しないので，財政調整制度は必要ない．

3. 地方交付税の仕組み

本節では，わが国の地方財政調整制度である地方交付税交付金の仕組みを解説する．

3.1　わが国における発展

日本の地方交付税制は上記の類型から見ると，混合ベース型の垂直的財政調整に属する．そのような形態をとるようになったことを理解するには，わが国独特の歴史的事情にさかのぼる必要がある．財政調整制度の構想が誕生するきっかけとなったのは，昭和初期における農山漁村の不況が戸数割の異常な重課を招き，それが地域ごとの租税負担のアンバランスを拡大したことだった．1932（昭和7）年，第二種所得税，資本利子税及び相続税の増徴等を財源とする「地方財政調整交付金要綱案」が立案された．日本における財政調整制度案の嚆矢（こうし）といえるものであるが，財源の制約もあり実現しなかった．

▶ Column-19 ◀

財政調整制度の紹介

1930年代に，財政調整制度とその訳語を最初に日本に紹介したのは，京都帝国大学助教授（当時）であった中川与之助であったといわれている．中川は当時の先進国ドイツに留学し，そこで財政調整をめぐる議論の発展を目の当たりにする幸運に恵まれた．中川は1946年，米国の占領政策により大学を追放された．もっとも，中川に財政調整の最初の紹介者という栄誉を与えることに異論もある．当時，ドイツでの議論の発展を注視していた内務省も，財政調整制度の議論に深い関心を示していた．例えば昭和6年，当時内務省事務官であった永安百治や三好重夫等は，地方財政調整制度の導入を熱心に提唱している．学界においても，京都帝国大学教授（当時）の汐見三郎や大阪商科大学教授（当時）の藤谷謙二らが導入をめぐりアカデミックな議論を展開していた．

大規模でしかも使途を限定されない一般補助金として，地方財政調整制度が創設されたメルクマールとなったのは，1940（昭和15）年に導入された**配付税制度**である．創設された配付税は形式上国税として中央政府が全国統一的に賦課するけれども，その収入の一部を，徴税地とは無関係に地方公共団体に平衡的に分与する制度であった．配付税制度は1949年まで存続し，財政力均等化ならびに弾力性を喪失した地方財源のラストリゾートとして定着した．

配付税制度では，中央政府の財政事情によって，国税からの配分割合が毎年のように変更された．特に，1949（昭和24）年，「総合予算の超均衡化」を標榜するドッジプランの一環として配付税率が2分の1に削られ，地方公共団体に衝撃を与えた．このため，配付税制度はコロンビア大学のシャウプ博士を団長とする使節団の勧告に従って廃止され，1950年に**地方財政平衡交付金制度**が実施された．平衡交付金によって，すべての地方公共団体について，その団体の基準財政需要と基準財政収入を毎年算定して，前者が後者を超過する団体に対しては，その超過額すなわち財源不足額を中央政府から補塡するという方式がわが国で誕生した．しかしながら，平衡交付金は各地方公共団体への交付必要額を積み上げる方式によって総額を決定する仕組みだったので，国は無制限の責任を負うことになってしまった．交付金総額をめぐる地方と国との交渉が毎年紛糾し，たった4年間で平衡交付金は廃止されることになった．

これに代わって，1954（昭和29）年に現在の地方交付税制度が導入された．地方交付税では原資総額イコール国税の一定割合という性質を地方配付税から継承している．他方で，各地方公共団体の財源不足額を中央政府が補塡する方式は，シャウプ勧告のアイデアである．シャウプ勧告の「解体」と見えるものは，1940年の税制改革によって成立した財政調整制度への「あらたな装い」での復帰であった．

3.2　地方交付税の意義

地方交付税には，2つの意義がある．ナショナル・スタンダードのための**財源保障機能**と，地方公共団体間の財源均衡化機能である．はじめに前者について解説する．わが国では，国が地方公共団体に多くの公共サービスを義務づけている．このため，国と地方公共団体が同一の事務について，重複して関与している分野が多い．4～6章で見たように，義務教育，介護・国保，生活保護等の所得再分配の分野において，国は事務の実施だけではなく，全国統一的なサービス水準を地方公共団体にこと細かに義務づけている．

しかし，それを実施する地方公共団体の課税力には大きな開きがあるため，国は国庫負担金を交付して「割り勘」の義務を果たしている．もっとも，国庫負担金は費用の全額負担ではなく定率の補助という性質があるので，地方公共団体は一般財源から地方負担を拠出しなければならない．しかし，富裕な地方公共団体は地方負担を拠出できるかもしれないが，貧困な地方公共団体は地方負担を拠出できないことになる．この問題を是正するのが，地方交付税の財源保障機能である．すなわち，義務づけの強い行政分野で必要となる地方負担のうち，地方税で不足する部分を地方交付税が補塡することが，財源保障機能の内容だということになる．地方交付税の存立根拠である財源保障機能とはこのような考え方であり，それは福祉国家の理念を財政的に担保している．

この点は，地方財政法11条の第2項で次のように明記されている．「(地方財政法の) 第10条から第10条の3までに規定する経費のうち，地方公共団体が負担すべき部分は，地方交付税法の定めるところにより，地方公共団体に交付すべき地方交付税の額の算定に用いる財政需要額に算入するものとする」．また，地方交付税法第1条にも「地方交付税の交付の基準の設定を通じて地方行政の計画的な運営を保障する」ことが目的に掲げられている．地方交付税の交付にあたっては，地方自治の本旨を尊重し，条件をつけ，またはその使途を制限してはならないとされている (地方交付税法第3条の2項)．しかし地方交付税は，実際には一般補助金と国庫負担事業の裏負担との間にあるグレー・ゾーンに分類したとしても，あながち誤りとはいえない．

地方交付税の第2の意義は，それが有する**財源均衡化機能**にある．地方交

図 10.3　地方交付税の財源均衡化機能 (平成21年度)

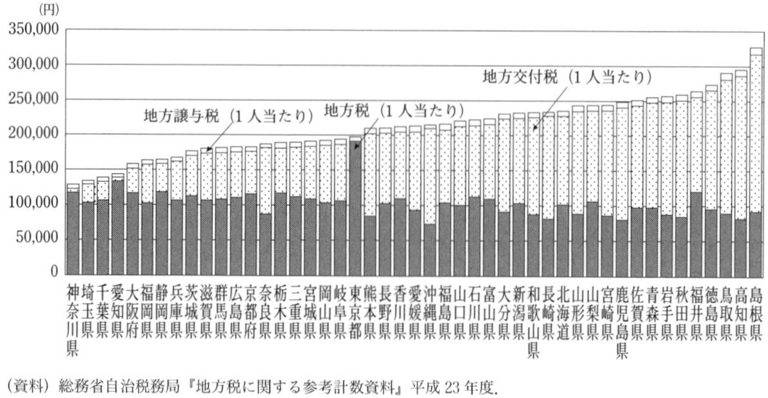

(資料) 総務省自治税務局『地方税に関する参考計数資料』平成23年度.

付税法第1条には，「地方団体が自主的にその財産を管理し，事務を処理し，及び行政を執行する権能を損わずに，その財源の均衡化を図る」ことが掲げられている．図10.3を見ると，財政力が最も高い東京都の1人当たり地方税は19.0万円であるが，最も低い島根県では9.2万円にすぎない．しかし交付税配分後の一般財源（地方税＋地方交付税＋地方譲与税）を見ると，前者は19.7万円であるのに，後者は32.5万円に増加し両者の関係は逆転している．大都市圏から地方圏へと，地域単位で所得再分配が行われている．このような逆転現象が起こるのは，人口規模が小さい自治体の多い地方圏では，費用が割高になるからである．もっとも，地方交付税の財源均衡化機能は1970年代以前にかなり大きかったが，財政力の地域格差はその後，長期的には縮小しつつある．地方交付税によって平準化すべき「格差」が小さくなったので，財政調整の度合いは低下している．

3.3 マクロの財源保障

2章でも触れたように，わが国では地方経費のうち，少なくない部分は国から事業の実施やその基準を義務づけられている．このため，国が地方公共団体に委任した事務について，毎年，国全体の地方財政の歳出と歳入を均衡させているのが地方財政計画である．いわゆる，「マクロの財源保障」がこれである．マクロの財源保障が機能するには，地方財政計画の歳出と歳入が均衡しなければならない．地方財政計画の予算制約は，概念的にいうと，次の式によって示される．

［歳出総額］＝［地方税］＋［地方交付税］＋［国庫支出金］
＋［地方債］＋［その他］　(10-4)

2章でも説明したように，地方財政計画の上では，地方税と国庫支出金と地方債は所与のものとして，ほぼ客観的・自動的にその規模が決定されている．いま収入項目の「その他」が無視しうるほど小さいとすると，地方財政計画が均衡するために必要な地方交付税は，次の式で与えられる．

［地方交付税］＝［歳出総額］－（［地方税］＋［国庫支出金］
＋［地方債］＋［その他］）　(10-5)

さて地方交付税の本来の原資は，法律によって有力な国税の一定割合と定められている．これを法定財源ということがある．地方交付税の毎年度の法定財源は，所得税，酒税の収入額のそれぞれ 100 分の 32，法人税の収入額の 100 分の 35.8，消費税の収入額の 100 分の 29.5 及びたばこ税収入額の 100 分の 25 の合計額である（地方交付税法第 6 条）．この割合は，交付税率と呼ばれている．したがって，**法定財源**は次の式で与えられる．

$$[\text{法定財源}] = \sum_{i=1}^{5} (N_i \times t_i) \tag{10-6}$$

ここで N_i は国税 i を，t_i はその国税の交付税率を表す．式(10–5)より求めた地方交付税の必要額が，法定財源よりも大きい場合（すなわち，［地方交付税］＞［法定財源］）に，その差額は地方財政計画上の財源不足額と呼ばれる．財源不足が発生することが明らかな場合に，どのような措置が採られるのだろうか．地方交付税の原資である法定財源に，①一般会計からの特例加算，②臨時財政対策債，③地方交付税特別会計による借入の 3 項目を加算して，式(10–5)を満たすように地方交付税が確保される．これは次の式で表せる．

$$[\text{地方交付税}] = [\text{法定財源}] + ([\text{一般会計特例加算}] + [\text{臨時財政対策債}]) \tag{10-7}$$

平成 24 年度を例にとると，地方財政計画によって必要な総額 23.5 兆円が決まった後で，予算制約を満たすように，国税 5 税の一定割合に定められている法定財源 11 兆円に，一般会計特例加算 6.4 兆円と臨時財政対策債 6.1 兆円が加算されている．ちなみに，式(10–7)の右辺カッコ内にある 3 つの項目を追加する措置は「**地方財政対策**」と呼ばれている．通常は 12 月末に総務大臣と財務大臣との大臣折衝で決定されているが，裁量の度合いが高い．地方財政対策の法律上の根拠は，必ずしも明瞭とはいえない．また，特別会計借入れは 2001 年度に停止することが決まったので，現在では一般会計の特例加算ならびに臨時財政対策債の発行が，地財対策の主な柱となっている．

3.4 ミクロの財源保障

地方交付税の総額が決められるプロセスがわかった．次にミクロの財源保障によって，個別の地方公共団体にどのように配分されるのかを説明する．

地方交付税は，普通交付税と特別交付税に分かれる．前者は全体の96%，後者は4%と定められている（地方交付税法第6条2）．特別交付税は，災害等の特別な需要に対応して交付されている．ここでは，普通交付税を中心に仕組みを説明する．個別の地方公共団体に配分される地方交付税は，式(10–8)のように各地方公共団体について算定された基準財政需要額が基準財政収入額を超える額である（地方交付税法第3条，第10条）．この値が正になる地方公共団体は「交付団体」，負となる地方公共団体は「不交付団体」となる．不交付団体には地方交付税が交付されないが，拠出義務はない．

［地方交付税］＝［基準財政需要］－［基準財政収入］　(10–8)

基準財政需要とは，「その行政について，合理的，且つ，妥当な水準」のことをいう（地方交付税法第3条3）．その算定は，次のように行われる．基準財政需要額は，地方公共団体の財政運営が放漫にならないよう，現実の支出額ではなく，標準的な行政サービス水準として算定される必要がある．このため，基準財政需要は式(10–9)で表されるように，地方公共団体ごとに行政サービス別に「測定単位」に「単位費用」を乗じ，さらに「補正係数」を掛けて算定される（地方交付税法第11条）．

［基準財政需要］＝［測定単位］×［単位費用］×［補正係数］　(10–9)

測定単位とは，行政サービスに対するニーズを測る指標である（地方交付税法第12条）．例えば，道路建設費であれば道路台帳に登載された道路の延長及び面積，社会福祉費であれば国勢調査による人口等，地方公共団体が操作できない客観的で信用力のあるデータが用いられる（表10.3を参照）．**単位費用**は，標準的な地方公共団体について積算された歳出額から，特定財源によってまかなわれる分を除いた一般財源所要額を，測定単位で割って算出されている（同12条）．いわば，各行政サービスの平均費用である．例えば，小学校については，教職員1人当たり643万円が単位費用となる（表10.3を参照）．この単位費用が，「合理的かつ妥当な水準」において地方行政をまかなうに足るものとなるためには，標準的な団体のとり方が充分適切であることが前提となる．現在，道府県の場合は人口170万人，市町村の場合は人口10万のそれぞれ1団体を標準的な地方公共団体としており，この前提が満たされているかどうかについては議論がある．

表 10.3　単位費用の算定基礎（都道府県の場合）

費　目	測定単位	標準団体の経費総額（千円）	特定財源（千円）	差引一般財源 A（千円）	標準団体行政規模 B	単位費用 A/B（円）
警　察	警察職員数	29, 487, 469	2, 612, 427	26, 875, 042	3, 052人	8, 806, 000
道路橋梁	道路の延長	13, 059, 000	5, 207, 000	7, 852, 000	3, 900km	2, 013, 000
小 学 校	教 職 員 数	55, 466, 537	13, 281, 873	42, 184, 664	6, 556人	6, 435, 000
生活保護	町村部人口	5, 976, 403	4, 222, 522	1, 753, 881	200, 000人	8, 770
社会福祉	人　　口	23, 590, 196	3, 179, 134	20, 411, 062	1, 700, 000人	12, 000

（資料）総務省「平成 24 年度　地方交付税関係参考資料」より．

上記の単位費用は全国一律に算定されるため，個別の地方公共団体の特殊性（人口規模や気象条件等）は考慮されていない．このため，単位費用に**補正係数**といわれるものを乗じて，行政サービスの費用差を反映させるようになっている（地方交付税法第 13 条）．例えば，人口規模が小さいことによってコストが割高になる行政サービスについては，「段階補正」が適用されている．また都市化に特有の割高要因については，「密度補正」，「態容補正」及び「人口急増補正」といった補正が行われている．

基準財政収入の算定は，次のように行われる．**基準財政収入**は，基準財政需要とは異なり，直接に各地方公共団体ごとの標準的な一般財源収入額として算定される．基準財政収入額には，法定普通税の全額を算入せず 75% が算入され，これに地方譲与税等の全額が加算される（地方交付税法第 14 条）．この税率は，基準税率と呼ばれる（残りの 25% は**留保財源率**という）．これは，地方公共団体独自の財政需要をまかなう余地を残しておくことの方が，地方自治の点からも地方公共団体に税源を涵養し，徴税努力を促す点からも望ましいという考えによる．

$$[\text{基準財政収入}] = [\text{法定普通税}] \times 0.75 + [\text{地方譲与税等}] \tag{10–10}$$

ここで 2 つ，留意すべき点について言及しておく．基準財政収入の算定にあたっては，法定普通税を主として，これに地方譲与税及び若干の目的税（自動車取得税，軽油取引税，事業所税）が対象とされている．法定外普通税や目的税は，国庫補助負担金，使用料，手数料等とともに，対象から除外されている．これは後者の多くは，普遍性を欠くうえ，一般財源として扱うよりも基準財政需要の単位費用の算定の際に，特定財源として除外する方が適当であるという理由による．ただし，目的税のうち何を基準財政収入の算定対象とするのかは，必ずしも明白ではない．これが第1点である．例えば，都市計画税は任意課税であり，制限税率の範囲内で自由に税率を定めることができるという理由で対象外とされているが，普遍性や収入額の点では算定対象とされている事業所税よりも適合性があるといった点を指摘できる．

第2点は，毎年度分として交付すべき普通交付税の法定財源が，上記のルールに基づいて各地方団体について算定した額の合算額と一致するとは限らないということである．地方交付税の法定財源が引き続き，各地方公共団体の算定額の合算額と著しく異なる場合には，「地方財政に関わる制度の改正または地方交付税率の改正」が行われることになっている（地方交付税法第6条の3第2項）．有権的解釈によれば，「引き続き」とは2年間不足状態が続き，3年度目以降もその状態が続くものと見込まれる場合を指し，「著しく異なる」とは，不足額が交付税総額の1割以上になる状態を指すという．もっとも，国の財政状態も悪いため，交付税率の引上げは政治的に困難であり，臨時財政対策債等の赤字地方債の増発が行われている．

4. 政策的な諸問題

4.1 持続可能性

地方交付税の目的は，「合理的かつ妥当な水準」における地方行政サービスの提供に必要な一般財源を保障することであるが，その客観的な基準は，明確化されていないものも含まれる．地方単独事業については，基準財政需要の算定にある程度の裁量性がある[1]．実際のところ，わが国の地方財政の根幹ともいうべき地方交付税は，慢性的な財源不足にある．

地方交付税の算定額の合算額が法定5税分の財源よりも大きい場合に，その差額はいわゆる「**地方財政計画上の財源不足額**」と呼ばれている．巨額の財源不足が発生することが明らかなときには，地方交付税の原資である法定

1) 基準財政需要の算定上の問題については，『地方分権の財政学』（持田信樹，東京大学出版会，2004年）178-183頁参照．

財源に，①一般会計からの特例加算，②臨時財政対策債を加算して，必要な地方交付税が確保されている．この「地方財政対策」は本来，臨時異例の措置であり，恒久措置とはいえない．

国の大幅な税収不足により，交付税の法定財源では，必要とされる地方交付税をまかなえない状態が恒常化している．表 10.4 によると，近年では広義の地方交付税は約 23 兆円にのぼっているが，このうち法定 5 税分でまかなわれているのは 11 兆円にとどまる．不足額 12 兆円の約半分は，国の一般会計からの加算により，そして残りの半分は，臨時財政対策債の発行によりファイナンスされている．財源不足額がはじまったのは，バブル経済が崩壊した 1990 年代であった．2008 年のリーマン・ショックを皮切りにして，財源不足は急テンポで拡大しはじめ，2009 年に発足した民主党政権下で臨時財政対策債が一挙に増加した．

臨時財政対策債は，地方財政法第 5 条に列挙されているいわゆる「建設地方債」ではなく，その第 5 条の特例として発行される赤字地方債の一種である．2000（平成 12）年度までは，財源不足を交付税特別会計借入金によって

表 10.4　地方交付税の総額

（億円）

区　分	地財計画総額	広義の地方交付税		
		地方交付税総額*		臨時財政対策債
			うち法定 5 税分	
1998（平成 10）	870,964	175,189	155,702	—
1999（平成 11）	885,316	208,642	123,271	—
2000（平成 12）	889,300	214,107	132,663	—
2001（平成 13）	893,071	203,498	138,861	14,488
2002（平成 14）	875,666	195,449	126,448	32,261
2003（平成 15）	862,107	180,693	106,141	58,696
2004（平成 16）	846,700	168,861	111,560	41,905
2005（平成 17）	837,687	168,979	119,810	32,231
2006（平成 18）	831,508	159,073	125,267	29,072
2007（平成 19）	831,261	152,027	146,196	26,300
2008（平成 20）	834,014	154,061	144,657	28,332
2009（平成 21）	825,557	158,202	118,329	51,486
2010（平成 22）	821,268	168,935	95,530	77,069
2011（平成 23）	825,054	173,734	106,101	61,593
2012（平成 24）	818,647	174,545	110,517	61,333

（資料）総務省資料．

注）＊地方交付税総額は，法定 5 税分，一般会計特例加算，交付税特会借入の合計．

ファイナンスし，その償還を国と地方で折半することがルールとされた．交付税特別会計借入金に対して，国，地方の将来に対する財政責任を不透明にしているとの批判や，地方公共団体や住民がその厳しさを実感していない等の批判があったため，2001年の地財対策の際に交付税特別会計による借入は停止された．これに代わって，財源不足を国と地方が折半し，国負担分については一般会計からの加算により，そして地方負担分については地方財政法第5条の特例となる地方債によって補塡することになった．

臨時財政対策債は，地域住民が償還する本来の地方債ではなく，将来の世代の納税者からの交付税原資の「先取り」だといってよい．第1に，臨財債の発行は，個々の地方公共団体には基準財政需要額の一部を振り替える形で発行可能額が割当てられる．普通交付税は，基準財政需要額と基準財政収入額の差が交付される仕組みであるが，臨財債への振替が行われると，基準財政需要額から臨財債の額を引いた額と，基準財政収入の差が交付される．第2に，臨財債に関わる公債費は将来の地方交付税で財源措置される地方財政計画に計上されることでマクロの財源保障の対象になり，個々の地方公共団体にとっては将来の基準財政需要に算入される．つまり，臨財債は地方交付税の先取りである．

しかし，将来の交付税の財源を先取りし続けることは困難であろう．地方交付税はフロー面で毎年，約10兆円を超える「地方財政対策」によって支えられているだけでなく，ストック面でも累積債務が約70兆円（交付税特別会計借入残高と臨財債残高の合計）に及んでいる．基準財政需要を徹底的に見直す一方で，国・地方を通じた増税によって，交付税の財源不足を改善していくことが求められている．

4.2　算定の簡素化

格差を是正するために，制度を精緻にすればするほど，財政調整制度の算定方法が納税者から見て理解できないほど複雑になっていく．地方交付税制度の問題点のひとつとして，基準財政需要額の算定方法が複雑すぎるのではないかという点が指摘されている．竹中総務大臣（当時）の私的諮問機関である「21世紀ビジョン懇談会」の報告書（2006年7月3日）において，交付税の算定基準は「電話帳のような分厚さになっており，複雑で外部からの検証が十分及ばないものになっている」との指摘がなされた．

この問題に対応する制度として2007（平成19）年度から，「国の基準づけがない，あるいは弱い行政分野」の算定について，人口と面積を基本とした簡素な基準による基準財政需要額の算定が導入された．これは「新型交付税」と呼ばれる．「新型交付税」において，簡素化の対象となる経費は，経常経費の一部（企画振興費等）と投資的経費（道路橋梁費等を除く）とし，それらを「**包括算定経費**」として人口と面積を基本として一括算定される．ただし，包括算定によって基準財政需要が大幅に変動しないような配慮を加えられている．すなわち，①人口の少ない団体へ配慮して，包括算定経費（人口分）に段階補正を適用し，また②土地利用によるコスト差へ配慮して，包括算定経費（面積分）に種別補正を適用する．さらに，離島，過疎等，真に配慮が必要な地方団体に対応する仕組みとして，「**地域振興費**」が創設された．算定の簡素化というと，従来は補正係数による算定を極力，法律で定める単位費用として算定するという内容であった．人口と面積を基準とする「新型交付税」は，これまでの簡素化とは考えが異なったものである．

「新型交付税」が導入されてから5年以上経過したが，その評価は定まっていない．論点は，①人口と面積による算定は真の「簡素化」といえるか，②新型交付税は地方交付税の財源保障機能に影響を与えるものではないかという2つである．「新型交付税」による簡素化に批判的な論者は，それまでの簡素化の下に進められてきた段階補正見直しとは，逆の中身を持つものであると指摘する．すなわち，人口と面積を基準とした包括的算定経費，その人口分について，段階補正は人口4000人に満たない小規模団体に特段の配慮が払われており，財政調整的な役割を果たしているという．簡素化を評価する人々は，算定項目の統合により「（従来型の）個別算定経費」の項目数を3割削減したこと，新型交付税による包括算定経費が，公債費を除く基準財政需要額の1割に達していることを挙げる．

財源保障機能への影響についてはどうか．地方財政所管官庁は，新型交付税は算定方法における改革であり，交付税の財源保障機能・財源均等化機能に影響を与えるものではないとしている．基準財政需要と基準財政収入の差を交付する仕組みは変わらないこと，地域振興費の創設や，人口規模・土地利用形態のコスト差の反映により，新型交付税の導入による変動を最小限にとどめていること，などがその理由であるという．

批判的な論者は，条件不利地域への配慮として付けくわえられた「地域振興費」が，行革経費の割増算定が主な中身であることを問題視する．更に包括的算定経費における一括算定では，何が財源保障されているかが不明瞭になるという．義務づけがある分野とそうでない分野によって算定方法を区分する方法は，従来の交付税の算定方式を転換する可能性をはらむものであり，変動額が最小限に抑えられたことも，財源保障のメルクマールが前年度並みという考え方に後退したと解釈ができるという．

4.3　インセンティブ

地方公共団体への交付は税収調達能力に逆比例的に，反対に，財政需要には比例的になされるのが原則である．制度設計に問題があると，地方公共団体の徴税インセンティブが弱まり，慢性的な交付税依存症＝「貧困の罠」から抜け出せなくなる．すでに1958年にヒックス夫人（U. K. Hicks, 1896–1985）は，財政調整制度を通じた税率とサービスの均等化を「地方自治の最後のかけらを打ち壊してしまうもの」ととらえている．したがって，財政調整制度は地方公共団体の自主的な財政運営を歪めない中立的なものが望ましい．実際の歳出と実際の歳入のギャップを埋める財政移転は，地方公共団体の歳出削減努力や課税インセンティブにマイナスの影響を及ぼす．この点に関して，わが国の地方交付税には「功」と「罪」の両面がある．

「功」の面では，地方交付税の算定公式にモラル・ハザードが発生するのを抑制するため，工夫がなされている点が挙げられる．「標準的」な税収に基づいて算定されるので，地方公共団体が実際に税率を引下げても，地方交付税は増えない．また，税収見込額の25％（留保財源率）も財政調整の対象外となっているので，地方公共団体が課税ベースを拡大し，税率を上げるインセンティブがある程度付与されている．

しかし現行制度には，地方公共団体が効率的に行政サービスを提供するインセンティブを，いくつかの点で阻害する「罪」の面がある．第1に，80年代後半から90年代にかけて，地方交付税の基準財政需要には，**事業費補正**によって地方債の元利償還費が算入された．事業費補正によって地方債は借入であるという認識が甘くなり，債務の累積を招いたと批判された（地域総合整備事業では財源の75% が地方債で調達されるが，元利償還費の55% は後年度に地方交付税に算入される)．実証研究によると，個別の地方公共団体が一次的に償還義務を負うと認識しているのは，「地方借入残高」の47% にすぎない（持田［2004］)．このため，2002 年度の新規事業からは事業費補正による交付税措置は引下げられた．

第2に，小規模な地方公共団体への地方交付税には，交付額の割増（段階補正を通じて行われる）がある．これは本来，「規模の経済」が発揮できないことに伴う費用の増加を反映するための措置である．しかし**段階補正**は，小規模団体の行政改革努力や合併努力を阻害しているのではないかとの指摘があった．このため，段階補正は2002 年度に縮小された．第3に，基準財政収入が増えると自動的に交付税額が減少する算定方式は，地方公共団体が地域経済を拡大するインセンティブを損ねていると指摘されている．このため2002 年，都道府県の留保財源率は20% から25% へと引上げられた．

次の図10.4 の横軸は，ある地域内総生産，縦軸は歳入収入を表わしている．地域の基準財政需要 OB は一定であると仮定する．また税金は，地方所得税から構成されている．このとき，地方税は直線 OD で表すことができる．この直線の傾きが，税率になる．基準財政収入には，地方税収入の75% が算入されるので，直線 OF で示される．直線 OF の傾きは，地方税の傾きの4分の3になる．

地方交付税は，基準財政需要額と基準財政収入額との差額である．図

図10.4　地方交付税と課税インセンティブ

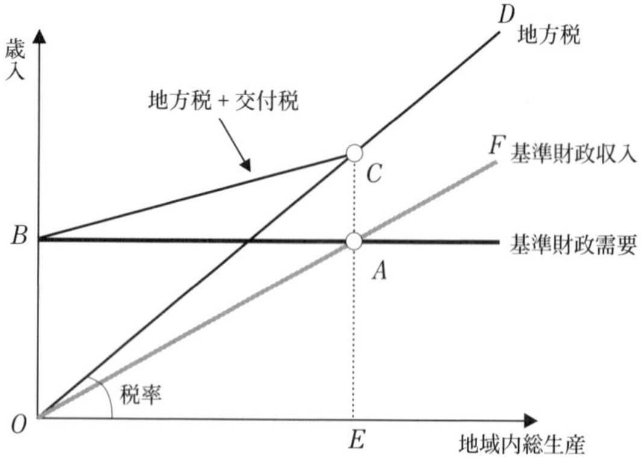

10.4では，BAからOAを垂直方向に差し引いた線分の長さが地方交付税を表す．地域内総生産が点E以下であると交付団体，それ以上であると不交付団体になる．地方税＋地方交付税を一般財源というが，図でいうと地方税と地方交付税を垂直方向に加算した額となる．したがって，一般財源は屈折した直線BCDで示される．点Cの右側は，不交付団体の一般財源である．不交付団体では一般財源の傾きはやや急峻であるが，点Cの左側にある交付団体の一般財源の傾きは緩やかになっている．

地域経済が拡大して税収が増加しても，交付団体の場合には税収増の75%が交付税の減少によって相殺されてしまう．不交付団体では，地域経済が拡大すればそれに応じて一般財源が増えていく．これは，地方交付税に伴う「貧困の罠」といわれる．もっとも，交付税制度があるがために地方公共団体が意図的に税収を減らしているのは本当かという点について，意見は分かれる．例えば，地方公共団体が意図的に固定資産税の実効税率を引下げて，恣意的に交付税額を増やすことは制度的には不可能であり，地方公共団体のモラル・ハザードは存在しないという意見もある．

演習問題

1．次のURLから居住地の都道府県・市町村の「決算カード」をダウン・ロードしなさい．http://www.soumu.go.jp/iken/zaisei/card.html　「歳入の状況」を見て，地方交付税の金額と構成比を確認しなさい．また右下にある基準財政需要額と基準財政収入額，財政力指数をチェックしなさい．

2．地方交付税に関する問に答えなさい．ある地方団体の基準財政需要Nは，所得や人口に関わらず一定で，$N=45$とする．地方税Tは地域の総所得Yの関数で，$T=0.2Y$と表せるとする．

①留保財源率を25%とすると，基準財政収入Rはどのような式で表せるか．

②交付団体に配分される地方交付税Lは，どのような式で表せるか．

③総所得Yがどのような値を超えると，交付税の不交付団体になるか．

④地方税と地方交付税を合計した一般財源Gは，どのような式で表わせるか．交付団体と不交付団体に分けて答えよ．この式から地域経済と地方交付税との関係を述べよ．

3．次の文章を読み，正しい場合には○，間違っている場合には理由を付して×をつけなさい．

①地方交付税制度では，基準財政需要額が基準財政収入額を超える地方団体へは交

付税が交付されるが，基準財政収入額が基準財政需要額を超える地方団体は差額を拠出する．

②地方交付税の原資は，所得税，法人税，酒税，消費税の一定割合である．

4．2つの地方政府で一律に税率10%の所得税が賦課され，準私的財（教育・福祉）が供給されているとする．地方政府Aには所得が2000万円の高所得者が2名，500万円の低所得者が1名住んでいる．地方政府Bには2000万円の高所得者は1名，500万円の低所得者が2名住んでいる．

①各地域における純財政便益（net fiscal benefit）を高所得者，低所得者それぞれについて計算しなさい．

②同一所得の個人の純財政便益は，居住している地域が異なるとどのように異なるか．

③財政的公平性を達成するためには，いかなる財源移転システムが必要になるだろうか．

5．地方交付税に関する次の記述のうち妥当なものが2つある．番号で答えよ．

①基準財政収入額には標準的な税収見込額の全額を算入せず，75%が算入される．また，この算入割合を標準税率ともいう．

②地方交付税の法定財源が引き続き，各地方公共団体の算定額の合算額と著しく異なる場合には，「地方財政に関わる制度の改正または臨時財政対策債の発行」が行われることになっている（地方交付税法第6条の3第2項）．

③地方交付税は国税5税の一定割合を原資として，行政サービスの財源保障と地方団体間の財源調整を目的に，地方団体に使途を限定しないで交付される一般補助金である．

④基準財政需要額が基準財政収入額を超える地方公共団体へは交付税が交付されるが，基準財政収入額が基準財政需要額を超える地方公共団体は差額を拠出しない．

文献案内

とりあえず地方交付税について知りたい読者は，地方交付税制度研究会編『地方交付税のあらまし』を手にとるのが良い．地方財政調整制度の理論的な根拠については，Boadway and Wildasin（1984）Ch.15が標準的．持田編（2006）第4章（堀場勇夫執筆）やBoadway, Hobson and Mochida（2001）では，純財政便益と資源配分の効率性問題の関係が論じられている．地方財政調整制度の国際比較を知りたい場合には，持田編（2006），持田（2004）4章が便利．地方交付税の改革論議を整理したものとして岡本（2002）がわかりやすい．赤井・佐藤・山下（2003）は，ソフトな予算制約という枠組みで，地方交付税を分析した研究書．星野（2013）は，地方交付税の財源保障機能について体系的に分析した研究書．地方交付税による歳入確保へのインセンティブ効果について，西川（2011）が詳しい．矢吹他（2008）は地方交付税における「はずれ値」に焦点を当てるユニークな書物．

第11章

地方債制度と市場

11章では，地方債について学ぶ．地方債とは，地方政府が定められた返済スケジュールに従って，投資家に元本と利子を返済する約束を表した債券である．1節では，地方債の財政的な側面について学ぶ．地方公共団体は，地方債を発行する目的やその形式（公募債・非公募）を決めて，国や都道府県と協議を行う．国は，発行される地方債を円滑に消化するための資金計画をたてる．これらは補助金申請に類似している．

地方債には，金融的な側面もある．民間資金を借り入れるには，地方公共団体は証券・証書の別，利率，借入期間，償還方法を決めて，借入先を選定する必要がある．「借り手」としての地方公共団体と，「貸し手」としての金融機関や投資家は，地方債をめぐって，どのように折り合いをつけるのであろうか．2節では，地方債の金融的な側面に焦点を当てる．短期と長期，満期一括と定時償還，対国債スプレッド等の用語を理解したい．

3節では，地方債の発行にはいかなる根拠があるかを問う．地方債は，投資プロジェクトの費用を将来の住民に分散させる手段である．この見方は，将来の元利償還負担を過大評価しすぎているという異論もあるかもしれない．税と地方債の等価，地価への「資本化」とは何かを説明する．最後の4節では，わが国の地方債市場に目を転じて，地方債の需給環境，予算制約のソフト化，地方財政健全化法について解説する．

1. 地方債の財政的側面

はじめに，地方債の財政的な側面について解説しよう[1]．

1.1 発行の目的

地方公共団体が，地方債により資金を調達する根拠を見ておこう．地方自治法第230条は，「普通地方公共団体は，別に法律で定める場合において，予算の定めるところにより，地方債を起こすことができる」としている．「別に法律で定める場合」として，地方財政法第5条の規定がある．すなわち，地方公共団体は，法律で限定列挙した対象事業や経費について，地方債でその財源を調達できる．

地方財政法第5条に列挙されている適債事業には，5種類ある．すなわち，①交通事業，ガス，水道事業その他の地方公営企業の経費，②出資金及び貸付金，③地方債の借換え，④災害応急事業費等，⑤公共施設又は公用施設の建設事業費等である。国の発行する「建設公債」のように，社会資本の建設に充当され，資産として後世代に残るものを地方債の発行の対象とすることは合理的である．

地方債は，元利償還の担保によって分類されることがある．例えば，アメリカの地方債には2種類ある．一般財源保証債とレベニュー債である．**一般財源保証債**（general obligation bond）は，地方政府の全信用を担保とする債券であり，財産税等，課税権を担保としている．一方，**レベニュー債**（revenue bond）というのは，返済に充てられる事業収入（交通公社等）が，元利償還の財源とされる長期の債務であり，地方政府の課税力を担保としていない．わが国の地方債は，課税力が担保になっているので，一般財源保証債に相当するものといえる．公営企業の発行する地方債は，事業収入ではなく，一般会計からの繰出しによって担保されているので，レベニュー債とは性格が異なる．

なお地方債には，地方財政法第5条に依拠しないで，特別法で発行される地方債もある．建設公債原則の例外で発行される地方債であり，歳入を補塡

1）公債の機能・意義について『財政学』11章参照．

するために発行される赤字地方債という概念に分類される．10章で解説した臨時財政対策債や，減税補塡債等がある．これらの地方債残高は，地方債総残高の4割近くにも及んでいるが，地方公共団体が自らのイニシアティブで発行した地方債というよりも，地方財政計画における財源不足を十分に補塡できない地方交付税を補完する機能を持っている．

1.2　発行の手続き

地方債には，いくつかの構成要素がある．債務証書には，「元本」という構成要素がある．これは，返済義務を負っている借入金額の合計である．債務証書のもうひとつの特徴は，元本に対して利息が発生することである．「利息」は一定期間資金を活用することに対して，債務者から債権者へ支払われる報酬である．元本は，一般的に特定の期日までに返済されなければならないということも，債務証書の重要な特徴である．「満期」は，発行債券の元本を債権者に返済しなくてはならない期日を意味する．

地方債の発行手続きに注目して，どのような制限があるかを確認しよう．長い間，地方債の発行は原則禁止とされ，地方団体は国に許可を得ないと発行できないという仕組み（許可制）だった．許可制は，2006（平成18）年に「地方公共団体の自主性をより高める観点に立って廃止」（地方分権推進委員会第2次勧告）され，原則として地方債の発行を自由とする協議制に移行した．

図11.1で説明しよう．**協議制**では，地方公共団体が都道府県知事あるいは総務大臣と発行していいかどうかを協議する．総務大臣あるいは都道府県知事が同意した場合には，同意債といい，その元利償還については地方財政計画に組み入れられることとなった．地方公共団体は同意がなくても地方債を発行することができるが，その場合には地方公共団体の長は，あらかじめ議会に報告しなければならず，元利償還も地方財政計画に算入されない．地方債の信用を担保するために，財政状況がある一定の水準を超える場合には，協議制ではなく，許可制によって地方債の発行がコントロールされる．具体的には，実質公債費比率が18%を超える団体は，国の許可を得なければならない．また，普通税の税率が標準税率未満である地方団体も，起債に関して国の許可を得なければならない（地方財政法第5条の4第4項）。現在，

図 11.1　地方債協議制度の仕組み

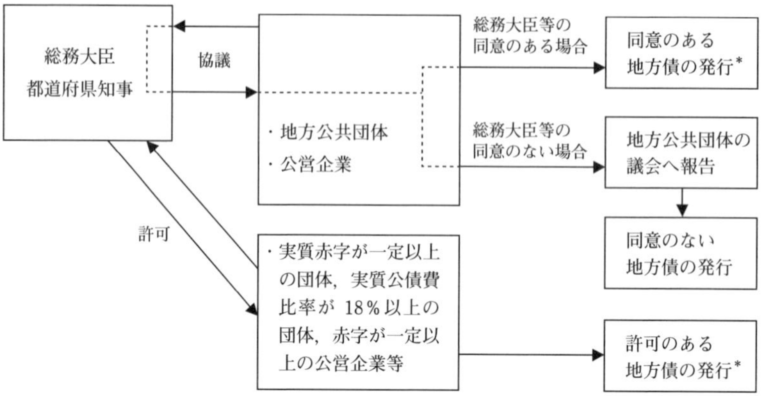

（資料）総務省資料.
注）＊総務大臣等の同意（許可）のある地方債に対し，
・公的資金の充当
・元利償還金の地方財政計画への参入

許可団体の指定を受けているのは約 400 である.

協議制については，平成 23 年に一部が見直され，届出制が開始された(平成 23 年法律第 37 号)．その概要は，財政状況が普通の地方公共団体が民間資金債を発行しようとする場合には，原則として協議を不要として事前届出とすることである．協議が不要となる要件は，実質公債費比率が一定未満だということである．従来は新発債の起債時期は，起債同意通知を受ける 9 月下旬以降の発行となっていたが，届出制においては，届出を提出した翌月以降は，いつでも新発債の起債が可能となる．市場動向に即した起債時期の選択が可能となる．届出された地方債のうち，協議を受けたならば同意をすると認められるものについては，その元利償還金を地方財政計画（2 章を参照）に算入される.

1.3　発行の形式

❑ 市場公募債　地方公共団体が地方債という形で借入を行うことを，地方債の発行という．これを「起債」ということもある．地方債を発行する形式は，表 11.1 にあるように 2 種類ある．第 1 は，**市場公募債**である．市場公募債とは，一般投資家から広く資金を調達する地方債である．もっとも，地方公共団体は発行を検討している地方債の投資家を見つける専門性や手段を

表 11.1　地方債の発行形式

発行形式	引受手法	償還方法
市場公募債	主幹事方式	満期一括償還
	シ団引受方式	
銀行等引受債	証券式	定時償還
	証書式	

有していないため，債券の販売にあたる専門的な引受業者，または引受けシンジケート団によるサービスを必要とする．一般的には主幹事方式，シンジケート団（シ団）引受方式の2つが，市場公募債の代表的な発行形式である．シ団引受方式とは，金融機関・証券会社から構成される引受シ団があらかじめ組成され，引受募集の方法により発行される方式である．また主幹事方式とは，債券発行に際して発行体（地方公共団体）が主幹事となる金融機関を選定し，主幹事が中心となって行う投資家需要の積み上げに基づき，発行条件を発行体と協議して決定する方式をいう．

❑ **銀行等引受債**　第2の発行形式は，**銀行等引受債**である（表11.1）．銀行等引受債は，その引受けを地方銀行等の金融機関に限定して発行される地方債である．ちなみに2002年までは，縁故債と呼ばれていた．地方公共団体が銀行等引受債を発行するには，証券式と証書式の2つの形式がある．

証券式とは，市場公募債と同様に債券発行で借入を行うものである．市場公募債が，公募の形で証券会社や銀行に引受けられたうえで投資家に転売されるのに対し，銀行等引受債の場合には，引受ける銀行が投資家として割当てを受け，貸付人となる．したがって，引受け金融機関が募集の取扱いを行うわけではなく，地方債発行団体自らが引受け先を募集し，特定したという形となることから，私募債となる．証書式の地方債は，借入人である地方公共団体が，貸出人である銀行等に借入証書を差し入れて借り入れる地方債である．過去10数年の傾向を見ると，証券式の割合が減少して，証書式の地方債が多くの場合に選択されている．

銀行等引受債の場合は，証券式と証書式の2つのどちらの形を選ぶかは，地方公共団体の判断に委ねられるが，「借り手」としての地方公共団体の立場から見ると，両者に大きな違いはない．証書式は，証券式のように流通市場で売却できないので，流動性は一般的には低い．事実，2002 年以前は証券式が多く選択されていた．近年はペイオフ対策として，預金債権と相殺できる証書式が増えている．証書式の場合であっても，貸付債権の譲渡は可能であり，債務者への通知または債務者の承諾があれば，その譲渡は第三者対抗要件を具備する（民法第 467-8 条）．第三者対抗要件とは，債券譲渡が当事者間だけでなく，第三者に対する効力を有するための要件をいう．

「貸し手」である金融機関の立場から見ると，流動性が高い証券式がより魅力的であることはいうまでもない．ただし，金融機関の財務管理上，有価証券投資（≒証書）か貸出金（証書）かの選択は，時と場合によって異なる．流動性を重視する場合は証券式を好むけれども，貸出金を増やして預貸率を上昇させたい場合には，金融機関はむしろ証書式を選ぶ．

1.4　地方債の発行と消化

地方債が起債されると，引受け業者の手を経て，金融機関や投資家によって消化・保有されていく．だがマクロ的に見て，発行予定額の合計と消化額の合計が一致するとは限らない．両者をつなぐ「かけ橋」として，わが国では地方債計画が毎年作成されている．**地方債計画**は，次のように地方財政計画と密接に関連して，毎年国によって作成されている．

地方財政計画から見よう．歳出側は，一般行政，投資，給与，公債等に区分される．投資は 11.3 兆円である．地方債は，この投資をファイナンスする役割を果たしている．建設公債主義に則り，この 11.3 兆円に見合った地方債が，地方財政計画の歳入の欄に計上される（2 章 3 節を参照）．次に，図 11.2 の地方債計画を説明する．地方債計画の総額は，地方財政計画の歳入に計上された地方債にほぼ一致する．ただし，地方債計画には，地方財政計画には含まれていない公営企業債 2.2 兆円も含まれているので，総額は 13.7 兆円となる．公営企業債を差引いた純粋の普通会計分の地方債は，地方財政計画の地方債金額と一致する．同意を受けた地方債については，元利償還分が地方財政計画に計上される．その金額が 13.2 兆円となる．すなわち，地方債は全体の金額が地方債計画，それから地方財政計画の「歳入」で決まると同時に，その償還財源については，地方財政計画の「歳出」の公債費で担保されているわけである．

図 11.2　地方債計画と財政投融資計画

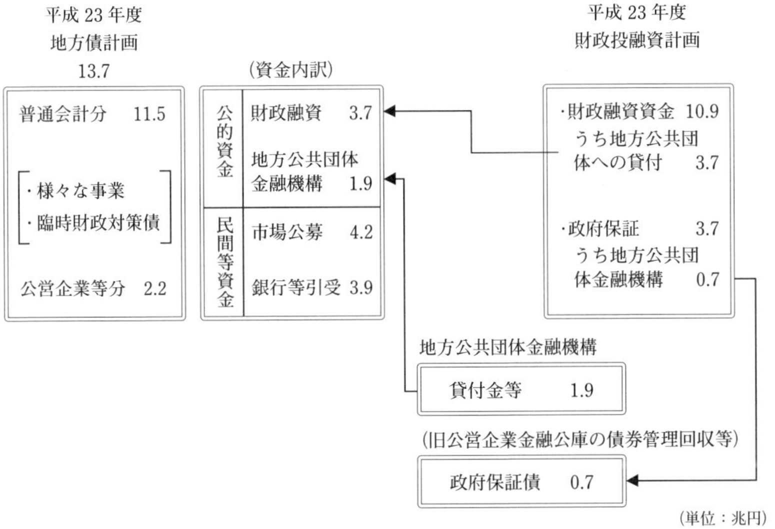

（資料）総務省ホームページ.

地方債計画（地方財政法施行令 6 条 3 項）とは，上記の発行総額について，どのような資金で消化するかという計画を指す．内訳は，公的資金と民間等資金の 2 つに分かれている（図 11.2）．公的資金の中身のひとつは，**財政融資**である．この財政融資 3.7 兆円は，財政投融資計画の地方公共団体への貸付金に一致している．公的資金のもうひとつの柱は**地方公共団体金融機構**で，これが 1.9 兆円の公的資金を拠出している．民間の資金で注目すべき点は，次の通りである．民間資金の内訳は，市場公募債と銀行等引受債の 2 種類である．この金額を見ると，市場公募債の方が若干大きい．伝統的に銀行等引受債が上回っていたが，平成 23 年度以降，市場公募債の金額が銀行等引受債の金額を超えるようになった．

2. 地方債の金融的側面

民間資金を借り入れるには，地方公共団体は証券・証書の別，利率，借入期間，償還方法を決めて，借入先を選定する必要がある．本節では，借入期間と発行金利を中心に，地方債の金融的側面に焦点を当てる．

2.1 借入金額

はじめに，新発債と借換債の違いは何かを説明する．新たに発行する地方債のことを，「新発債」という．新発債は，地方財政法第5条の規定に該当するか否かが起債の根拠となる．これに対して，発行済みの未償還債務を借換えるために発行される地方債を，「借換債」という．民間資金等の場合，借入可能期間一杯借りられるとは限らず，当初は短い期間の借入となる場合がある．一般的には償還期限を迎えると，残債（未償還元本）を借換える．「借り手」である地方公共団体は，地方自治法第230条第2項により，一般会計予算において新発債の額を，そして公債管理特別会計において借換債の額を計上する．

銀行等引受債の借入額は，「借り手」と「貸し手」との相対交渉を通じてどのように決まるのだろうか．「貸し手」である金融機関等は，「借り手」の資金需要とは独立に，資金量の制約を有していることに留意しなければならない．金融機関は，貸付先別の与信管理である**「クレジット・ライン」**（与信限度額）や，**「エクスポージャー管理」**によって資金の上限が定まる．クレジット・ラインというのは，新規貸付の上限額として，あらかじめ貸付先ごとに銀行が定めた額をいう．クレジット・ラインが絶対値で上限を定めるのに対して，エクスポージャーは，ある貸付先に対する貸付が銀行の貸付全体に占める割合をいう．

このような貸付資金量の制約の中で，金融機関は審査済みの貸付対象事業に対する借換資金を，まず優先的に確保しようとするといわれている．地方公共団体にとって指定金融機関は，銀行等引受債の引受けにおいて中心的な役割を果たす．しかし，金融機関の方は上記の資金量の制約を有しているため，地方公共団体と金融機関は日常的に意思疎通を図っている．

2.2 短期と長期

地方債は満期を迎える期間の長さから，短期債と長期債に区分される．短期借入は，発行日から1年以内に満期を迎える債務である．短期借入を行う理由は，徴税のタイミングからくるキャッシュ・フローの変動を，滑らかにならすことにある．長期債務とは，通常，満期が10年以上の債券と定義される．公共施設や主要なインフラ設備のような「長期」資産のほとんどは，25～30 年を満期として資金が調達される．

さて長期債は，「貸し手」である金融機関からすると，より金利収入が多くなる．だが実際には金融機関は，より短期の貸付を希望している．それはなぜだろうか．その理由は，銀行の貸借対照表の中にある．表 11.2 で説明しよう．銀行の地方公共団体への貸付（資産）の源泉は，預金（負債）である．問題は，**資産と負債の時間的な長さ**が一致しているかどうかである．比較的短い期間の負債を財源として，耐用年数が長期にわたる固定資産を調達するのは，途中で償還期限を迎えた負債の借換が必要となり，望ましい資金管理とはいえない．

おおまかにいうと，銀行にとっての負債である預金の期間は，せいぜい数年である．例えば，要求払い（当座預金，普通預金等）と 1 年未満に償還を迎える定期預金は，預金総額の大半を占めている．一方，地方公共団体は超長期の資金を借入れることを希望する．地方債の償還年限について，地方財政法第 5 条の 2 は「公用施設の耐用年限を越えない」ことを規定しているが，地方債同意基準には，「償還期限は 30 年以内」とするとされている．預金を貸付に回すのが銀行の業務であるが，預金という数年内に返済期限を迎える資金を貸付けに充てる場合，その期間があまりに長くなるのは問題となる．

このため長期債の起債については，まず 5 年程度の借入を行い，5 年後に

表 11.2　資産と負債の総合管理

	資　産（Asset）	負　債（Liability）
銀　行	過去の貸付も含めて，平均残存期間が短く，5 年程度以内としたい	1 年以内が多く，比較的短い．
地方公共団体	耐用年数を勘案して，なるべく長期の貸付を希望．許可・同意も 30 年以内．	銀行の貸付資金供給は 10 年以下，時として 5 年となる．

（資料）前葉（2010）「入門：地方債の借入交渉」．

借換を行うことになる．地方公共団体は，借換を行う際に資金を供給する銀行が存在しないリスク，すなわち「借換リスク」を負う．銀行が貸付期間の圧縮を希望するのは，「借り手」の信用リスクを考慮したからではなく，負債と資産の期間不一致を懸念するからであった．借換が実現する可能性は，社会経済情勢が急激に変化しなければ，かなり高い．

2.3　発行条件

❑ **対国債スプレッド**　地方債の金利水準を決定する際の指標として，一般的に，同じ時期に償還期日を迎える国債が使われる．すなわち，地方債金利の絶対値は，国債にスプレッド（金利差）を一定程度上乗せした水準として決定されるのが通例である．市場公募地方債を含むすべての公募債の金利が，国債金利を基準として決定されることから，非公募団体の証券形式の地方債の金利も，国債とのスプレッドの多寡によって決定するのが一般的である．

例えば，2010 年 8 月 4 日の金利を見ると，長期国債の金利は 0.995% であるが，東京都債はそれに 4.5 ベーシス・ポイント（1 bp=0.01%），北海道債には 17.2 ベーシス・ポイント，大阪府債には 15.3 ベーシス・ポイント上乗せされている．その後，スプレッドは狭くなり，11 年以降は 2.5 ベーシス・ポイントになっている．

このように地方債の金利は，国債金利プラス何ベーシス・ポイントという「共通のモノサシ」で測られているが，それは国債の流通量が多く，また信用リスクは国家そのもののリスクとして判断されることから，指標としての適格性を持つ債券だからである．地方債と国債の流通利回りとの差は，「**対国債スプレッド**」と呼ばれる．地方債が，国債に対してある程度のスプレッドが上乗せされて取引されることの要因は，複合的である（江夏［2009］）．

❑ **リスクプレミアム**　第 1 は，**信用リスクプレミアム**である．信用リスクとは，債権が市場に残存している期間中に，発行体の財務状態が悪化して，予定された元利償還が行えなくなる可能性である．地方債は制度上デフォルトすることはない，すなわち債務不履行となることはないものの，債務のタイムリー・ペイメント（期日通りの支払い）が制度上確保されているとはいえないことから，投資家は銘柄ごとにある程度信用リスクを意識して取引を行う．

第2は，**流動性プレミアム**である．市場での取引が少ない債券は，償還日を待たずに市場で売却して現金化することが難しい．例えば，証書方式で発行される銀行等引受債は，証券式に比べると流動性が低い．このため，同じ平均残存年限の満期一括償還の借入の金利よりも，若干上乗せした金利が付くのが相場となっている．

第3は，地方財政制度の安定性やいわゆる「**ヘッドライン・リスク**」である．いわゆる「ヘッドライン・リスク」とは，電光掲示板のように流れる1行ニュースで債券相場が乱高下するリスクのことをいう．北海道拓殖銀行の破綻（はたん）や，地方公共団体による繰上げ償還（1997年），夕張市の準用再建団体申請（2006年）といったニュースに債券市場がネガティブに反応して，スプレッドが拡大することもある．地方公共団体が地方債の債務不履行に陥った場合に，企業と同様に破綻することを認める制度を，再生型の破綻法制という．2006年，総務大臣の私的諮問機関である地方分権21世紀ビジョン懇談会において，3年以内に地方公共団体破綻法制の整備を行うべきとの提案がなされた際に，地方債の対国債スプレッドは拡大した（注：実際には破綻法制は導入されなかった）．

2.4　地方債の償還

発行債券の元本を債権者に返済することを，「償還」という．地方債の償還形態には，満期一括償還と定時償還との2つの種類がある．**定時償還**は，定期的に一定額の元金及び利子の償還を予定するものである．定時償還債（serial bond）は，様々な満期を持つ一連の債券から構成されているということもできる．

これに対して，**満期一括償還**とは，最終償還日に元金を一括して償還することをいう．満期一括債（term bond）は，通常，減債基金の積立金が元利償還に充てられる．減債基金とは，満期一括債の満期日が来た時に債券の償還を行うのに十分な資金を用意すべく，発行体が積み立てておく基金のことである．わが国の市場公募債は満期一括償還であるが，銀行等引受債は定時償還が多い．

2つの償還形態を，地方公共団体はどのように選択するのだろうか．償還期限が10年で同一である定時償還と満期一括償還について，図11.3を参考にして比べてみよう．満期一括償還の場合，債務の平均残存年限は10年になる．定時償還では，1年に1回ずつ均等に償還されるので，償還残額は次第に減少して，10年後に最後の10分の1を返済することによって償還が完了する．別の見かたをすると，満期が1年から10年の借り入れ10個から構成されていると考えることができる．平均残存年限は，（1＋2＋……＋10）/10＝5.5年となる．平均残存年限という点に着目すると，10年定時償還は5.5年の満期一括償還と同じである．

理論的には，定時償還債は平均残存期限が短縮化されることで，資金調達コストが低くなり，金利を下げる方向に作用するといえる．実際には定時償還債には，①償還回数が増えることで事務コストを増大させる，②流動性が低く売却が円滑に行えない，という2つの金利引上げ要因がある．平均残存期限の短縮化による金利引下げ要素を，事務コストや流動性の低さ等の要素が一部相殺することから，定時償還債には，同じ平均残存期限の満期一括償還債の調達金利に若干上乗せした金利がつくことになる．

定時償還が，地方公共団体にとって不利であるというわけではない．定時償還には，満期一括償還において求められる減債基金の積立が，不用であるというメリットもある．実質公債費比率の算定にあたって，満期一括償還債

図 11.3　満期一括償還と定時償還

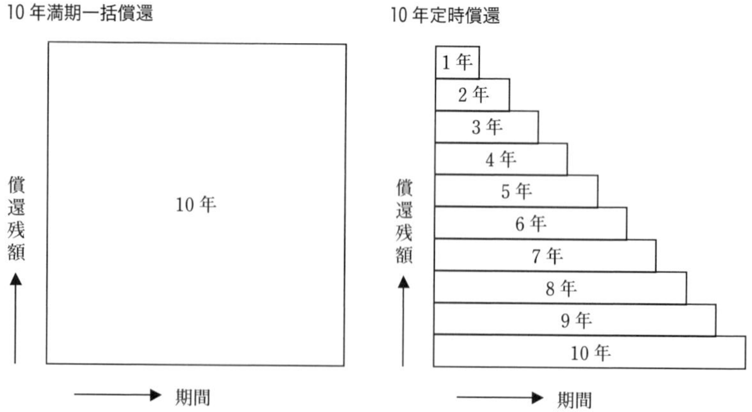

（資料）前葉（2010）「入門：地方債の借入交渉」．

の元利償還金は，「準元利償還金」として算入されている（地方財政法第5条の4　1項2号）．その実効性を担保するために，満期一括償還では，実質的には定時償還付の地方債の償還額と同じ金額を，減債基金として確保することが求められる（地方財政法施行令第10条の3号）．減債基金が，満期一括償還地方債の利払い額と同じかそれ以上の運用収入を得ることは，一般的には困難である．

2.5　地方債の安全性

元本や利子の支払が契約通りに期限内に行われるかどうかの確実性を，「信用リスク」という．わが国では，地方公共団体が地方債について債務不履行に陥ることは考えられず，地方債の信用リスクはゼロであった．近年，一部の地方公共団体が破産し，債務償還に影響が出るという懸念が表明されることもある．

❑ **保　証**　地方債の信用リスクをどう考えるべきかという問題は，政府による「ホショウ」とは何かという問いと表裏一体の関係にある．日本語の「ホショウ」には，保証，補償，保障の3種類あり，それらを区別して議論することが望ましいとされる（江夏［2011］）．地方債の安全性は，どのように「ホショウ」されているのだろうか．第1は**保証**（guarantee）である．これは，債務者が債務を履行しない場合に，それに代わって債権者に債務を履行する義務を負うことをいう．第3セクター等が金融機関等から受ける融資に対し，債務が履行されない場合，地方公共団体が代位弁済を定めた契約を債権者との間で締結することは，財政援助制限法第3条により原則としてできない（ただし，地方三公社の一部に関しては可能）．

❑ **補　償**　第2は**補償**（compensation）である．これは，別に前提となる債務を必要とせず，契約した相手が何らかの損失を負ったときに，その損失の一部あるいは全額を償うことをいう．旅行障害保険の損害賠償特約が，そのイメージに合致する．わが国では政府の法人に対する損失補償は，「財政援助制限法第3条の規制するところではない」という行政実例（1954年5月12日自丁行発第65号）が存在している．事実，損失補償契約は，第3セクターの債務について，地方公共団体と金融機関の間で締結されている．しかし，損失補償契約によって実質的には債務保証契約に類する契約を行っている地方公共団体もあり，裁判所の判決例は分かれている（12章参照）．

❏ **保　障**　第3は**保障**（security）である．これは，ある状態が損なわれないように保護し，守ることをいう．自宅を空き巣などから守るホームセキュリティーのイメージが合致する．わが国の地方債の安全性を「ホショウ」しているのは，制度による「保障」である．まず，協議制度による同意を通じて，財政運営の健全性や償還確実性が確認されている．次に，地方公共団体健全化法によって，地方団体がデフォルトしないように，事前に何重ものチェックがかかる仕組みがある（本章4節参照）．さらに，国が地方に義務づけした事務事業は，国庫負担金と交付税で財源が手当てされている．このように，個別の債務保証や損失補償はないが，制度として国が自治体の破綻防止を幾重にも制度化していることが，地方債の安全性を「保障」している．明示的な保証でない限りにおいては，発行体のクレジットを精査した上で，各「ホショウ」（保障，補償）に意味する内容や実効性を分析する必要性が高いといえる（江夏［2011］）．

信用リスクを考えるわかりやすい例が，10章で述べた臨時財政対策債である．臨財債は建設公債原則に対し，地方財政法第5条の地方債の特例として発行される．「借り手」である地方公共団体は，臨財債については，国が法律で将来の償還財源を保障する点で償還確実性があるし，発行は実質公債費比率を上昇させないと考える．一方，「貸し手」である金融機関は，国の法律が将来の償還財源を確保しているといっても，その仕組み自体が変更される可能性が否定できないと考える．「財政」の論理と「金融」の論理とを，いかに折り合いをつけるかが問われている．

3. 地方債の発行根拠

3.1　便益と費用の一致

地方債の発行根拠に関する標準的な考え方は，地方政府は長期の投資プロジェクトのために地方債を発行すべきだというものである[2]．投資プロジェクトは，便益が現在の住民だけでなく，将来の住民にまで分散する長期投資である．例えば，上下水道事業や道路は，何十年にもわたってサービスを供給することが期待できる．つまり，現在の住民だけではなく，将来の住民もプロジェクトが供給するサービスを消費する．この点から見て，地方債はきわめて適切な手段であって，プロジェクトの費用を耐用年数に分散させることを通して，便益と負担の一致を実現する．地方政府は，プロジェクトの建設費用を地方債でまかなって，その元利償還を将来，定期的に行うことができる．このような考え方は，**利用時支払（pay as you go）の原則**と呼ばれる．

ここで，国債と地方債との相違について触れておかなければならない．国債は主に，国内居住者によって保有される内国債から成り立っており，将来世代には負担は転嫁しない．というのは，将来世代全体として見ると，元利償還のために課税される納税者と元利償還を受ける公債保有者は，同じ世代に属するからである．そのため，両者の間で所得再分配が行われるにすぎず，将来世代には負担は転嫁されない[3]．

これに対して市場で公募される地方債は，主に非居住者によって保有される．つまり，地方債はおおまかにいうと「対外債務」であって，将来のどこかの時点で居住者から非居住者へ所得移転が生じる．したがって，地方債は国債と異なり，将来世代に実質的な負担を押し付けることになる．将来の住民は，地方債の元利償還を行う義務を負うけれども，元利償還の受取りはないからである．「対外債務」という性質のおかげで，分権的な地方政府による地方債発行は，資本プロジェクトの費用をその便益を受ける将来世代に公平に配分するための手段となる．

3.2　税と地方債の等価性

地方債は，投資プロジェクトの費用を将来の住民に分散させる手段であるという考え方は，現在では標準的な見方である．しかし，この見方は将来の元利償還負担を過大評価しすぎている（現在の住民負担の過小評価）という異

2)　公債根拠論について『財政学』230-234 頁参照．
3)　公債負担論について『財政学』230-240 頁参照．

論もある．２つの異論に耳を傾けよう．

第１の議論は，地域間の人口移動がない場合に，地方債で財源調達したときの将来税の現在価値は，税で財源調達したときの税額に等しいので，両者は等価であるという見方である．100万円のプロジェクトを第１期に金利５％の地方債で資金調達して，第２期に元利償還を行うとする．地方債の利払いと償還とは，将来の地方税によってまかなわれなければならない．将来課税は105万円であるが，現在の価値におき換えるといくらになるだろう．もしわれわれが今年100万円手に入れたならば，それを投資信託に投資し，例えば５％の収益を得ることができ，年末には105万円持つことができる．今年100万円手に入れることは，来年の105万円の価値がある．したがって，将来の地方税の現在価値は105／(１＋0.05)＝100万円となる．**将来課税の現在割引価値**は，地方債の額に等しい．後者は，現時点で財源を税に求めたときの税額100万円に等しい．地方債で財源調達したときの将来税の現在価値は，税で財源調達したときの税額に等しい．結局，地方債による財源調達は「税の延べ払い」と考えられることになる．住民がこのことを正しく認識するならば，現在と将来の消費計画は，財源調達手段が税であるか地方債であるかによって影響されない．

具体的には，次のようなことを考えればよい．いま，２つの同質的な地域があるとする．両地域が資本プロジェクトを実施することを決め，かつこのプロジェクトの便益と費用はまったく同一であるとする．唯一の相違点は，A地域は初年度の税金でプロジェクトの費用をすべてまかなうのに対して，B地域は地方債を発行してプロジェクトの費用を将来に分散させることにある．このとき，地方政府の借入と同じ利子率で，住民が個人として資本市場から借入を行うことができれば，家計にとっては税も地方債も同じになる．A地域の住民が税負担を延期したいときには，資本市場から資金を借入れて税金を支払い，借金を将来に返済するならば，B地域の住民とまったく同じになる．これとは反対に，Bの住民が一括して支払を済ませたいと考えているならば，地方債を購入して，その収益で将来の租税債務を弁済することができる．

リカード＝バローの等価定理の地方版ともいえるこの議論については[4]，次の点を注釈しておく必要がある．どの地域の住民も，政府と同一の借入コストで資本市場にアクセスできるだろうか．同一の借入コストでの資本市場へアクセスできるという仮定は，やや単純化しすぎている．政府部門は，個人よりも低い利子率で資本市場から借入れることができる．住民がプロジェクトの費用支払いを将来に分散させたいならば，住民が個人で借りるよりも，地方債を通じて集団的に借りた方が有利である．利払い費や取引費用の節約は，投資プロジェクトの調達手段としての地方債を，より魅力的にするであろう．

3.3 人口移動による資本化

第2の議論は，人口の地域間移動に伴う「資本化」を考慮すると，地方債で財源調達しても地方税で調達しても同じことだというものである．3章で学んだティブーの「足による投票」(voting with feet) では，個人は地方政府の提供する公共財のメニューに応じて，地域選択を自由に行う．ある地域で警察サービスや道路，初等教育がより充実しているとする．このコミュニティへ移住する人が増えると，固定資産へ需要が増大して資産価格を吊り上げるので，財政上の魅力は資産価値（土地や家屋の市場価格）に「資本化」される．

それと同じ論拠で，地方債の元利償還のために固定資産税のような税金がかかると，資産価格は現在割引価値だけ低下する．これは，次のような理由による．いま，財政支出が一定として，財源調達手段が一時点に集中する税から地方債に変更されたとしよう．これは税の支払い時点を，現時点から将来時点に延期することに他ならない．このとき，将来時点での課税が予想されるため，地価は現在価値だけ低下するはずである．なぜか．住宅購入者は，2つの地域社会のどちらに住むかを選ぶことができる．もし，2つの地域社会での土地価格が同じであれば，低い税率の地域社会に住みたいと思うだろう．これは均衡ではない．個人は，地域社会に住む総費用だけに関心がある．均衡では，2つの地域社会の総費用（租税と土地価格の合計）は等しくなければならない．このことは，税率の高い地域社会では土地価格が比例的に下落することを意味している．これを，税金が地価に**「資本化」**(capital-

4) 等価定理については『財政学』239-240 頁参照．

ized）されているという．したがって，地方債の償還時点に他の地域に移住しても，売却する土地の価格が下がっているので，負担を回避することはできない．

例えば，課税前に限界的な購入者は1㎡の土地から，毎期10万円の利益を上げていたものとする．割引率が10％であるとすれば，収益の現在価値は100万円であり，これが需要価格となる．したがって，市場価格は1㎡当たり100万円となる．ここで，地方債の元利償還のために，土地1㎡当たり毎期2万円の固定資産税が課されるものとする．税引き後のネットの収益は，1㎡当たり8万円となるから，割引現在価値は80万円となる．土地の供給は一定なので，限界的購入者は不変であり，市場価格は80万円となる．課税前の地価との差額20万円は，税の総価値の現在価値に等しい．こうして税金は地価に「資本還元」され，当初の土地所有者によって負担される．

「資本化」仮説は，人口の地域間移動を視野に入れて，地方債の負担を動態的に把握している優れた議論といえるが，次のような点には注釈を加えておかなければならない．すなわち，この議論では公共サービスと地方税の組み合わせが資産価格に「資本化」されるように，家計は自由に地域間を移動するという前提が設けられているが，この条件が満たされるか否かは，実証研究の結果に依存する．「資本化」が発生していなければ，地方債の根拠に関する標準的な見解（費用と便益の一致）は妥当である．

4. 地方債をめぐる環境

本節では，近年の地方債市場の現状と，地方財政の健全化の取組みについて解説する．

4.1 地方債の需給環境

国の財政は，2008年秋の世界的金融危機及び2011年3月に起こった東日本大震災に端を発した景気悪化に伴う大幅な税収の減収により，赤字幅が拡大している．財政赤字を補塡するための国債発行が高い水準で続いた結果，国債残高は年々増加の一途をたどり，2013年度末には777兆円に上る見込である．地方財政においても，景気低迷により地方税収が落ち込む一方，社会保障関係費の自然増や公債費が高い水準で推移している．減収補塡債及び景気対策等のための特例地方債が増発された結果，地方債残高は増加し，2013 年度末には 201 兆円となる見込である．このように国及び地方の長期債務残高は，約 977 兆円となり，対 GDP 比 200% に達する見込となっている．

このように長期債務残高は，GDP の 2 倍程度まで膨れ上がっており，厳しい財政状況であるにも関わらず，民間の投資意欲が弱く，資金需要が少ないことが背景となって，わが国の公債市場はかつてない超低金利水準で安定的に推移している．良好な需給関係を背景にして，地方債の対国債スプレッドは，一時期 15〜20 bp（ベーシス・ポイント＝0.01%）に拡大したものの，2011 年 7 月から，ほぼ 2.5 bp のきわめてタイトな水準で推移している．

地方財政の現状を見ても，近年地方債の起債総額は抑制されており，地方の長期債務残高は，必ずしも増加基調にはない．**プライマリー・バランス**の赤字から脱却できない国の財政に比べて，既にプライマリー・バランスは均衡が図られており，地方債は国債と比べて取り立てて問題視する状況にはない．また，地方公共団体は減債基金への積立を適切に行っており，地方公共団体金融機構からの一時借入の仕組みもあることから，地方債の信用力が担保されている．

とはいえ，ひとたび国の財政が危機的な状況に陥ることがあれば，地方財政もその影響から免れることはできない．第 1 に，日本自体が国債，地方債の発行残高が GDP の約 2 倍に達するなど，先進国で最も厳しい財政状況にある中でソブリンリスクを抱えており，ひとたび日本の財政運営に対する市場関係者の信認が揺らぐようなことがあれば，国債の急激な金利上昇，価格暴落を招かないとも限らない．このような場合，地方債にも多大な影響が及ぶことが避けられない．第 2 に，景気が回復して，事業債の発行量が回復すれば，投資家の運用資金が減少して，地方債市場の需給関係が反転する可能性がある．リーマンショックの際などに，地方債の対国債スプレッドがワイド化しているように，将来再び違う形で危機的な状況が到来することも十分想定しうるところである．このような危機が現実のものとなったとき，地方債の発行がどのような事態に直面することになるのかを想定し，それに対応することができる準備を行うことが必要である．

4.2　予算制約のソフト化

地方政府は，債務の償還を最終的には中央政府が肩代わりしてくれるであろうと期待すると，財政健全化に努力を傾けるよりも，無駄な歳出に財源を使い，地方税の徴収を怠り，借入に依存するようになる．投資家も，地方政府を監視するインセンティブを失う．中央政府にも様々な誘惑があり，救済しないという約束を守ることは難しい．このような現象は，予算制約のソフト化（soft budget constraint）と呼ばれる．ソフトな予算制約は，ハンガリーの経済学者であるコルナイ（J. Kornai）が提唱した概念である．彼自身は，政府と公企業の関係に注目していたが，1990 年代以降に，ソフトな予算制約問題を中央政府と地方政府の財政関係に応用する研究が登場してきた．

図 11.4 によって，**ソフトな予算制約**を説明する．地方政府が，借入によって投資プロジェクトを実施するか否かを検討している．実施しない場合は，現状維持となり，中央政府と地方政府の利得はそれぞれ Q^c，Q^l となる．地方政府が，借入によって投資プロジェクトを実行したとする．このプロジェクトによって，当該地方政府には B^l という便益が発生する．地方政府の実施したプロジェクトの便益は，他の地方政府にもスピル・オーバーするので，全国の地方政府に関心を持つ中央政府にも，B^c という便益が生じるとする．

地方政府が借入によって投資プロジェクトを実施した後で，この事業が失

図 11.4　デフォルト－ベイルアウトゲーム

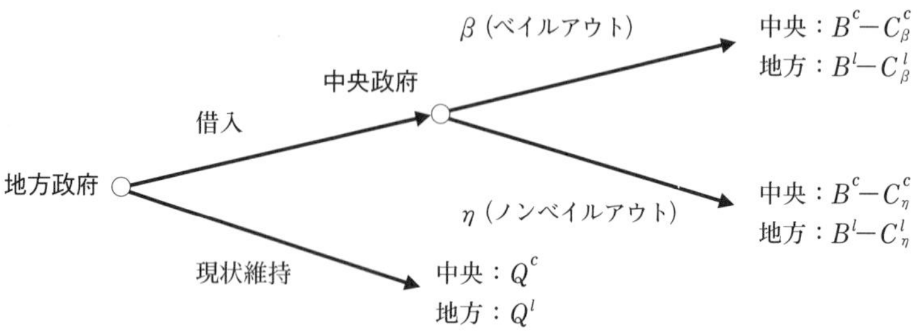

（資料）Rodden, Eskeland and Litvack eds.（2003）*Fiscal Decentralization and the Challenge of Hard Budget Constraints*, p. 42.

敗してしまうことがよくある．このときに，中央政府にはこの地方を事後的に**救済**する(β)か，もしくは救済しない（η）かの選択肢がある．中央政府が救済(β)を選択すると，中央政府に生じる費用が C^c_β，地方政府に生じる費用が C^l_β であるとする．逆に中央政府が救済しないこと($\overset{エータ}{\eta}$)を選択すると，中央政府の費用が C^c_η，地方政府の費用は C^l_η となる．望ましくない事態を起こす条件は，次の3点にまとめられる（Rodden, Eskeland and Litvack eds. [2003] Ch 2）．

条件1：中央政府にとっては救済した方が，救済しないよりも社会的な費用が小さい．

$$B^c - C^c_\beta \geq B^c - C^c_\eta \qquad \text{または} \qquad C^c_\beta \leq C^c_\eta$$

条件2：救済されることが予想される場合，地方政府は借入を行うが，救済されないことが予想される場合には，現状維持を選択する．

$$\text{条件 2a：} \quad B^l - C^l_\beta \geq Q^l \qquad \text{条件 2b：} \quad B^l - C^l_\eta \leq Q^l$$

条件3：社会全体の効率性は，現状維持の方がよい．

$$[B^c - C^c_\beta] + [B^l - C^l_\beta] \leq Q^l + Q^c$$

こうした状況において，条件2により中央政府は破綻に瀕した地域を救済しないと宣言する．しかし条件1より，その約束は信憑性が乏しいので，地方政府は事後的な救済をあてにして借入を選択してしまう．地方政府は借入を選択するが，それは中央政府の救済（β）を促して，結果的に**社会的厚生は低下**する．その結果，条件3により社会的にみると好ましくない選択をしてしまうのである．

4.3　地方債の制御

予算制約のソフト化の問題に直面して，多くの国々は地方債の発行を，地方公共団体の自由に任せるのではなく，何らかの形で管理している．これらのアプローチは，次の4つに分けられる．すなわち①市場規律，②中央政府による行政的な統制，③透明性の高いルールによる管理，④中央政府と地方政府との協議・交渉である．

ルールに基づく管理（均衡予算，発行対象の限定，元利償還比率による制限等）の長所は，透明性が高く，誰にでも理解することができ，（首長の交替等によって）借入政策が政治的に翻弄されることを遮断できる点にある．しかし，経済環境の変化に応じて柔軟に対処できないことや，「抜け穴」を見つけ出す行動を誘発するといった問題がある．

このような欠点を補い，地方公共団体の健全な財政運営を確保する手段が，**市場規律**である．地方行財政を統括する官庁がなく，長期・低利の公的資金が融通されることもない国（例えばカナダ，アメリカ）では，地方公共団体は基本的に独自の信用力に基づいて，資本市場で資金を調達する．第3者機関による「格付け」によって，信用力は審査される．格付けの低い発行体は，借入れ金利が高くなるので，財政を健全化して信用力を高めるインセンティブが働く．最悪の場合には破産手続きに則り，債務調整が行われる．

しかし，市場規律が効果的に機能するためには，いくつかの前提条件が満たされる必要がある．すなわち，借り手の負債や返済能力に関する十分な情報公開が行われていること，金融機関に対するポートフォリオ規制（国債・地方債の発行割当て等）が行われていないこと，借り手が債務不履行に陥った場合に貸し手を救済しないという約束が信頼できること，そして借り手は新規借入れが不可能となる前に，市場のシグナル（格付けの悪化等）に合わせて俊敏に政策決定を行えること等である．

日本の地方債制度は，許可制という行政的統制を廃止する代わりに，財政ルールの強化によって，地方債の信用度を維持しようとしている．地方債市場のインフラが十分に整わないまま，市場規律のみで一元的に地方財政を規律づけることは性急であろう．むしろ財政ルールによって地方財政を監視しながら，時間をかけて市場規律が働くためのインフラを整備すること（公会計制度と外部監査の充実，オープンな地方債市場の育成，住民や投資家に対するIR等の情報開示，格付けの普及等），市場化から取り残される信用力の弱い地方公共団体も支援する仕組みづくりが必要である．次の項では，財政ルールについて詳しく説明する．

▶ Column-20 ◀

地方公共団体の格付け

地方債の信用格付け（Bond rating）は，発行体が，投資家にすべての利息と元本を返済することができるか，というリスクを評価するものである．格付けは，投資家が地方債の信用リスクを見きわめる手助けとなっている．地方債の発行体は，専門の格付け機関に依頼して，発行銘柄の全般的なリスクを見定めた上で，債券に「格付け（grade）」を付与してもらう．ムーディーズ，スタンダード・アンド・プアーズ，フィッチの3社は，三大格付け機関と呼ばれている．格付けは，発行体の資金調達能力と，発行体の起債に伴う負担額の双方に大きな影響を与える．投資家は質の高い銘柄を求めているので，銘柄の質が低くなると，それだけ発行は難しくなり，金利コストも遥かに高いものとなる．

4.4　地方財政健全化法

2007年3月に北海道夕張市が，福岡県赤池町以来15年ぶりに準用財政再建団体に指定されたことをきっかけに，地方財政再建促進特別措置法（以下，旧特別措置法）を廃止して，新しい枠組みが制定されることになった．「地方公共団体の財政健全化に関する法律」（以下，財政健全化法）が2007年に制定され，2009年4月に施行された．図11.5を用いてこれを説明しよう．第1に，旧特別措置法では国の管理下に置かれる準用再建団体にあたるか否かは，普通会計における実質赤字比率のみを用いて判断されていた．赤字も1年以上の債務のみが対象とされ，短期借入は監視されていなかった．これに対して，財政健全化法では4つの健全化判断比率の公表により，より広い範囲での自治体の財政状況が把握可能になった．第2に，旧特別措置法では，実質赤字比率がある一定の閾値（いきち）を超えると，地方債の発行なしに自主的に財政再建をめざすか，もしくは国の管理下で財政再建団体になるのかを選択する仕組みであった．これに対して財政健全化法では，自主的な改善努力を促す「早期健全化」と，国が関与して確実に再生をめざす「財政再生」の，2段階の財政再建スキームにより，より早い段階で自治体の財政再建が促されることになった．

4.5　財政ルール

地方財政健全化法は，4つの「健全化判断」指標を通じて，地方公共団体の財政状況をモニターしている．

❑ **実質赤字比率**　**実質赤字比率**は，一般会計の実質赤字を標準財政規模

図 11.5　地方公共団体の財政の健全化に関する法律（イメージ）

健全段階

○指標の整備と情報開示の徹底

・フロー指標：
実質赤字比率，連結実質赤字比率，実質公債費比率
・ストック指標：
将来負担比率＝公社・三セク等を含めた実質的負債による指標

→監査委員の審査に付し議会に報告し公表

財政の早期健全化

○自主的な改善努力による財政健全化

・財政健全化計画の策定（議会の議決），外部監査の要求の義務付け
・実施状況を毎年度議会に報告し公表
・早期健全化が著しく困難と認められるときは，総務大臣又は知事が必要な勧告

財政の再生

○国等の関与による確実な再生

・財政再生計画の策定（議会の議決），外部監査の要求の義務付け
・財政再生計画は，総務大臣に協議し，同意を求めることができる
【同意無】
・災害復旧事業等を除き，地方債の起債を制限
【同意有】
・収支不足額を振り替えるため，償還年限が計画期間内である地方債（再生振替特例債）の起債可
・財政運営が計画に適合しないと認められる場合等においては，予算の変更等を勧告

公営企業の経営の健全化

健全財政 ⇔ 財政悪化

	早期健全化基準	財政再生基準
実質公債費比率	25%	35%
実質赤字比率	都道府県：3.75% 市町村　：11.25～15%	都道府県：5% 市町村　：20%
連結実質赤字比率	都道府県：8.75% 市町村　：16.25～20%	都道府県：15% 市町村　：30%
将来負担比率	都道府県：400% 市町村　：350%	

3年間（平成21年度から平成23年度）の経過的な基準
・都道府県は
25%→25%→20%
・市区町村は
40%→40%→35%
を設けている．

	経営健全化基準
資金不足比率（公営企業ごと）	20%

※指標の公表は2007年度決算から．財政健全化計画の策定の義務付け等は2008年度決算から適用．

（資料）総務省ホームページ．

（その自治体の通常の税収入等に普通地方交付税を加えた額）で割った指標であり，旧特別措置法にもあったものである．連結実質赤字比率は，全会計を対象とした実質赤字を，標準財政規模で割った指標であり，新たに導入された．公営企業も含めて，各自治体全体の資金不足の状況を示すものであるが，地方公社や第3セクター等は対象となっていない．**連結実質赤字**は，16% を超えると「早期健全化」に指定される．普通会計ではなく，病院，国民健康保険，下水道といった事業会計が原因となっている自治体が多いことがわかっている．ただし，連結実質赤字比率は，自治体内部の普通会計と公営事業会計の会計間において，赤字と黒字が相殺されているケースもある．**実質公債費比率**は，一般会計と一部事務組合が負担する元利償還費を標準財政規模で割った指標で，過去3年間の平均値をとる．実質公債費率は，地方債の信用を確保する基準ともなっており，財政健全化法でもこの精神を継承している．

❑ **将来負担比率**　**将来負担比率**とは，地方公共団体が将来負担すべき実質的な負債額を，標準財政規模を基本とした額で割った比率である．負債額には，一般会計の退職手当や，地方公社や第3セクターの損失補償の負担見込み額も含まれている．この指標は，新たに導入されたストック・ベースの指標である．将来，負担比率が 350% を超えると「早期健全化」に指定される．夕張市をはじめ，地方公社や第3セクターの問題を抱えた地方公共団体は，将来，負担比率を下げていく必要に迫られている．図 11.5 にあるように，地方公共団体は4つの健全化指標の公表が義務づけられ，ある一定の水準を超えると「早期健全化団体」に該当し，財務がさらに悪化してその上の「財政再生」基準を超えると，「財政再生団体」に指定される．健全化判断比率の公表が始まって以来，各指標は改善されている．日本の地方財政制度は，地方公共団体が連邦破産法適用を申請できる米国と違って，地方債のデフォルトの仕組みはないと解釈されている．デフォルトを起こさずに地方公共団体に財政健全化を促す仕組みが整備されている点は，ユニークであるといえる．

演習問題

1．次の URL から居住地の都道府県・市町村の「決算カード」をダウン・ロードしなさい．http://www.soumu.go.jp/iken/zaisei/card.html　「健全化判断比率」を見て，早期健全化基準，財政再生基準に達していないかどうかチェックしなさい．また，地方債現在高，債務負担行為額を確認しなさい．

2．次の文章を読み，正しい場合には○，間違っている場合には理由を付して×をつけなさい．

①理論的には，地方債の定時償還は，満期一括償還に比べると平均残存年限が短縮化されることで資金調達コストが低くなり，金利を引下げる方向に作用する．

②「地方公共団体の財政の健全化に関する法律」により，地方団体は普通会計だけではなく，特別会計や地方公社・第3セクターを対象に，財務状況を4つの健全化判断比率によって監視されている．

3．次の（　　）に入る適切な用語を答えなさい．

地方財政法第5条に列挙されている適債事業には，5種類ある．すなわち，交通事業，ガス，水道事業，その他の地方公営企業の経費，出資金及び貸付金，地方債の借換え，災害応急事業費等，①（　　）である．地方債発行の許可制は2006年に廃止され，②（　　）に移行した．さらに，2011年には一定の要件を満たす地方公共団体が民間資金債を発行しようとする場合，事前の③（　　）で足りるものとする法律が制定された．地方債の発行形式には，一般投資家から広く資金を調達する④（　　）と，その引受けを地方銀行等の金融機関に限定して発行される⑤（　　）とがある．

4．地方債を引受ける金融機関のバランスシートには，負債と資産の期間不一致があるといわれることがある．これはどういうことを意味するのか説明しなさい．

5．地方債金利の絶対値は，国債にスプレッド（金利差）を一定程度上乗せした水準として決定されることが多い．その理由は何かを説明しなさい．

6．次のゲームの木は，持田『財政学』に載っている図である（図12.2）．この数値例は，ソフトな予算制約を示すものとして掲げられている．それはなぜか，理由を説明しなさい．

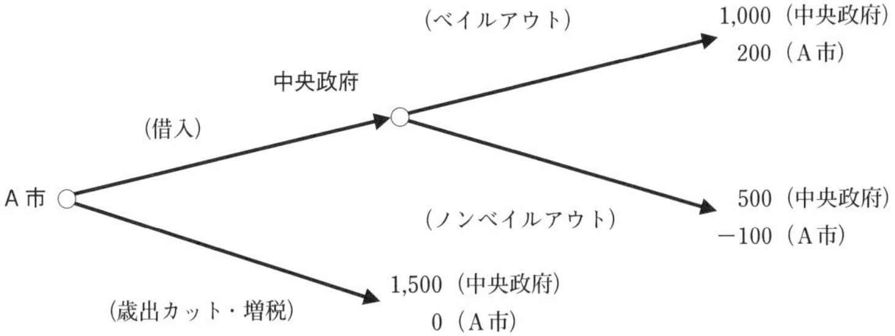

7．地方債を発行して公共サービスを享受した住民が，償還される前に他の地方政府へ移住して，税負担を回避しようとすることを「食い逃げ効果」という．この効果について論評しなさい．

文献案内

地方債の金融としての側面を，地方公共団体の視線からわかりやすく解説した入門的な連載として，前葉（2010）を薦める．地方債市場を概観するには，地方債に関する調査研究委員会（2011），（2012），（2013）及び野村資本市場研究所編（2007）が便利．地方債市場におけるアクター間の関連を分析した研究書として稲生（2010）がある．地方債の格付けとクレジット分析については，江夏（2009）が代表的．地方債制度改革の争点を整理したものとして，持田（2008）がある．地方債の発行根拠について理論的に勉強したい読者には，Oates（1972）Ch. 4 を薦める．Rodden, Eskeland and Litvack（2003）は，ソフトな予算制約についての実証的な研究書．

第12章

地方政府の準企業活動

12章では，地方政府の準企業活動ともいうべき公営企業と第3セクターについて学ぶ．はじめに1節では，地方公営企業の経理と経営原則について解説する．公営企業のあるべき経営原則を具体化するために，経費の負担区分を前提にした，独立採算制と総括原価主義が規定されていることを理解する．電気・ガス・交通・上下水道といった産業は，規模の経済性が強く働く産業であり，仮に生産を市場に委ねると自然独占になりやすく，何らかの公的規制が必要と考えられる産業である．2節では，自然独占に対して政府の規制が必要となる理由があるかを問う．限界費用価格規制，平均費用価格規制，二部料金制の意味と相互の関連について解説する．

3節では，財務会計における透明性の向上と自己責任を拡大するために，公営企業会計基準はどうあるべきかを学ぶ．国際基準に従って頻繁に改正される企業会計原則との整合性を，どう図るべきであろうか．借入資本金，みなし償却，引当金，繰延資産に焦点を当てる．最後に4節では，地方公共団体と関係の深い第3セクター等について学ぶ．欧米のサード・セクターの理論を基礎として，わが国の第3セクターの意義と分類を示す．第3セクターに対する地方公共団体の財政支援のあり方を，損失補償問題に焦点を当てて論じる．債務保証と損失補償の区別は何だろうか．損失補償をめぐる判例は，第3セクターのあり方にどのような影響を与えるかを論じる．

1. 地方公営企業

地方公共団体の行う活動のうち，企業的性格が強く，主として特別会計で経理される事業を地方公営企業という．本節では，地方公営企業の経理と経営原則について概観する．

1.1 地方公営企業の定義と経理

地方公共団体は，法律上，企業を経営できる（地方自治法第2条第2項）．しかし，地方公共団体の経営する企業が，その経済性を発揮するとともに公共の福祉を図るためには，地方公共団体一般を規定する地方自治法が適用されることは，必ずしも妥当ではない．このため，地方公営企業の組織等については，別に法律で定めることになっている（法第263条）．これが，地方公営企業法の根拠規定である．

地方公営企業の経理は，特別会計を設けてこれを行うことになっている（地方財政法第6条）．図12.1に見られるように，地方公共団体の会計は国と同じように，一般会計と特別会計からなる．しかし，地方団体ごとに一般会計と特別会計のカバリッジが異なるため，全国の決算統計を作成するための，統計上の会計区分が行われる．それが，普通会計と公営事業会計である．公営事業会計は，地方公共団体の企業活動に関わる特別会計であり，公営企業会計とその他の事業会計（収益事業，国民健康保険事業等）からなる．

このうち，中心となっている公営企業会計は，**地方公営企業法の適用**の有

図12.1 地方財政の会計区分

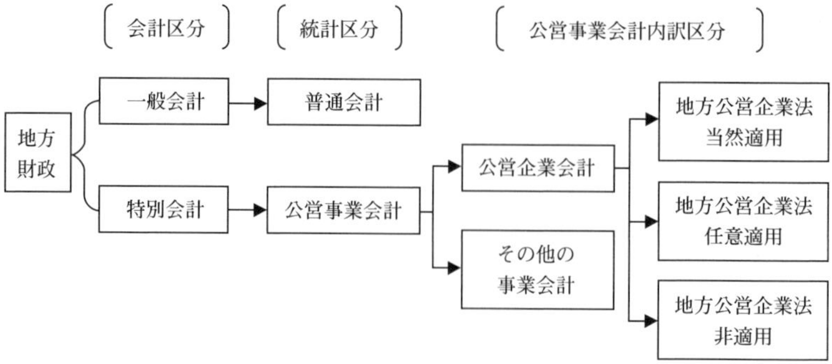

（資料）西田安範編『図説　日本の財政』平成24年度版等より．

無を基準にして，さらに3つに区分される．地方公営企業法が当然適用される事業，任意適用される事業，そして非適用事業がそれである．このうち，当然適用とされるものが地方公営企業のコアの部分であるといってよいが，それは，①水道事業，②工業用水道事業，③軌道事業，④自動車運送事業，⑤地方鉄道事業，⑥電気事業，⑦ガス事業の7つからなる．なお，病院事業については，地方公営企業法の財務規定のみが当然適用される．

さて，ここで法適用事業の会計方式が企業会計方式であるのに対して，法非適用事業の会計方式は，官庁会計方式であることに注意を喚起しておきたい．このため，両事業の間には，経理面についていくつかの違いがある．第1に，法適用企業の会計は**発生主義**であるが，法非適用企業のそれは現金主義である．前者においては，債権債務の発生事実に基づいて取引が記録される．例えば，発生主義では物品の納品時点で債務が発生し，費用計上される．これに対して現金主義では，現金支出の事実に基づいて記録されるので，発生主義であれば費用計上される「未払金」が会計上現われない．

第2に，法適用事業には期間計算という観念があるが，法非適用企業にはない．**期間計算**とは，ある年度に現金支出があっても，その年度の費用として認められるのは，そのうち当該年度の収益の獲得に役立ったと考えられる部分のみであり，残りは，翌年度以降に資産として繰延べるという考え方である．例えば，法適用事業では，建物を建設した場合には会計上は翌年度以降，減価償却費として計上されるが，法非適用事業では，現金支出した時点で全額費用計上される．

第3に，法適用事業には**損益取引と資本取引**の区分があるが，法非適用事業にはない．地方公営企業は企業活動であるが，行政活動の一部である以上，実際の活動は予算に基づいて執行される．その際，法適用事業の予算は，当年度の損益取引に基づくもの（「収益的収支」）と，投下資本の増減に関する取引に基づくもの（「資本的収支」）に，分けて表示されている．これに対して，法非適用事業では，一切の収入を歳入とし，一切の支出を歳出として，それぞれ一括して差引剰余金を計算する．これに関連していえることだが，法適用事業には資産，負債・資本の概念があるが，法非適用事業にはそのような概念はない．すなわち法適用事業においては「資産＝負債＋資本」という関係がなりたち，貸借対照表により資産，負債，資本の状態が表される．これに対して，法非適用事業では資産，負債，資本という観念がなく，したがって貸借対照表も存在しない．

1.2 公営企業の経営原則

❑ **独立採算制**　地方公営企業の経営原則は，「常に企業の経済性を発揮するとともに，その本来の目的である公共の福祉を増進するように運営されなければならない」と定められている（地方公営企業法第3条）．この経営原則を具体化するにあたり，次の2つの理念が定められている．第1は，経費の負担区分を前提にした独立採算制である．地方財政法第6条や地方公営企業法第17条は，公営企業の経理は「特別会計を設けて」行い，その経費は「その性質上当該公営企業の経営に伴う収入をもって充てることが適当でない経費及び当該公営企業の性質上能率的な経営を行ってもなおその経営に伴う収入のみをもって充てることが客観的に困難であると認められる経費」を除き，「当該企業の経営に伴う収入」でまかなわなければならないと規定している．

すなわち，地方公営企業については，特別会計の設置が義務づけられるとともに，**経費の負担区分**を前提に，**独立採算制**（公営企業の経費は経営に伴う収入を充てること）の原則を適用することとされている．ここで，経費の負担区分が前提になっているのは，民間企業が企業ベースに乗らないような活動は行わないのに対して，公営企業は地方公共団体によって経営されていることから，本来地方公共団体の一般行政事務と考えられるような仕事を行ったり，もともと企業ベースに乗らないような活動を公共的必要性から実施したりする場合があり，公営企業がこのような活動を行っている場合には，それに要する経費についてまで独立採算制を原則とすることは困難である，という配慮によるものである．

例えば，下水道にかかる雨水処理の経費は住民全体に便益が及ぶので，一般会計から繰出が行われるが（「雨水公費」原則），受益者が特定できる汚水処理は使用料でまかなわれる（「汚水私費」原則）．また，救命救急センター，へき地医療のように，常に一定の人員や空床を確保するような場合に必要な病院事業の経費も，一般会計から繰出が行われている．

Column-21

下水道の経費負担区分

地方公営企業には一般会計から繰出が行われているが，財政措置を合理的に説明することが困難になっているケースもある．下水道事業では，「雨水公費・汚水私費の原則」に基づいて，雨水処理に要する経費を一般会計から繰り出すべき経費とし，地方財政計画では資本費の7割相当額を雨水分として計上されている．しかし，①雨水資本費の比率については，計画上の推定値7割に対して決算値では約3割と大きく乖離しており，しかも減少傾向にある，②汚水私費の原則からいえば，本来はその全てを使用料で回収すべき経費である汚水資本費について，一般会計からの繰出が必要となっている，③汚水処理経費が高いにも関わらず使用料設定を低く抑え，租税を原資とする一般会計からの多額の繰出金に依存している，といった諸問題がある．下水処理が合流式から分流式に変わったことを踏まえて経費負担区分を見直し，料金水準を適正化する必要性が指摘されている．

（資料）総務省自治財政局地域企業経営企画室（2006）．

❏ **総括原価主義**　第2は，**総括原価主義**による料金決定である．地方公営企業は，経費負担区分を前提にした独立採算制の原則を採っているが，「経営に伴う収入」として想定されているのは，主に料金収入である．独立採算制が適用される部分について，地方公営企業の料金水準はどうあるべきであろうか．この点について，地方公営企業法は「公正妥当なものでなければならず，かつ能率的な経営の下における適正な原価を基礎とし，地方公営企業の健全な運営を確保することができるものでなければならない」と規定している．要するに，料金決定の原則として，①公正妥当なものであること，②原価主義，③経営の健全性の確保の3原則を掲げている．

このうち，原価主義が料金水準の決定に際しては重要である．「適正な原価」とは，損益計算上の費用であり，資本的収支の不足額をそのまま原価に含めてはいけないとされる．他方，施設の新規整備や維持更新のためには，内部資金を留保しうることが必要であるという考え方が定着している．そのために「適正な事業報酬」を含めて，料金が算定される．このように，地方公営企業の料金決定に際しては，適正な原価に事業報酬を加算して算定する総括原価主義が採られている.

2. 自然独占と政府の規制

本節では，自然独占に対して政府の規制が必要となる根拠を学び，地方公営企業の意義を理解する.

2.1 自然独占

規模の経済が大きいために，生産量が市場全体の需要の大半を占めるまで，平均費用が逓減する産業がある．市場に1企業しか存在しない場合を，自然独占（natural monopoly）という．いくつかの重要な財・サービスの市場が，このような自然独占の性質を持っている．電気・水道・下水道の公営企業，交通手段（高速道路・高速鉄道・橋梁），テレコミュニケーション（テレビ，無線通信），そしてコンピューター・ソフトウェアの生産等は，規模の経済が大きい．これらの事例に共通するのは，限界的な操業費用に比べて，初期費用が巨額であるという性質である．実際，電線・水道管・高速道路・ソフトウェアの作成と検証には，莫大な建設・維持費用がかかる．けれども，初期費用がいったん投下された後は，消費者は当該サービスを最小限ないしほとんど費用ゼロで利用できる（混雑が生じる場合は別）．追加的に1人の消費者が，電気のスイッチや蛇口をひねったり，道路の上を走ったりするのにかかる操業費用は，限りなく小さい.

巨額の初期費用と低い限界費用の組合せによって，**平均費用曲線** AC は右下がりになる．図 12.2 に見られるように，平均費用は初期費用が巨額なため，生産量が少ないと高くなる．サービスが供給されるようになると，限界費用曲線 MC は追加的な操業費用しか含まないので，生産量が少ない領域では，平均費用曲線 AC の下側に位置する．平均費用より限界費用が小さい領域では，平均と限界の数学的な関係によって，平均費用は必ず低下しなければならない．なぜならば，平均費用を押し下げるためには，限界費用が平均費用よりも小さくなければならないからである.

図 12.2　自然独占と価格規制

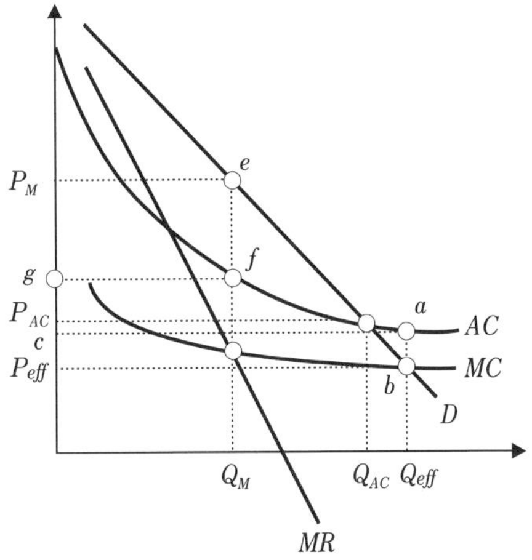

（資料）Tresch, R. W.（2008）*Public Sector Economics*, Fig. 9. 3.

2.2　限界費用価格規制

以下では，自然独占が発生する場合に，政府による規制のあり方を論じる（Tresch［2008］pp.159–176）．図 12. 2 において自然独占が存在する場合に，社会的厚生が最大になるのは，価格と限界費用が等しくなる点 b であり，そのときの生産量は Q_{eff}，価格は P_{eff} となる．なぜそうなるかを説明すると，次の通りである．社会的厚生の大きさは，財・サービスの消費から得る総効用から，生産のための総費用を差し引いたものである．社会的厚生は点 b の左側では増大し，右側では減少するので，価格と限界費用が等しくなる点 b で最大となる．したがって，社会的厚生を最大化するには，企業が供給する財・サービスの価格を P_{eff} に規制する必要がある．このように，価格を限界費用に規制することを**限界費用価格規制**（marginal cost pricing）という．図 12. 3 に価格規制の体系図を掲げる．

しかしながら，このような価格規制には問題がある．生産量 Q_{eff} では，限界費用は平均費用より小さいので，価格 P_{eff} では生産の総費用を十分にはカバーできない．企業の総収入は $P_{eff} \times Q_{eff}$ で，総費用は $c \times Q_{eff}$ である．この企業には，□ $cabP_{eff}$ だけの損失が発生する．このままでは民間企業として存続できないので，政府は損失をカバーするために，一般財源から補塡しな

図 12.3　価格規制の体系

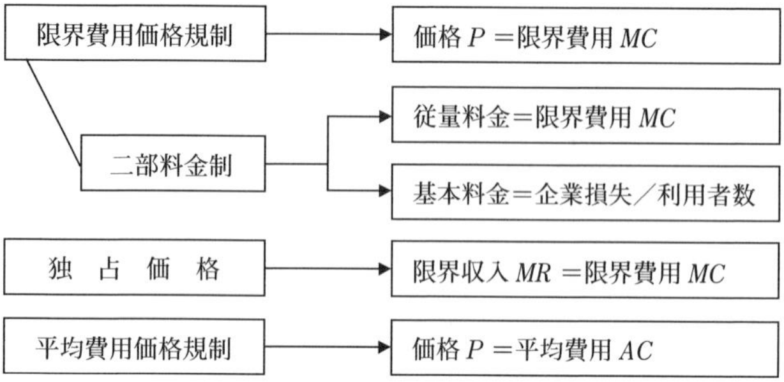

ければならなくなる．しかし一般財源から企業の損失を補填してしまうと，①税収によって赤字を補填すると超過負担が発生する，②企業が利潤最大化のインセンティブを失くしてしまい，非効率な生産を行うといった問題が発生する．

❑ **二部料金制**　利用量に関わらず支払われる基本料金と，利用量に応じて支払われる利用度料金を併用することを，**二部料金制**という．もしも二部料金制が次のようなものであれば，社会的厚生を最大にするとともに，企業も損失を被らないで存続が可能になる．再び，図 12.2 を見てみよう．第 1 に，利用度に応じて支払われる料金を限界費用 P_{eff} に設定する．需要量は Q_{eff} となり，社会的厚生は最大になる．第 2 に，基本料金を利用者に一律に課して，企業の損失＝赤字額に等しくなるように，基本料金を設定する．基本料金からの収入によって，企業は損失を被らずに存続が可能となる．

しかし，二部料金制は応益原則により忠実であり，社会的にも効率的であるとはいえ，利用者の間での公平性の原則には，強く抵触する可能性があることもまた事実である．二部料金制度の採用により，より多く利用すれば負担が大きくなるので，効率的になる．しかし大口需要者は，需要単位当たり料金が逓減するので有利になるが，小口の需要者は，需要量とは関係のない費用部分を基本料金として徴収されるために，不利になる．例えば，所得の低い学生や高齢者は，自家用車ではなく，公営の交通機関を利用しているが，一律の基本料金は割高であろう．

2.3 独占価格

限界価格形成規制（と二部料金制）を除外すると，政府に残される選択肢は2つ，すなわち独占価格（monopoly pricing）と平均費用価格形成規制（average cost pricing）になる．両者は図12.2において，効率的な点（Q_{eff}, P_{eff}）とともに描かれている．MRは市場需要曲線Dの下での，限界収入曲線を表している．完全競争では企業にとって価格は所与なので，限界収入は価格に等しいが，独占の場合には生産量を増やすと価格が下がってしまうため，限界収入曲線は市場の需要曲線よりも下側になる．

ひとつの選択肢は，民間企業に独占企業として一手販売権を与え，好きなようにさせることである．これには，企業を規制するための様々なコストを避けるという利点がある．しかし問題は，投資家が経済学の教科書に書かれているような「独占」企業として行動し，利潤の最大化を図ることにある．その場合，独占企業はMRがMCと交わるQ_Mまで生産を行い，需要曲線上にあるP_Mに価格設定する．利潤は，P_Mefgに等しい面積で表される．これは公共の利益には反する．効率的な点（Q_{eff}, P_{eff}）と比較すると，価格はかなり高く，生産量もかなり少ないからである．独占を認める本来の理由は，平均費用が逓減することを利用して，費用節約を図ることにあるはずである．しかし，企業が価格をP_Mに設定すると，費用節約のメリットは価格低下を通じて一般公衆の手に渡るのではなく，**独占利潤**という形で，資本所有者だけが享受することになる．

2.4 平均費用価格規制

いまひとつの選択肢は，図12.2において価格を平均費用ACに等しく設定して，Q_{AC}だけ生産することである．平均費用価格P_{AC}はサービスの総費用をカバーするので，赤字補塡をしないという制約の下での，最も効率的な資源配分を達成する次善の規制といえる．Q_{AC}は効率的な生産量ではないが，（Q_{AC}, P_{AC}）は（Q_M, P_M）よりも効率的な点（Q_{eff}, P_{eff}）に近い．自然独占による費用節約のメリットの多くは，消費者の手に渡るのである．しかし，この規制においても費用を基に規制料金を決定しているので，費用を削減して利潤最大化を図るインセンティブが存在しないことに注意する必要が

表 12.1　水道事業の供給単価と給水原価

(円 /m³)

	総計	都及び指定都市	給水人口						
			30万人〜	15〜30万人	10〜15万人	5〜10万人	3〜5万人	1.5〜3万人	〜1.5万人
供給単価	150.77	179.86	169.42	163.26	166.29	169.87	168.49	170.53	182.95
給水原価	147.41	176.30	164.81	163.07	161.73	167.74	172.59	171.31	191.76

（資料）総務省自治財政局編『地方公営企業年鑑』(2010 年).

ある（奥野編［2008］p. 233).

わが国では，この方式は地方公営企業の料金を，適正な原価に事業報酬を加算する総括原価に納めるという意味で，「総括原価主義」と呼ばれている．表 12.1 に見られるように，水道事業では年間有収水量 1 ㎥当たりの平均費用を「**給水原価**」，1 ㎥当たりの料金収入を「**供給単価**」として，両者をほぼ一致させることによって独立採算制が保持されている．2010 年時点では，前者は 147 円で後者は 151 円である．ただし，人口規模が小さい地方公共団体の水道事業では，「規模の経済」を十分に発揮することはできない．中井他（2010）の実証研究によれば，末端給水事業の給水原価は，対数変換した有収水量に対して U 字型で表され，「規模の経済」が働いている．表 12.1 においても，給水人口が 5 万人を切ると，給水原価（平均費用）が供給単価（水道料金）を上回り，さらに 1.5 万人未満になると，給水原価が急激に上昇する．一方，料金収入となる供給単価は，おおむね 300 円前後を上限としているため，給水原価がその水準を超える小規模な事業では，損益計算上の赤字が発生する．このため，一般会計からの繰出を必要としている．

▶ Column-22 ◀

地方公営企業の意義

わが国の公営企業で自然独占としての性格が強いのは水道，下水道事業である．一方，電車，病院，電気供給の分野では，民間企業との競争状態に置かれている．地方公営企業の意義は，自然独占の規制という一般的な点にあるばかりでなく，サービス供給の対象が不採算分野や地域から撤退して，住民生活に大きな影響を及ぼすことを防ぐ点にもある．これらのサービスを供給することは，ナショナル・ミニマムを普遍的に保障するという性格を持つといえよう．

3. 地方公営企業の会計制度

公営企業についての伝統的な規制のあり方についての見直しが近年行われ，経営効率化の競争を促すことが注目されている．本節では，地方公営企業会計基準の見直しを解説する．

3.1 借入資本金とみなし償却

2012年，地方公営企業会計基準について約46年ぶりに大幅な改正が行われ，2014年度の予算から適用されることになった．改正の要点は以下の4つである．

第1は，借入資本金の負債計上である．公営企業については，地方債をもって，それに要する経費の財源とすることができるが（地方財政法第5条），それは株式の発行により自己資金を調達する民間企業とは異なり，その建設・改良等に必要な資金は，将来企業から上がる収益をもって償還する，公営企業債の発行によることが望ましいからである．このため，従来は企業債・他会計からの借入額については，民間企業の資本金に近い性質があるとされ（見合いの資産保全，減債積立金による資金提供等），「**借入資本金**」として貸借対照表の資本の部に計上されていた．

しかし，今回の改正では，債務として利息の支払いや，返還の義務があることを重視して，貸借対照表上負債として計上されることになった．この面では，企業会計との整合性がとられたといえる．他方では，対応した実物資産が，存在する負債と資金手当て的な債務を明確に区分することとしていることや，後年度に一般会計が負担することとされ，地方公営企業が実質的には負担する必要がない債務については，その旨を注記することになった．この点は，公営企業特有の経費負担区分の考え方が考慮されているといえる．

第2は，任意適用が認められている「**みなし償却制度**」の廃止である．民間企業では，固定資産を購入する際に国から補助金を受領した場合に，固定資産価格を，その取得原資とされた国庫補助金に相当する金額だけ減額して処理する（企業会計原則　第3の5F，同注解24）．これは法人税法上では，圧縮記帳と呼ばれている．例えば，ある会社が5億円の固定資産の購入にあたって，3億円の国庫補助金を受取った場合を考えよう．その3億円分，固定資産の取得原価を圧縮して，その額を法人税法上の損金に算入する．その結果，貸借対照表には2億円の資産が計上される．一方，損益計算書には，特別利益（国庫補助金受領益）と特別損失（固定資産圧縮損）が3億円ずつ計上されて相殺され，損益が消えることになる．なぜこのようなことをするかというと，国庫補助金受領益に対する課税を見合わせるためである．

これに代わり，地方公営企業では従来，「みなし償却」を行うことが任意で認められていた．「みなし償却」とは，公営企業が保有する固定資産のうち，補助金等を原資とした資産について，減価償却を行わず，当該固定資産が除却されるまで，減価償却されることなく，資本の部に計上した補助金と両建で計上され続けるという制度である．しかし，これは貸借対照表上，資産価値が適切に表示されないことや，適用が任意であることが問題とされ，廃止されることになった．改正後は，償却資産の取得・改良のために交付される国庫補助金については，「長期前受金」として負債に計上し，資産の減価償却に対応させて収益化することになった．

3.2 引当金と繰延資産

第3は，退職引当金等の計上の義務化である．民間の企業会計では，将来に生じる費用であって，その発生が当期以前の事象に起因するときには，当期の費用として引当金に繰り入れることとされている（企業会計原則　貸借対照表原則4の(1)のDの1項，(2)のAの3項及びBの2項）．例えば，企業会計上，退職金給付は基本的に労働協約等に基づき，従業員が提供した労働の対価として支払われる賃金の後払い，との立場で，勤務期間を通じた労働の提供に伴い発生するととらえている．**退職給与引当金の費用計上**は，このためである．

地方公営企業では，従来は退職給与引当金と修繕引当金の計上が認められていたが，計上が任意であった．このため，貸借対照表上（引当金残高等），経営状況が適切に表示されないという問題があり，改正によって引当金の計上が義務化された．この面では，企業会計との整合性が図られたといえる．ただし，一般会計と地方公営企業の経費負担区分を明確にしたうえで，地方公営企業会計負担職員についてのみ引当が義務づけられた．

第4は，繰延資産の制限である．企業会計では，対価の支払が完了し，これに対応する役務の提供を受けたにも関わらず，その効果が将来にわたって発現されると期待される費用は，**繰延資産**という．繰延資産は，費用と収益の対応を合理的にするため，支出額をいったん，貸借対照表上の資産として計上し，支出の効果が現れる将来の一定期間にわたって，費用として配分することが認められている（企業会計原則　貸借対照表原則1のD，同注解15）．例えば，会社を立ち上げる際に必要となる定款の作成費用や，株式募集の広告費，創設事務所の賃貸料といった創設費が，繰延資産の例である．繰延資産それ自体には換金価値がなく，また将来の収益の獲得には不確実性が伴うことから，企業会計では原則として支出時に費用として処理されている．従来の公営企業会計では，繰延資産の計上基準や計上範囲が不明確であったが，改正により原則として，新たな繰延資産の計上を認めないことになった．

公営企業会計の改正の意義は，第1に，国際基準に従って頻繁に改正されている企業会計基準との整合性を図る一方，経費負担区分原則に基づく地方公営企業の特性を適切に考慮することにある．第2に，複数の事業者のコストを客観的に比較することが可能になるので，事業者間の間接的な競争による経営効率化の促進が期待される．

4. 第3セクター

4.1 第3セクターの概要

第3セクター等とは，地方公共団体が出資又は出捐（しゅつえん）を行っている法人をいう．この定義に含まれるのは，次の3つのグループである．そのひとつは，狭義の第3セクターであり，民法に基づいて設立される社団法人・財団法人と，会社法に基づいて設立される会社法人からなる．いまひとつは，地方住宅供給公社，地方道路公社及び土地開発公社からなる，地方三公社である．そして最後は，地方独立行政法人である．第3セクター等という場合には，通常はこの3つのグループを含めた幅広い意味で用いられるが，本節は特に断らない限り，狭義の第3セクターを対象とする．

はじめに，総務省「第3セクター等の状況に関する調査結果」(平成23年12月22日）により，概況を見ておこう．第3セクター等の数は，2011年現在，8,556法人である．その内訳は，営利性が重視される会社法法人3,626，公共性が重視される民法法人3,813，地方三公社1,117となっている．第3セクターの新設数は，1980年代（昭和50年代半ば）以降急増しており，毎年400前後の新しい第3セクターが創設された．当時のわが国には，米国との貿易摩擦解消という要請から，民間資金を活用した内需拡大が強く求められていた．第3セクターの設立を法律面から後押ししたのが，いわゆる民活法（正式名称は「民間事業者の能力の活用による特定施設の整備の促進に関する臨時措置法」昭和61年）と，リゾート法（正式名称は「総合保養地域整備法」昭和62年）である．1997年以降の新設数は急減している．

第3セクターが担う業務分野は多岐にわたっているが，地域・都市開発が最も多く（17.6%），農林水産（15.3%），観光・レジャー（14.5%），教育・文化（13.7%）の4分野で全体の61%を占めている．第3セクター等に対する地方公共団体からの出資額は4兆4127億円であり，出資総額の69%を占めている．第3セクターには，地方公共団体以外の民間や国からの出資が含まれている．第3セクターには出資以外にも，地方公共団体は様々な財政支援(補助金，借入金，損失補償）を行っている．約45%の法人に，地方公共団体からの補助金が交付されている．第3セクターの民間金融機関からの借入額は9兆4252億円であり，6兆2669億円が損失補償の対象である．

4.2　ペストフのトライアングル

堀場・望月編（2007)『第3セクター――再生への指針』によると，ヨーロッパにおける**サード・セクター**の理論づけを行ったのは，**ペストフ**（V. A. Pestoff）である．社会秩序はコミュニティ，市場，国家，アソシエーションによって構成される．これらの組織には，次のような制度区分が存在する．すなわち，公的／私的，営利／非営利，フォーマル／インフォーマルの3つの区分である．公共機関は公的でフォーマルで非営利であるが，民間企業は私的でフォーマルで営利な制度である．サード・セクターは，図12.4に示されるように国家，市場，コミュニティのそれぞれの欠陥を補う，ボランタリーでノン・プロフィットなものとして，他の3つの領域の中心に位置づけ

図 12.4　ペストフのトライアングル

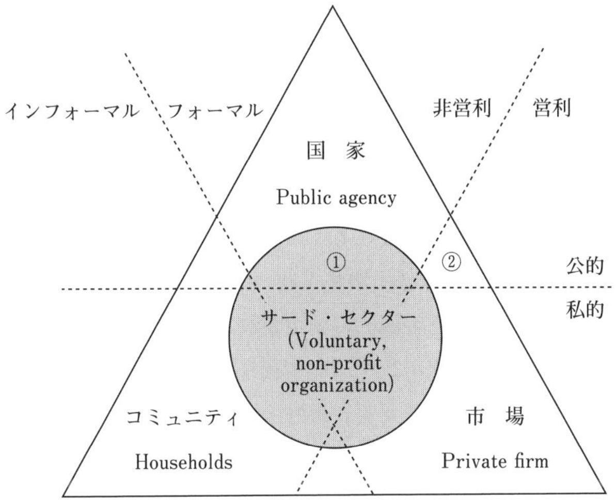

（資料）堀場・望月編（2007），図 2-2 より．

られている（ペストフ［2000］）．サード・セクターは営利活動を行うが，民間のセクターと違って，利潤を出資者に配当として分配しないので，ノン・プロフィットという特徴がある．具体的には，協同組合，共済組織，NPO を含むより広義なセクターとなっている．われわれが考える以上にサード・セクターの役割は大きく，ペストフはヨーロッパにおける近代的な社会を形成するときに，重要な役割を果たしていると議論している．サード・セクターは，国家や民間企業に代わって福祉サービスの供給を担っていくと期待されている．

4.3　日本の第 3 セクター

❑ **民法法人**　わが国では，官民共同出資による株式会社として「第 3 セクター」の言葉が使われることが多い．官民共同出資による株式会社は，日本の近代化の歴史の中で馴染みがあったばかりではなく，サード・セクターとしての公益法人が少ない状況があった．このため，第 3 セクターの独自の概念化が，1970 年代以降行われるようになった．地方公共団体が出資・出捐を行っている会社法法人・民法法人を「第 3 セクター」とする定義から，わが国の第 3 セクターは次の 2 つに分類される．

民法法人は，その設立の趣旨が民法第 34 条の設立の許可に基づくものであり，公益を目的としている．民法法人として設立されたものは，フォーマルで非営利と分類される．しかし，地方公共団体からの出資がなされるのであるから，公的活動分野に属することになる．ペストフによる**サード・セクター**の理論を基礎として，わが国の第 3 セクターの意義と分類を検討している望月（2007）によれば，その範囲はサード・セクターの活動を示す円内に属し，その中の公的活動に含まれる①の部分に該当する．民法第34条によって設立された第 3 セクターの民法法人は，平成 18 年にはじまった公益法人制度改革に則り，公益性を客観的に認定されることになった．公益性の認定は，従来のように主務官庁が裁量により行うのではなく，法令で定められた明確な基準の下に，合議制の認定委員会の客観的な意見に基づいて統一的に判断されることになった．

❏ 会社法法人　一方，会社法法人（旧商法法人）としての第 3 セクターは，その設立の趣旨が会社法にあるため，株主利益の最大化を目的として設立される．地方公共団体から出資を受けることから公的とみなされるけれども，フォーマルな営利活動と分類される．図において，②で示されている活動分野に該当する．このため，その範囲は明らかに本来のサード・セクターとは異なる活動である．望月（2007）が指摘するように，わが国の第 3 セクターのうち，「民法法人」として設立された第 3 セクターが，欧米の理論で本来のサード・セクターに該当している．しかしその一方で，欧米のサード・セクターの本来の活動領域外とされた営利，公的，フォーマルな活動領域が，わが国の第 3 セクターの活動領域として加えられている．「会社法法人」として設立された第 3 セクターがこれである．

会社法法人としての第 3 セクターは，「株主利益の最大化」を設立目的としているが，実質的な決定権と責任が，第 3 セクターの経営者には与えられていない場合が少なくない．第 3 セクター（会社法法人）は，地域雇用の維持を図るために売上の最大化を図るといった，生産拡張的なインセンティブを保持しているといわれる．このため，収支が赤字に転落する可能性が大きく，最悪の場合には債務超過に陥ることも少なくない（望月［2007］）．事実，わが国の第 3 セクターの経営状況を見ると，おおむね 4 割弱が経常赤字の状態にあり，負債総額が資産総額を超過（債務超過）しているものは5％となっている．過去の倒産件数の推移を見ると，2001年度（=22件）以降は減少傾向にあったが，2007年度に20件と再び増加したことで，2008年度は前年度比で3割減となったものの14件となった．業種別では「サービス業」の倒産が多く，その大半は清算型の倒産である．事業継続や再建が困難な第3セクターの処理が進んでいると見てよい（帝国データバンク［2009］）．

▶ Column-23 ◀

土地開発公社の解散

岩手県北上市は平成22年度，「三セク債」を発行し，企業立地に貢献してきた土地開発公社を解散した．①三セク起債した上で，土地開発公社の債務について市が代位弁済する，②求償権によって，公社が持っていた土地を市が代物弁済として受取る，③代位弁済した金額と代物弁済によって得た土地の時価との差額を債権放棄額とする，というスキームである．これについては，2つの点が注目される．第1は，「三セク債」は10年償還を原則としているが，北上市は「北上市経営改革」と称する行政改革を進めることによって，30年で償還するスキームを組んだ．第2に，3セクの負の側面ばかりでなく，市民税や雇用確保に果たした企業誘致の貢献を確認して，市民や議会の理解を得た．土地開発公社や3セクを放置しておくと，最終的には市民負担を増幅する．北上市のように，負の要素を解消し，一刻も早く財政負担を減じていく必要がある．

（資料）東京大学大学院経済学研究科・地方公共団体金融機構寄付講座（2013）．

4.4 債務保証と損失補償

第3セクターが金融機関から融資を受ける場合に，その融資の全部又は一部が返済不能となって金融機関が損失を被ったときに，地方公共団体が第3セクターに代わって，金融機関に対してその損失を補償する仕組みを「**損失補償**」という．総務省自治財政局公営企業課（2011a）によると，民間金融機関からの借入残高を有する法人のうち，49％が損失補償契約に関わる債務残高を有している．第3セクター等の民間金融機関からの借入額は9兆4252億円であり，6兆2669億円が損失補償の対象になっている．

❑ **財政援助制限法第 3 条**　損失補償が広範に利用されていることを理解するには，債務保証との違いを押さえておく必要がある．**債務保証**は，地方公共団体が民間金融機関等から地域住民が受ける融資に対し，債務の履行遅滞が生じた場合，前者による代位弁済を定めた契約を締結することである．この意味での債務保証は，**財政援助制限法第 3 条**により禁止されている．例外的に，総務大臣の指定する会社その他の法人の債務については，債務保証が認められている．財政援助制限法は，国策の一環として設立された特殊会社への債務保証が国庫負担を招いたとの反省に立って，偶発債務の制限と企業の自主活動促進という観点から，1946 年に制定されたものである．

これに対して，損失補償は純然たる二者間の契約であり，別に前提となる債務を必要とせず，債権回収の見込みがなくなり，損失が確定した場合これを穴埋めするという契約をいう．損失補償は，総務大臣の指定なしに広く行われているが，それは「損失補償については，財政援助制限法第 3 条の規制するところではないものと解する」(昭和 29.5.12 自丁行発 65 号・大分県総務部長宛自治省行政課長回答）との行政実例が存在するからである．債務保証では，主たる債務との同一性があり，責任の範囲も債務の発生時期も同じであるが，損失補償は主たる債務との同一性がなく，責任の範囲は契約により変更され，債務の発生時期は損失が確認されたときであることから，両者は異なるという解釈である．

もっとも，損失補償をめぐっては，①実質的に債務保証と変わらないとして違法とする判決と，②逆に適法とする見解があり，裁判所の判断も二分されている．これまでの裁判例は，どちらかというと②の判例が多かった．例えば，荒尾市第 3 セクター「アジア・パーク」事件に関する熊本地裁判決(平成 16 年 10 月 8 日)，大牟田市第 3 セクター「ネイブルランド」事件に関する福岡地裁判決（平成 14 年 3 月 25 日）が代表例である．これらの判決では，損失補償と債務保証は内容と効果が異なり，損失補償契約の締結をもってただちに財政援助制限法第 3 条に違反するものとはいえないとの見解が示されている．

▶ Column-24 ◀

第3セクターの可能性

第3セクターの資金調達について，直接金融の可能性を模索する動きがある．茨城県の「エコフロンティアかさま」は，県100％出資の財団法人茨城県環境保全事業団が設置・運営する廃棄物処理施設で，平成17年8月1日に開業した．売上が当初見込みよりも低迷した安曇野菜園訴訟等，色々な議論や司法上の判断が示されていた時期に重なり，金融機関との借換交渉は膠着した．損失補償に頼らないという方向性を模索する中，平成23年7月「レベニュー信託」がスタート．これは委託料支払請求権（廃棄物処理委託料と間接的な金属くず，電力等の売買代金）を信託して，そのうちの優先受益権を投資家に譲渡して資金を調達するというスキームである．返済原資は「エコフロンティアかさま」の将来のキャッシュフローである．損失補償を外したことによって，調達コストは2.51％へと増大したが，毎年度の格付け見直し，信託銀行等へ定期的報告を通じて，市場や第三者との厳しい関係が日常的に生じることになった．わが国におけるレベニュー債の嚆矢となるかが注目される．

（資料）東京大学大学院経済学研究科・地方公共団体金融機構寄付講座（2013）．

❏ 「安曇野菜園」事件　しかし，長野県安曇野市第3セクター「安曇野菜園」事件に関する東京高裁控訴審判決（平成22年8月30日）をきっかけにして，損失補償には法的なリスクがあることが一般的に注目されるようになった．地方公共団体が損失補償契約を締結すること自体が，法に反して無効とされた場合，多くの第3セクターは信用補完手段を失い，経営が困難になる．第3セクターに多額の融資を行ってきた金融機関は，多額の引当金計上が必要となり，経営基盤が揺らぐおそれがある．地方公共団体にとっても，損失補償の支払を免れるといったレベルの対応では済まず，出資金や補助金が焦げ付くリスクがある．

東京高裁の判決は，①安曇野市の第3セクターにかかる損失補償契約は，財政援助制限法に違反しており，私法上も無効である，②安曇野市に対して損失補償金の支払いを差し止める，という内容であった．

東京高裁が違法と判断した根拠は，おおむね次の通りである．本来，損失補償においては，単にある債権が弁済を受ける時期が到来したのに弁済されないということのみでは，いまだ損失とは観念されず，債務者が倒産したとか，それに至らなくとも，客観的に債権の回収の見込みがほとんどないという事態となってはじめて，現実の債務となる．しかしながら，安曇野市の締結した損失補償契約には，そのようなことを要件とすることもなく，一定期間の履行遅滞が生じたときには，損失が発生したとして責任を負う内容になっており，債務保証と異ならない．よって，財政援助制限法第3条が類推適用されるという．

これに対して，最高裁判決（平成23年10月27日）は，東京高裁の判決を覆し，損失補償契約を一般的に違法とすることは相当でないとして，損失補償契約を締結する行政の判断が，裁量権の逸脱・濫用に当らない限り，当該契約が無効と評価されることはないと判示した．この最高裁判決によって，さしあたり既存の損失補償契約の法的安定性は確保され，3セクの解散・債務処理も軟着陸を図る環境が整った．

しかし，地方公共団体が損失補償契約に依存することは望ましくない．実際，地方財政健全化法では，判断指標のひとつとして「将来負担比率」を導入し，損失補償額の一定額を地方公共団体の実質的な負債として認識しうるとしている（11章）．総務省は「第3セクターに関する指針の改定について」（2003年12月）において，第3セクターの資金調達に関する損失補償は，原則行わないこととすべきであること，地方公共団体が損失補償契約を締結する場合には，「特別の理由」を説明する責任があることを示している．

演習問題

1．次のURLから居住地の都道府県・市町村の「決算カード」をダウン・ロードしなさい．http://www.soumu.go.jp/iken/zaisei/card.html　「普通会計から公営事業等への繰出」を見て，上下水道，病院事業への繰出金額を確認しなさい．

2．次の文章を読み，正しい場合には○，間違っている場合には理由を付して×をつけなさい．「地方公共団体による第3セクター等への損失補償は，原則的に禁止されているが，債務保証は，行政実例により，財政援助制限法第3条の規制するところではないとされている」．

3．次の（　　）に入る適当な用語を書きなさい．

地方公営企業については，特別会計の設置が義務づけられるとともに，経費の負担区分を前提に①（　　）を適用することとされている．地方公営企業の料金決定に際しては，適正な原価に事業報酬を加算して算定する②（　　）が採られている．規模の経済が働く独占企業の価格を限界費用に規制することを③（　　）という．また，価格を平均費用に等しく設定する次善の規制を④（　　）という．

4．価格支配力があり，平均費用が逓減する公益企業について考える．この企業が生産する財の費用関数は $C(x)=200x+50000$，この企業が直面する需要曲線を $P(x)=800-x$ とする．x は生産量である．このとき，次の問に答えなさい．

①利潤が最大になる生産量と価格を求めなさい．

②この企業が価格＝限界費用になるように，政府から価格規制を受けた場合の生産量と価格を求めよ．

③この企業が価格＝平均費用となるように，政府から価格規制を受けた場合の生産量と価格を求めよ．

5．価格支配力があり，平均費用が逓減する公益企業について考える．この公益企業の費用関数を $C(x)=x^2+\frac{5}{2}$，それが直面する需要曲線を $P(x)=12-2x$ とする．x は生産量である．このときに次の問に答えなさい．

①利潤が最大になる生産量と価格を求めなさい．

②この企業が限界費用価格規制に基づいて価格を設定する場合の，生産量と価格を求めよ．

文献案内

地方公営企業の経営原則については，林健久編（2003）第8章，前田（2009）及び80条バスと地方公営企業制度に関する研究会編（2003）がわかりやすい．地方公営企業の価格規制については，長沼（2011）がまとまっている．中井他（2010）第4章は，規模の経済から見た地方公営企業の実証研究．自然独占と価格規制について理論的に学ぶには，奥野編（2008）5章，Tresch（2008）Ch.9が最適．公会計改革の概要は，総務省自治財政局公営企業課（2011b）が便利．第3セクターの現状については讀谷山（2004），総務省自治財政局公営企業課（2011a）が包括的．欧米の基準から見た日本の第3セクターの位置づけについては，望月（2007）が示唆に富む．損失補償については，江夏（2011），河手（2008），総務省自治財政局地域企業経営企画室（2007），帝国データバンク（2009）がある．

第13章

地方財政と分権改革

13章では，地方財政と分権改革について学ぶ．はじめに1節では，地方分権化の動きについて解説する．地方分権化を促している要因として，グローバリゼーションの進展，高いレベルでの地方自治要求の2つに注目する．一般に経済改革では，目標とする経済的な利得が実現する前に，移行に伴う短期的な費用が発生するので，ネットの便益はJカーブを描く．時間に関する不整合の問題と集合行為問題とは何かを解説する．

わが国では，地方分権改革の要素と財政再建の要素とが渾然一体となって，地方財政システムは不断に自己変革を遂げている．2節では，これまでの改革の歩みを整理する．改革という舞台で役回りを演じるアクターとその利害関係は何か．地方税財源の強化がリアルな政治課題になった背景は何か．現在の地方財政の出発点となっている，「三位一体」改革の内容は何かについて概説する．

後半では，分権改革の政治経済学を取り上げる．3節では，改革をとりまく外部環境や内在的要因に着目する．選挙公約の履行義務や地域間の利害対立という文脈，適時性や範囲という内在的要因の両者が，地方分権改革の帰趨に影響を与える．4節では，分権改革のプロセスに注目する．政治的リーダー・シップ，移行期間と補償，専門家集団の役割，当事者意識等に焦点を当てて論じる．

1. 分権改革の潮流

地方分権化への世界的な動きを背景にして，国と地方の財政関係は多岐にわたって見直しが進行している．中央集権的な国家のひとつであったフランスは，過去20年間，地方分権化へ向けて着実に歩んでいる．2001年のイタリア新憲法が補完性の原則（principle of subsidiarity）を掲げたことを受けて，基礎的自治体に事務権限が移譲されてきた．韓国，タイ，インドネシアなどのアジア諸国も，このような趨勢の埒外にあるわけではない．EU諸国では，国民国家の地位低下に伴い，地域的アイデンティティが興隆している．スペインのバスク地方やカタロニア地方における強力な地域議会の創設，ベルギーの連邦制移行，そしてスコットランドとウェールズにおける地域議会の創設が，その例といえる．わが国では，1993（平成5）年6月に衆参両院で，地方分権の推進を求める国会決議が行われたことが，以後の地方分権推進に向けて大きな画期をなした．

1.1 グローバル化の帰結

世界各国で地方分権化を促している要因は，複雑であって単純ではない．財政面から見ると，以下の2点に着目する必要がある．第1は，**グローバリゼーション**への対応としての分権化である．グローバル化の中で国際競争力を強化するために，中央・地方財政はそれに相応しい体制をとることが求められる．歳出削減，民営化を通じて国民経済にとって公的部門の負担を減らし，国際競争力を強化することが志向される．地方にとってとりわけ重大なのは，中央政府からの補助金等，財政移転の削減や廃止である．中央政府は経費削減で身軽になろうとする場合，固有の中央歳出よりは，削減しやすい地方への補助金等にまず手をつける傾向があるからである．中央政府の事業が移譲されて，財源は地方自身で手配するというバリエーションもある．もっとも，小規模な地方団体には財源もないので，中央政府は合併しようとする地方団体に補助金を与えて，財政力の底上げを図ろうとする．中央政府の財政再建に地方政府が歩調を合わせるように，財政赤字や債務残高の上限をルール化して，地方財政の財政規律を高めるといったことも，その延長にある．税についても同じ文脈で，地方の課税に中央が制限を加えることによって，企業の活動の負担を軽減したり，必要ならば地方法人税を廃止したりすることも志向される．総じていえることは，一国の経済政策の一端を地方財政に否応なしに担わせ，中央の財政を身軽にすることの対偶として地方分権が進められるのが，第1の類型である（林健久編［2003］）．

1.2　地域単位の自己決定

地方分権化の第2の背景は，先進国が到達している高い生活水準と，成熟した福祉国家の内実に関わる．先進国に住む人々は，独裁的・専制的な支配や，EU等の超国家組織による中央集権はもちろんのこと，高度成長期に開花した中央集権型の福祉国家を，もはやそのままでは受け入れなくなっている（林健久編［2003］）．理由は，2つある．

ひとつには，福祉国家が成熟すると[1]，医療・福祉・介護等，**現物給付を通じる所得再分配機能**のウェートが高まっていく（3章を参照）．これらは年金等と違って全国一律の水準ではなく，地域ごとに柔軟で多様な対応が必要とされる分野である．中央政府が企画した画一的なナショナル・スタンダードを，細かな条件がついた補助金を誘導手段としながら地方政府に実施させるというモデルでは対処できない．特定補助金の一般財源化や，地方税の充実を進めながら，地方政府の自主的な財政運営と行政サービス水準の確保という対立する2つの要請の折り合いをつける必要性が高まっていく．

いまひとつは，福祉国家では地方団体間の財政力格差を是正するための財政調整制度が，多かれ少なかれ発達することに関わる．この制度は，裕福な大都市部が直接・間接にファンドを拠出することによって支えられているが，負担者としての裕福な地域は，分け合うべきパイが小さくなると「**受益と負担の一致**」を掲げて，財政調整制度の縮減と，地方税の充実を要求する．しかし，貧しい地方団体はもともとグローバル化に巻き込まれて地盤沈下しているのに加えて，地方税財源が充実すると，裕福な地域との格差が広がる．中央から地方への税源移譲を行いつつ，その結果生じる地域格差については，財政調整制度で対応するといったバリエーションが生まれる．こうして，世界的な経済競争の帰結としての分権（第1類型）と，高いレベルで

1）　福祉国家の定義について『財政学』13章参照．

の地方自治要求（第2類型）とは，部分的には同調し共鳴するとしても，相互に対立しけん制しつつ，現在の地方財政のあり方を決めている．

1.3　Jカーブ

国・地方の財政関係を改革する試みの多くは，困難に直面している（OECD and KIPF [2012]）．多くの改革プランはつまみ食いされたり，先送りされたり，失敗に終わったりしている．中央・地方政府間の財政関係を改革することは，なぜ難しいのであろうか．この点について，改革による費用と便益の分析に基づいた政治経済モデルが有益である．

このモデルは，図13.1の**Jカーブ**で描くことができる．横軸には時間が，縦軸には改革によるネットの便益が示されている．経済改革では，目標とする経済的な利得が実現する前に，移行に伴う短期的な費用が発生する．この考え方は，経済改革は究極的にはすべての市民の生活を改善するものであるにも関わらず，民主主義的体制の下では，政治的反対にさらされるというパラドックスを，もっともらしく説明できる．

第1に，分権改革の損失は短期的に現れるが，利得は長期的に実現する．例えば，国から地方へ税源を移譲すると，地域住民はより自主的に財政運営を行うことができるようになる．しかし，税源移譲の財源を国庫負担金削減によって捻出すると，交付元の事業官庁が少なくとも短期的には不利益を被る．それが国の事業官庁による国庫負担金改革反対という形で政治的に反映されることになる．分権改革を続けるという政府の公約が信頼できなければ，時間に関する不整合問題が起こりかねない（3章参照）．

図13.1　Jカーブ

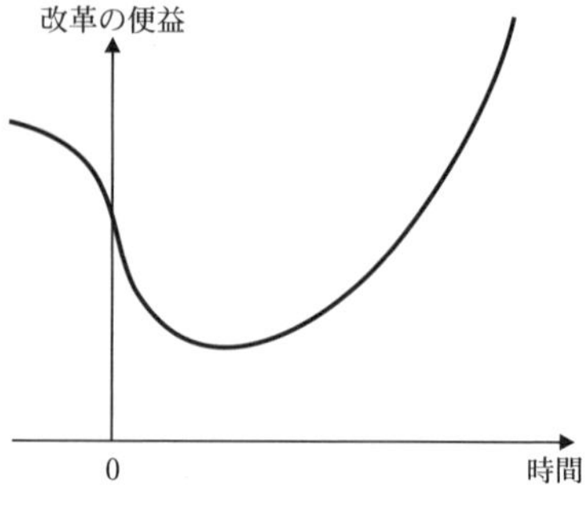

第2に，国から地方への税源移譲で地域住民は利益を受ける．しかし，その利益はあたかも公共財のように，全国の地方公共団体に薄く少しずつ帰属する．依存財源が減って，自主財源が増えることは地域住民にとって良いことである．しかし地域住民の利害は数多くの消費財に分散しているので，利害が結集することは限られる．それに対して，国庫負担金削減による不利益は，交付元である事業官庁の存在理由をゆるがす形でふりかかってくる．直接，被害を受ける事業官庁の利害は結集しやすく，政策的圧力として働きやすい．このように，改革による不利益が特定のグループに集中する一方で，改革の利益が薄く分散している場合には，分権改革によって地域住民の受ける利益の方が，事業官庁の受ける被害よりも全体として大きいにも関わらず，地域住民の声は結集できずに分散してしまう．民主主義的体制において政治家は，こうした問題に直面しているために，大胆な改革を行うことを躊躇する傾向が強い．

2. わが国における分権改革の歩み

2.1 地方財政をめぐるアクター

わが国では，教育，社会保障，国土保全等の行政領域を中心に，地方の分担割合は高いけれども，それらの財源の少なからぬ部分が，中央政府からの移転財源（補助金，地方交付税）によって支えられている．**財源の中央集中と，支出の地方分散**というパターンである（1章を参照）．このようなパターンは，地域の財政力のいかんに関わらず，画一的で標準的な行政サービスを供給する福祉国家型の地方財政と呼ぶのにふさわしい．

高度成長の終了とグローバリゼーションを背景にして，従来の福祉国家型の地方財政の限界を指摘する声が生じた．地方の事務の割合が高いといっても，国が定めた基準も多く，国はカネと義務づけの両面で地方の仕事を縛っており，地方の創意工夫の余地は少ない．他方，地方の歳入は補助金や地方交付税に依存しているため自由度が低く，受益と負担の関係が薄くなり，財政規律も緩みがちになるという．依存財源である補助金を削減して，代わりに地方税として委譲し，併せて地方交付税を改革する必要性が高まる．

だが，地方財政システムを改革することは，利害関係の調整問題があり容易ではない．補助金を削減すると，所管官庁の仕事と予算が減るので反対される．税源移譲には，財務担当官庁が反対する．地方の歳出にはムダが多いから，まず地方交付税を縮小して効率化したのち税源移譲しなければ，歳出のムダが温存されるという．一方，地方交付税の改革には，地方財政所管官庁が反対する．補助金や義務づけがあるから地方交付税が必要なのであって，補助金を廃止して税源を移譲するのが先決であるという．地方公共団体の中でも，意見は分かれる．都市部の豊かな地方団体は，自己決定・自己責任をめざすべく，税源移譲や移転財源の整理に積極的であるが，地方の恵まれない小規模な地方団体は，補助金・地方交付税を通じた財源保障を当然視している．こうして，戦後のシャウプ勧告に始まり，以来数次にわたる政府税制調査会答申等によって，分権化の方向で数多くの提案がなされてきたが，散発的な事例は別にして，地方財政の本格的な分権化はなかなか実現されなかった．

2.2 分権改革の胎動

変化は 1980 年代以降に生じ，90 年代には大きな転換が訪れた．1980 年代の第 2 臨調とその後継審議会である行革審等の提言に基づいて，国による関与の緩和や権限の移譲が行われていく．大きな転換点は，1993 年，行革審の内部で分権改革を主張していた細川護熙の組閣であった（村松他編 [2003]）．細川内閣以降，地方分権ははじめてリアルな政治課題となっていく．以下，その流れについて図 13.2 を見ながら，フォローしておこう．

1993（平成 5）年 6 月に，衆参両院で地方分権の推進を求める国会決議が行われたが，この国会決議が，以後の地方分権推進に向けて大きな画期をなした．それがピークに達したのは，2000（平成 12）年 4 月に施行された地方分権一括法（正式名称「地方分権の推進を図るための関係法律の整備等に関する法律」）である．1995 年に地方分権推進委員会が発足し，この法律が成立・施行されるまでの一連の流れは，「**第 1 次分権改革**」と呼ばれることがある．第 1 次分権改革における成果は，機関委任事務の全廃である．そのためこの改革前には，都道府県は国の密接な指揮監督の下に置かれていたが，この廃止により，結果的に都道府県の立場は強化された．地方自治の基本である，

図 13.2　「三位一体」改革の経緯

- 平成 5 年 6 月，地方分権の推進に関する決議（衆参両院）
- 平成 12 年 4 月，地方分権一括法施行
- 平成 14 年 6 月，「基本方針 2002」の閣議決定（三位一体改革を進めることを初めて決定）
- 平成 15 年 6 月，「基本方針 2003」の閣議決定（4 兆円の補助金改革を行うことを決定）
- 平成 16 年 6 月，「基本方針 2004」の閣議決定（3 兆円の税源移譲を目指し，地方に改革の具体案の取りまとめを要請）
- 平成 17 年 11 月，三位一体改革に関する政府・与党合意（国から地方への 3 兆円の税源移譲実現）

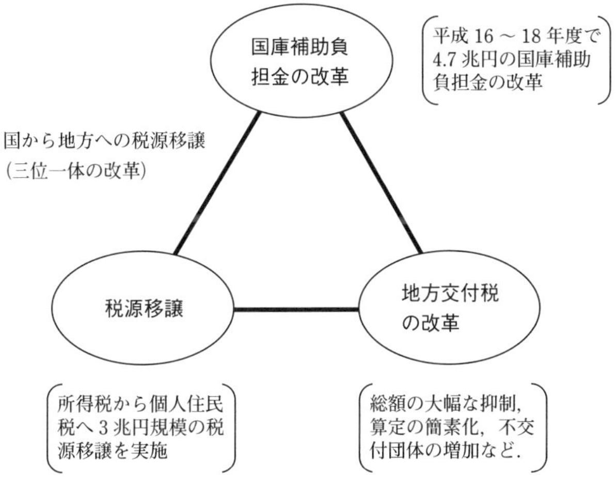

（資料）総務省ホームページ．

基礎的自治体の立場はあまり変わらなかった．第 1 次分権改革で残された，基礎的自治体の立場を強化するという課題に対応するために「平成の市町村合併」が行われた．基礎的自治体の数は，3200 余から 1700 余へと大幅に減少した．第 1 次分権改革によって大きな自由度を獲得し，一時的に立場を強化された都道府県と，合併で生き残りを図った基礎的自治体との関係が問題となった．将来的な方向のひとつとして，道州制が議論の対象となった．

平成 12 年に，いわゆる地方分権一括法が実施され，**機関委任事務が廃止**された．これで，国と地方は上下の関係から対等の関係になった．これまで，地方自治関係者や研究者は，地方分権の具体的な方策として，国に対して「機関委任事務の廃止」・「権限の移譲」・「地方税財源の充実強化」の 3 つを求め続けてきたが，なかなか実現しない課題であった．ところが，このうちのひとつが解決した．いつまでも実現しないことにあきらめに近い無力感を

持っていた関係者は，「ねばり強くやれば実現する」ことが見えた．そこで次なる具体的課題として，地方税財源の充実強化が上がってきた．

2.3 「三位一体」改革

政治的な環境の変化も，地方税財源充実の議論が活発かつ具体的になった一因であった．2001年4月に組閣された小泉内閣（2001年4月〜06年9月）では，総理大臣及び内閣の政治主導性の強化を目的に実施された中央省庁改革の成果を活用して，経済財政諮問会議の審議を経た「骨太方針」で，財政運営の基本方針が閣議決定されることになった．そして骨太方針では，「官から民へ」と「国から地方へ」を基本方針に，「小さくて効率的な政府」をめざす経済財政構造改革の基本方針が一貫して掲げられた．小泉内閣の下で，2004年から約3年間にわたり行われた地方税財源改革が，いわゆる「三位一体」改革である．

「三位一体」改革を皮切りにして，地方分権改革は2つの目的が交錯する複雑な様相を呈することになった．従来からの地方分権改革の流れと，小泉内閣が掲げる政府の肥大化是正，財政再建という2つの要素が，「三位一体」改革の中で渾然一体となって推進されることになった．その結果が，**4.7兆円の補助金廃止，地方交付税の5.1兆円カット，地方への3兆円税源移譲**である．

図13.3でこれを説明しよう．改革前（2002年頃），国民が納めた税金は，国税と地方税に分けて納められていた．国税：地方税の割合は58：42である．次に国税のうち，一定割合が地方交付税として地方に配分され，地方の一般財源が確定する．地方交付税配分後の，国と地方の割合は43：57となる．さらに，国から地方に対する支出として，国庫支出金が地方に配分される．実質的な国と地方の支出配分は38：62となり，税源の配分割合と逆転しているが，国からの移転財源（斜線部分）に依存する姿になっている．

「三位一体」改革では，依存財源である補助金を削減して，代わりに地方税として委譲し，併せて地方交付税を改革することが目標とされた．改革後の姿は次のようになった．国税のうち，3兆円を地方税に振り替える．国税収入が減るので，その分だけ国の歳出を削減しないと，国の財政は悪化する．そこで，国税収入減少額と同額を，国から地方へ資金移転している国庫

図 13.3　三位一体改革（イメージ）

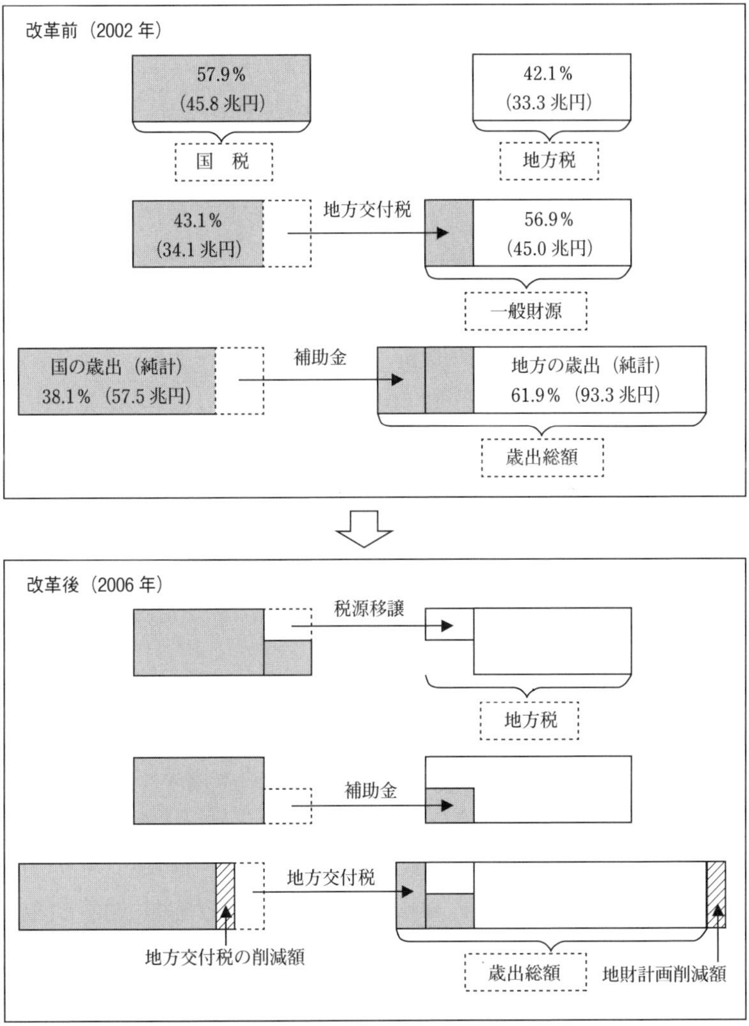

支出金から削減する（約 4.7 兆円の国庫補助負担金廃止のうち，税源移譲に結びつくのは 3 兆円）．こうすれば，国は歳入（税収）と歳出が同額減り，「痛み」はない．地方財政全体でも，特定財源である国庫支出金が減ったのと同額，地方税の増となり，歳入総額は変わらない．結果として，地方税の充実が実現し，自主財源が増加する．「三位一体」改革では，地方交付税も 5.1 兆円削

減された．地方交付税が減るので，地方財政計画を削減しないと，国から義務づけられた事務を執行している地方の財政は悪化する．そこで，地方交付税の減少額とほぼ同額，地方財政計画の歳出額が減額された．「三位一体」改革は，依存財源の割合減少と自主財源の割合増加といった地方分権改革の要素と，地方財政計画総額の縮減といった財政再建の要素とが，渾然一体となったものとなった．

3. 外部環境と内在的要因

あなたがある国において分権改革の政策立案責任者であるとする．与えられた環境（政権与党の公約，国・地方の利害関係）の中で，改革のタイミングと内容を慎重に決めた上で，これを実行に移さなければならない．実行にあたって，そのプロセス（リーダーシップ，移行期間，補償）の制度設計にも目配りする必要がある．まず，政策立案者の力のおよばない《改革の文脈》について見てみよう．

3.1 改革の文脈

❏ **選挙公約の履行義務**　日本では，55年体制の終了と政治体制の変革が，1990年代の国レベルの選挙ごとに，地方分権をイッシュウ（論点・争点）とさせていたことが，地方分権の推進に大きな影響を与えた（村松他編[2003]）．1993年の総選挙において日本新党等は，地方分権推進等の政策協定を結び，これが新しい**細川連立政権**で取り上げられ，機関委任事務廃止等の分権推進の流れが加速した．1995年には，地方分権推進に関する国会決議がなされた．図13.4には，新聞紙上に現われた「地方分権」というタイトルの頻度が掲げられている．93〜94年にかけてのピークは，地方分権推進に関する国会決議と，細川連立政権の誕生に対応しているし，2003年のピークは，4兆円規模の国庫補助負担金改革を小泉内閣が閣議決定した，「骨太の方針2003」に呼応している．

権力の座にある政治家が選挙公約を履行する義務は，地方分権改革の推進力となる．地方分権を公約として掲げた新しい政権が発足するときには，改革の早急な実施が促される傾向がある．2001年の憲法改正を受けて，財政

図 13.4　新聞紙上での「地方分権」頻度（見出し，年間件数）

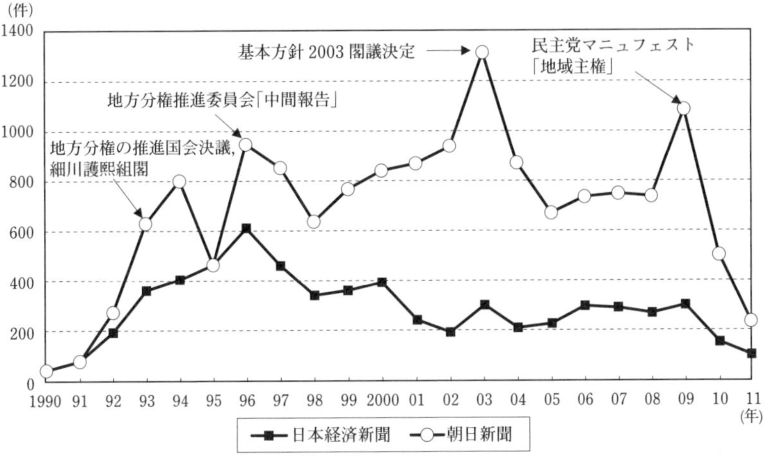

（資料）日経テレコン「記事検索」による．

システムを連邦制モデルに沿っていかに改革するかが問われた，イタリアにおける 2008 年の選挙戦では，財政連邦主義が焦点のひとつとなった．地方分権改革を実施する責任を負った新内閣は，2009 年に財政連邦主義に関する法律 42 号を施行して，補助金の削減と地方への税源移譲を行った．

選挙公約に掲げられていなくとも，地方分権改革が実施されることは皆無ではない．例えば，大規模な市町村合併を実施したフィンランドの 2010 年 PARAS 改革は，選挙での公約なしに，行政内部の中期レヴューを受けて着手されたものである（OECD and KIPF [2012]）．選挙公約では「地方自治の推進」，「福祉サービスの充実」，「地域格差の是正」といった，イメージ先行のスローガンが掲げられるのにとどまった．分権改革の具体的な内容を練り，関係者の合意をとりつけるのは，専門家や官僚の役割だからである．

❑ **地方間の利害対立**　2004 年 7 月に開催された**全国知事会**のテーマは，義務教育費国庫負担金削減であった．40 名の知事のうち，国庫負担金の削減に賛成したのは 8 名，反対ないし慎重な態度をとったのは 8 名であった．徹夜の議論の後，全国知事会史上初めて投票によって，中学校の教職員に関わる国庫負担を 8500 円削減する案が採択された．

国と総体としての地方，そして個別の地方団体は，地方分権改革における主要なアクターであり，利害関係者である．地方分権改革をめぐっては，しばしば国と地方が対立していることがクローズアップされる．しかし，国と地方の利害は，一般に考えられているほど敵対的なものではない．地方分権改革についての意見は，国と地方の間というより，個別の地方政府間で大きく割れることが多い．むしろ，中央政府は対立する利害の調停者の立場に立つ．裕福な地域は，依存財源である補助金よりも，自主財源である地方税充実を好む．貧しい地域は，それと反対の要求を掲げる．多数を占める貧しい地域は，地方財政調整制度の充実を要求するけれども，財源を間接的に拠出しているが受益が少ない豊かな地域は，地域間の所得再分配を縮小しようとする．

例えばポルトガルでは，2007年の地方財政法改正によって，中央政府の負担を変えないまま，補助金の配分方法が変更された．人口の増加率が高くて，教育に対する需要も旺盛な地域では補助金が増えるが，そうでない地域では補助金が減る．スイスが2004年に実施した財政調整制度の改革でも，やはりカントン（州）間での損得勘定が，実施の足枷（あしかせ）になった．同様の事例は，ドイツやスウェーデンにおいても見られる．

地方政府間の対立が明瞭に現われるのは，何といっても合併である．基礎的自治体の合併には，スケール・メリットの発揮という大義名分がある．しかし，豊かな地方団体は，貧しい地方団体との合併によるサービス水準の低下と，税・使用料の増大を懸念している．このことは，合併で市町村数を271から98に減らし，13の県を廃止して5つの地域を創出したデンマークにおける，2007年地方政府改革において顕著であった（OECD and KIPF [2012]）．世界金融危機後に実施されたフィンランドの場合，合併はさらに困難であった．地方団体間の対立は，中央政府との交渉力を弱めないように「カーペットの下に隠される」．

3.2　適時性と範囲

❑ 初期の失敗　日本では，2001年の地方分権一括法によって機関委任事務が廃止されたが，第1次分権改革では，地方税財源の充実には着手できなかった．財源の裏打ちのないイニシアティブだけを獲得した地方6団体から，「税財源をどうするのか」という大合唱が起きた．これが2001年8月と

02 年 5 月の経済財政諮問会議に，「**片山プラン**」と題する地方税財政の抜本改革案が示された背景となった．同じことは，スイス，カナダ，オーストラリアでの地方財政改革についていえる．

首尾よく成功した改革を注意深く観察すると，実は頓挫した試みがそれに先行していることがわかる．初期における改革の挫折は，現状維持の問題点を浮き彫りにして，改革への期待と圧力を高める．イタリアでは，2001 年の憲法改正後，地方財政の改革は失敗を重ねてきた．北部地域からの強い要求にも関わらず，どの政権も改革を断行することはできず，金融危機によってシステムが機能不全に陥ったとき，ようやく期が熟した（OECD and KIPF [2012]）．

なぜ改革が必要なのかについて認識を共有することは，現状維持の風潮を打破する力となる．例えばデンマークでは，公共サービスは主として市町村が供給すべきであるが，現行システムは持続可能ではないというコンセンサスがあった．主たる問題は市町村の規模であるという認識が，共有されていた．スペインでは，1999 年から 2009 年までの間に 700 万人の移民が流入したが，補助金算定の基準となる人口は，1999 年のセンサスに基づいていた．大規模な移民の流入が見られた地域では，補助金は過少であった．こうした問題について共有されていたがために，2009 年の地方財政改革が断行された．

試験的なプログラムは，包括的改革を断行するための地ならしとなることがある．例えば，フィンランドでは 2005 年以来，遠隔地であるカイヌー県の州議会に市町村サービスの 60% を割当てる「地域モデル」が実験的に導入された．このモデルは好評であったが，最終的には遠隔地での特殊ケースと見なされ，PARAS 改革では選択されなかった．それでも，カイヌー県での試験的なプログラムは，新しい政策の実行可能性を検証する機会となった（OECD and KIPF [2012]）．

❑ **包括的改革**　関連するふたつ以上の商品やサービスを組み合わせ，ひとつのセットとして提供する販売手法を，マーケティングでは**バンドリング**（bundling）という．パソコンとソフトウェアのセット販売がその例である．これに対し，セット販売せずに消費者のニーズに合わせて商品内容を組み合わせることができるように，機能をばらばらに分けた販売手法が，アン・バンドリングである．パソコンのカスタマイズ販売が，その例である．

地方分権改革においても，ふたつ以上の改革を組み合わせて単一の包括的改革として推進する戦略と，個別の改革を時間的な順序に従って漸進的に着手する戦略との2つがある．国と地方の政府間関係を改革するには，様々なアクターの利害関係を調整しなければならないので，一見すると包括的改革を推進することは困難に思える．しかし，経済協力開発機構（OECD）の調査によれば，前者のいわゆるビッグバン・アプローチは，後者の漸進的で逐次的なアプローチよりも達成しやすい（OECD and KIPF［2012］）．

わが国では，2004～2006年に実施された「三位一体」改革が良い例である．2002年5月に経済財政諮問会議に提出された「片山プラン」（元総務大臣・片山虎之助氏提出）では，まずは国庫補助負担金の削減と税源移譲を行い，地方の税収が増えた後に地方交付税を改革するという，2段階の順序を踏んでいた．これに対して，財政所管官庁からは，地方の歳出にはムダが多いから，まず地方交付税を縮小して効率化したのち税源移譲しなれば，歳出のムダが温存されるとの主張が展開され，両者の意見は並行線をたどった．このままでは低い位置で妥協が成立して改革が停滞するおそれがあった．補助金改革と税源移譲，交付税改革の難しい課題を同時に推進する「三位一体」改革がここから生まれた．

第1に，包括的改革では改革の利得を複数の利害関係者に分配できるので，成否を握るプレイヤーに賛成してもらったり，少なくとも反対に回らないようにしたりするメリットがある．例えば，ベルギーのランベルモン協定（Lambermont Agreement）が締結される際，改革の成否は2つの要素，州の課税権の強化と教育交付金の充実を組み合わせることができるかどうかにかかっていた．フレミッシュ州は一層の課税権を要求し，ワロン州は教育交付金を重視したが，両者は互いの要求を否定しなかった．イタリアでは，地方税の充実と財政調整制度の改善とは，密接に結びついた課題であった．裕福な地域や北部諸州では，課税権の充実に人気があったが，貧困な州では，財政調整制度の充実の方をアピールした．2009年の財政連邦主義に関する法律第42号では，双方の利害に配慮する形で，改革が実施された（OECD and KIPF［2012］）．

第2に，包括的改革には，中長期的に効率性を改善する目標を犠牲にしないというメリットがある．地方財政改革には，課税自主権の強化，財政ルール強化，小規模自治体の合併といった，効率性改善を狙った目標と，補助金充実，地方財政調整制度の強化，小規模団体への財源保障といった，分配面での目標との2つがある．漸進的・逐次的な改革では，分配面に焦点が当てられる傾向があるが，包括的改革では，効率性と公平性とのバランスをとることができる．

4. 分権改革のプロセス

分権改革は，タイミングと内容の良さだけでは成就しない．改革を実行に移すプロセス自体も制度設計の対象となる．政治的指導力，移行期間，補償の有無，専門知識などが改革の成否を握っている．

❑ **政治的指導力**　地方分権改革を実現させるためには，改革のための舞台装置を作り出すまでに，膨大なエネルギーを投入しなければならない．政治的指導者は，地方分権改革に大きな影響を与える推進力である．影響力のある個人または有力な政治家が，従来なかなかうまく推進できなかった改革を断行した事例は少なくない．イギリスのサッチャー政権の地方財政改革（レイト廃止等）は，古典的な事例である．21世紀に入っても，デンマーク，フィンランド，ポルトガル，ベルギーにおいて認められる（OECD and KIPF [2012]）．包括的改革を推進するのは，リーダーの確信である（村松他編 [2003]）．政治的指導力を欠く場合には，改革が途中で頓挫したり，微妙な問題について，合意形成がうまくいかなかったりすることが多い．

特に，政治的指導力の信頼性が高まるのは，政治家や地域が改革において直接的利害関係を持たず，複数段階の政府レベルまたは地域にわたって広範な支持を集める場合である．イタリアの地方分権改革では，北部と南部のいずれにも属さない少数の州が「橋渡し役」として登場し，対立する利害を調停する役をかった．スイスでは，地方財政調整制度を改革したため，カントン間での損得勘定が表沙汰となった．現状維持派でも改革断行派でもない平均的な州が，「公正な仲裁者」としての役割を果たした．

ここで注目されてよいのは，政治的指導力が重要な推進力であることは事実であるが，政府がイニシアティブを発揮しないで，行政府や外部の専門家の助言に従って改革を断行することもあるということである．そのような「脱政治化」は，カナダの2007年平衡交付金改革が良い例だといえるが，もうひとつ別の戦略だといえる．それには政権が交代した際に，改革が逆戻りするのを防ぐというメリットがある．いまひとつは，政治的なリーダー・シップによって実施された改革が，地方分権にとって必ずしも常に良い結果をもたらすとは限らないということである．

❏ **補償と移行期間**　日本では，市町村合併を行う際に特例期間を設けて，地方交付税に関する「**合併算定替**」が措置された．市町村合併が行われた場合，スケール・メリットにより様々な経費の節約が可能になるので，一般的には基準財政需要額が減少し，ひいては交付税額も減少すると考えられる．しかしながら，合併による経費の節減は合併後ただちにできるものばかりではないことから，合併後5ヶ年度間は，別々の市町村が存在するものとみなして計算した交付税額の合算額を下回らないようにし，合併により交付税上不利益を被ることのないよう配慮した．これを「合併算定替」と呼ぶ．国の負担で財政的なインセンティブを地方に与えた例といえよう．

地方分権改革にあたり，中央政府はすべての地方公共団体が改革の恩恵を受けられるように，特定の地方政府に「配慮」することがある．オーストリアでは，2008年地方財政調整法の改正によって配分方法を変えたが，どの地域も「損」しないように，連邦政府から臨時補償金が交付された（OECD and KIPF［2012］）．合併や地方税改革の場合でも，中央からの暫定的な補助金によって，改革がスムーズに進むことがある．フィンランドでは，合併する市町村の数や人口の規模に比例して補助金が大きくなる仕組みを利用して，合併への財政的なインセンティブを高める措置をとった．

改革の実施にあたり，移行期間を設けることはよくあることである．移行期間は多数を確保するための最後の手段なので，法律の内容が決まる最終局面で設定される．スイスの地方財政調整制度の改革では，28年間の移行期が設けられている．ドイツの財政ルールは2009年に憲法に書き込まれたが，その適用は2020年からである．オーストラリアでは，新しい補助金制度へ移行するために5年の歳月をかけている．

❏ **専門家と当事者意識**　わが国では，第1次分権改革での**地方分権推進委員会**が特筆される．1995年5月に発足した地方分権推進委員会は，研究者が中心となった専門家集団であり，6年に及び200回を超える委員会で討議を重ね，歴代の三首相に5回の勧告を提出し，475本の法律を書替えて，機関委任事務を廃止し，「自治事務」と「法定受託事務」に分ける作業を行った．

政府から独立した専門家集団は，客観的な分析を行い，改革の設計図を描き，改革への信頼を高める．中央政府と地方政府とが反目しあって，改革の内容や必要性そのものに異議を唱えているような場合には，専門家が事態の打開に果たす役割は小さくない．カナダにおける財政調整制度の改革では，この種の専門家集団が改革への信頼を高めることに一役かった．ポルトガルでは会計裁判所，イタリアでは中央銀行，フィンランドでは政府経済調査会が，良質な調査研究を行った．

中央と地方が地方分権改革の内容と進め方をめぐって協議することは，利害関係者の当事者意識を醸成し，改革が逆戻りすることへの歯止めとなる．2004年5月28日の経済財政諮問会議では，国庫補助負担金の削減と税源移譲の順番を入れ替えて，まず税源移譲の数値目標を3兆円に設定し，国庫補助負担金の削減案を**地方6団体**がまとめることに方針が転換した．地方6団体は，これを受けて約9兆円の国庫補助負担金の削減案をまとめた．関与（国庫補助負担金削減）することによって，当事者意識が高まり，「三位一体」改革にコミットすることになった例である．

演習問題

1．あなたの住んでいる市町村の財政状況は最近，どのような状況になっているだろうか．その原因として，どのようなものが考えられるだろうか．次のURLから居住地の市町村・都道府県の「決算カード」をダウン・ロードして，考察しなさい．
http://www.soumu.go.jp/iken/zaisei/card.html
2．あなたの住んでいる市町村の財源構成（普通会計）について，現状よりどの構成比率を増やす方が良いだろうか．地方税，地方交付税，使用料等から選びなさい．

3．地方税からの歳入を高めるには，税源移譲と課税自主権の活用との2つの選択肢があるが，どちらが望ましいだろうか．それぞれの長短を比較しなさい．
4．地方財政の運営の基本方針については，構造改革の流れから選択と競争を重視する考え方と，伝統的な公平とナショナル・スタンダードの確保を重視する考え方との2つがある．両者の長短について論じなさい．

文献案内

地方分権改革についての包括的な研究書として，村松・稲継編（2003）を薦める．宮本（2005）は，地方財政改革について歴史的な視点から批判的な検討を行った啓蒙書．市川（2012）は，戦後改革と近年の地方分権改革について斬新な視点から再解釈を行った研究書．やや古いが岡本（2002）は，地方交付税改革の背景や内容に関するわかりやすい解説．北村（2009）はゲーム理論を応用して「三位一体」改革を解釈したユニークな研究書．船津・永井編（2012），東南アジア諸国の分権化に関する信頼できる研究書．OECD and KIPF（2012）は，ポリティカル・エコノミーの視点から，諸外国の地方財政改革を比較した最も注目すべき報告書．

演習問題

解　答

❏ 第1章

1．省略

2．省略（3節参照）

3．①公共財，除雪の便益には非排除性がある．②レース参加者にとっては私的財．観戦には混雑が生じるが，排除できないので公共財．③競合性はないが，排除可能．純粋公共財とはいえない．④競合性も排除性もないので公共財．⑤私的財（個人のゴミ収集）と公共財（衛生環境の改善）の両方の性質がある．⑥生徒個人に帰属する便益と，社会全体に及ぶ便益の両方を兼ね備えている．

4．省略（4節参照）

5．省略（2節参照）

❏ 第2章

1．省略

2．需要の所得弾力性は，$\varepsilon_d^m = \frac{Y_1}{G_1}\frac{\partial G_t}{\partial Y_t} = \frac{Y_t}{G_t}\alpha(Y_t)^{\alpha-1} = \alpha$

3．GDP の微小な変化に対する，財政支出の対 GDP 比の変化の割合は，

$$\frac{\partial}{\partial Y_t}\left(\frac{G_t}{Y_t}\right) = (\alpha - 1)[Y_t]^{\alpha-2}$$

となる．上の式は $\alpha \geq 1$ であれば正の値をとるのでワグナー法則が成り立つ．

4．政府支出 G，GDP を Y とおき，回帰式を推定．

$$\log G = -0.32581 + 0.9179 \log Y \qquad R^2 = 0.93 \qquad \alpha < 1$$

となり，ワグナー法則は成り立たない．

5．問題を関数で表すと

$$B(y) - C(y) = y^{1/2} - y^2 \qquad \frac{1}{2}y^{-1/2} - 2y = 0 \qquad y^* = 0.39685$$

$$B(y)=C(y)\Leftrightarrow y^{1/2}=y^2 \qquad y^b=1 \qquad y^b=1>y^*=0.39685$$

6．①と②が正しい

❑ 第3章

1．① $G=30$ 　②どの個人も意味のある G の範囲で $MB_i<MC$ となる．140という公共財の対価を支払うには，少なくとも2人の消費者が進んで負担しなければならない．③フリー・ライダー問題による社会的損失は，公共財の供給による消費者余剰に等しい．社会的損失は1350.

2．①地域1での供給量は50，地域2での供給量は100．②250

3．①地方分権化　②オーツ　③足による投票　④ティブー

4．①地域から見た公共財の最適な供給は，次の式で求められる．

$$\max \quad -(Q^J-G^J)^2$$

一階の条件を求めると，

$$2(Q^J-G^J)=0$$

よって，

$$\widehat{G}^J=Q^J$$

②目的関数が，効用の合計であるから

$$\max \quad -(Q^A-G)^2-(Q^B-G)^2$$

となる．一階の条件を求めると，

$$2[Q^A-G]+2[Q^B-G]=0$$

となる．よって，

$$\widetilde{G}=(Q^A+Q^B)/2$$

③本章のコラムからわかるように，画一性による損失は以下の値に等しい．

$$U^A(\widehat{G}^A)+U^B(\widehat{G}^B)-[U^A(\widetilde{G})+U^B(\widetilde{G})]$$

$$=\left[Q^A-\frac{Q^A+Q^B}{2}\right]^2+\left[Q^B-\frac{Q^A+Q^B}{2}\right]^2$$

$$=\left(\frac{Q^A-Q^B}{2}\right)^2+\left(\frac{Q^B-Q^A}{2}\right)^2$$

$$=\frac{(Q^A-Q^B)^2}{2}$$

多様性が増すほど（Q^A と Q^B の差が拡大），厚生の損失は大きくなることがわかる．

❑ 第4章

1．$-600+150/(1+r)+150/(1+r)^2+150/(1+r)^3+200/(1+r)^4=0 \quad r=0.03$
(表計算ソフトExcelの内部収益率関数（IRR）を用いてrを求める)

2．省略（4節参照)

3．①市町村　②都道府県　③3分の1　④3分の2　⑤教育委員会　⑥憲法第26条または教育基本法第5条　⑦就学援助　⑧生活保護

4．省略（2節参照)

5．例えば，企業の指定校制度，医師や弁護士の進学学部など．

❑ 第5章

1．省略

2．①65　②40〜64　③市町村　④被用者と無職者（年金生活者等)

3．①低リスクの加入者→損失の期待値は30，高リスクの加入者→損失の期待値は60．②50　③保険料は低リスクの加入者にとっては割高．

4．①と④が正しい

❑ 第6章

1．①補足性　②高齢者　③水準均衡

2．①と③が正しい

3．効率的な所得再分配の条件は，(1)Aさんへの所得移転に起因するAさんの効用の増加分と，(2)Aさんへの所得移転に起因するBさんの効用増加分の合計が，(3)消費減少に起因するBさんの効用減少に等しくなるまで，再分配を行うことである．

①所得を35移転すると，総効用は3214から3376に増大する．パレート改善になるが，再配分の額が少ないため，パレート効率的な資源配分は達成できていない．

②Bさんから A さんに所得を129移転すると，パレート効率的な資源配分が達成される．

4．等価世帯所得の中央値は104.7万円．相対的貧困基準は52.35万円．それを下回る世帯人員は8人．相対的貧困率は約21%（＝8/38)．

❑ 第7章

1．省略

2．①均等割　②比例　③前年　④最終消費が行われた　⑤仕向地

3．①×正しくは課税客体が所得，消費，資産に分散．②○
4．④が正しい

❏ 第8章

1．① $\frac{15}{0.1}=150$（ヒント：初項が $\frac{1}{1+r}$，公比が $\frac{1}{1+r}$ の無限等比級数は $\frac{1}{r}$ に収束する）　②120　③30
2．原産地原則の場合には，A 国の税収は 50 ユーロ，B 国の税収はゼロになる．仕向地原則の場合には，A 国の税収はゼロ，B 国の税収は 250 ユーロになる．
3．①100　②150　③200　最終消費地は C 県なので，税収 450 は同県に帰属する．
4．税率を維持した方が，社会的に見てより望ましい結果になる．税率を維持するのは可能でない．理由：一方の政府が税率引下げを行った場合，他方の政府もこれに追随して税率引下げを行わないと地域住民の厚生が減少してしまうので，両方の政府に税率を引下げる誘因が働く．
5．均等割の場合の効用最大化は，次のように定式化できる．

$$\max \quad U=x(1-l) \qquad \text{Subject to} \quad x=wl-T$$

一階の条件を求め，これを解くと，

$$l=\frac{w+T}{2w}$$

となる．比例税率の所得税の場合の効用最大化は，次のように定式化できる．

$$\max \quad U=x(1-l) \qquad \text{Subject to} \quad x=(1-t)wl$$

一階の条件を求め，これを解くと，

$$l=\frac{1}{2}$$

となる．所得税の税収は労働時間，税率，賃金の積であるから，

$$R=\frac{1}{2}tw$$

となる．均等割が上記と同じ税収を上げるとすると，

$$T=\frac{1}{2}tw$$

よって，均等割の場合の労働供給は

$$l=\frac{w+T}{2w}=\frac{w+\frac{1}{2}tw}{2w}=\frac{1}{2}+\frac{1}{4}t$$

となり，均等割の方が比例税率の所得税よりも労働供給が大きくなる．

❏ 第9章

1. 省略
2. ①○　②×定額特定補助金には所得効果があるが代替効果はない.
3. ①特定補助金　②一般補助金　③定額補助金　④定率補助金　⑤定率特定補助金　⑥定額一般補助金　⑦代替　⑧所得　⑨（原点から向かって外側に）シフト　⑩所得
4. ②と③が正しい
5. 省略（2節参照）

❏ 第10章

1. 省略
2. ① $R=0.15Y$　② $L=45-0.15Y$　③300　④交付団体の場合 $45+0.05Y$, 不交付団体の場合 $0.2Y$　留保財源率の引き上げで税収確保努力のインセンティブが高まることが期待される.
3. ①×拠出義務はない　②×正しくは所得税, 法人税, 消費税, 酒税, たばこ税の一定割合.
4. ①地方政府Aでは高所得者の $NFB^{h}_{A}=-50$, 低所得者の $NFB^{l}_{B}=100$, 地方政府Bでは高所得者の $NFB^{h}_{B}=-100$, 低所得者の $NFB^{l}_{B}=50$. ②同一所得であっても, 地方政府Aに居住している個人のNFBは系統的に50だけ大きい. ③地方政府Aから地方政府Bへ税収75を移転すると, 同じ税率で同じレベルのサービス提供が可能になる.
5. ③と④が正しい

❏ 第11章

1. 省略
2. ①○　②×理由：地方公社や第3セクターを含んでいるのは将来負担比率.
3. ①建設事業費等　②協議制　③届出　④市場公募債　⑤銀行等引受債
4. 省略（2節を参照）
5. 省略（2節を参照）
6. 『財政学』の数値例は, ソフトな予算制約の3つの条件（4節参照）を全て満たしている.

   条件1：$B^{c}-C^{c}_{\beta}\geq B^{c}-C^{c}_{\eta}$　⇔　$1000>500$

   条件2：条件2a: $B^{l}-C^{l}_{\beta}\geq Q^{l}$　⇔　$200>0$

   　　　　条件2b: $B^{l}-C^{l}_{\eta}\leq Q^{l}$　⇔　$-100<0$

条件3：$[B^c - C^c_\beta] + [B^l - C^l_\beta] \leq Q^l + Q^c \quad \Leftrightarrow \quad 1000 + 200 < 1500 + 0$

7．国と違って，地方は移動が自由なオープン・エコノミーなので，償還される前に発行時の住民が移動する誘因がある．しかし，地方政府が固定資産税を課税しており，将来時点での課税の現在価値が地価に資本化される場合には，地方債の食い逃げは生じない．現在の住民は，地方債の償還時に他の地域に移住しようとしても，売却する土地の価格が下がっているため，負担から逃れることはできない．

❑ 第12章

1．省略

2．×損失補償と債務保証が逆

3．①独立採算制　②総括原価主義　③限界費用価格規制　④平均費用価格規制

4．収入は $R = P(x)x = 800x - x^2$　　限界収入は $MR = 800 - 2x$

限界費用は $MC = C'(x) = 200$　　平均費用は $AC(x) = 200 + \dfrac{50000}{x}$

① $MR = MC = 800 - 2x = 200$　$x = 300$　答：価格500　生産量300

② $P(x) = MC$ より $x = 600$　答：価格200　生産量600

③ $P(x) = AC(x)$ より $x = 500$　答：価格300　生産量500

（注記：$x = 100$ も解になるが，$x = 500$ のときと比べて社会的余剰が小さいため，規制の趣旨に合致しない）

5．収入は $R = P(x)x = 12x - 2x^2$　限界収入は $MR = 12 - 4x$　限界費用は $MC = C'(x) = 2x$

①利潤が最大になるのは $MC = MR$　$x = 2$　答：価格8　生産量2

②限界費用は $C'(x) = 2x$　$P(x) = 12 - 2x = 2x = C'(x)$　$x = 3$　答：価格6　生産量3

❑ 第13章

1～4．省略

参考文献

[和文]

赤井伸郎・佐藤主光・山下耕治（2003）『地方交付税の経済学――理論・実証に基づく改革』有斐閣

阿部彩・國枝繁樹・鈴木亘・林正義（2008）『生活保護の経済分析』東京大学出版会

阿部彩（2008）『子どもの貧困――日本の不公平を考える』岩波書店

天野史子（2009）『欧州付加価値税ハンドブック――27 カ国の VAT 税制と実務問題』中央経済社

池上岳彦（2011）「一括交付金の導入と発展の方向」『地方財政』第 50 巻第 11 号

池上直己（2010）『ベーシック　医療問題［第 4 版］』日本経済新聞社

泉田信行（2003）「日本の医療保険制度改革」『海外社会保障研究』No.145

市川喜崇（2012）『日本の中央――地方関係：現代型集権体制の起源と福祉国家』法律文化社

伊藤修一郎（2006）『自治体発の政策革新――景観条例から景観法へ』木鐸社

稲生信男（2010）『協働の行政学――公共領域の組織過程論』勁草書房

稲沢克祐・鈴木潔著，公益財団法人日本都市センター編（2012）『自治体の予算編成改革――新たな潮流と手法の効果』ぎょうせい

今井勝人（1993）『現代日本の政府間財政関係』東京大学出版会

江夏あかね（2009）『地方債の格付けとクレジット』商事法務

江夏あかね（2011）「地方公共団体セクターにおける 3 つの「ホショウ」」，Barclays Capital Credit Research, 2011 年 3 月 31 日

大蔵省財政史室編（1978）『昭和財政史　終戦から講和まで　16 地方財政』東洋経済新報社

大野吉輝（1988）『成熟社会の地方財政』勁草書房

岡本全勝（2002）『地方財政改革論議――地方交付税の将来像』ぎょうせい

小川正人(2010)『教育改革のゆくえ――国から地方へ』筑摩書房

奥野正寛編（2008）『ミクロ経済学』東京大学出版会

小塩隆士（2002）『教育の経済分析』日本評論社

貝塚啓明（2003）『財政学』（第 3 版）東京大学出版会

貝塚啓明・財務省財務総合研究所編著（2008）『分権化時代の地方財政』中央経済社

金澤史男（2010）『近代日本地方財政史研究』日本経済評論社

金坂成通・広田啓朗・湯之上英雄（2011）「自治体財政の健全化と行政評価――都市

データによる実証分析」『会計検査研究』第44号
川口俊明（2011）「日本の学力研究の現状と課題」『日本労働研究雑誌』No.614
河手雅己（2008）「正念場を迎える第三セクター――損失補償契約を中心として」『経済のプリズム』No.60
鴈咲子（2009）「子どもの貧困と就学援助制度――国庫補助金廃止で顕在化した自治体間格差」『経済のプリズム』No.65
北村亘（2009）『地方財政の行政学的分析』有斐閣
旧自治省（2000）『地方公共団体の総合的な財政分析に関する調査研究会報告書』http://www.soumu.go.jp/news/pdf/000329c.pdf
厚生労働省大臣官房統計情報部『社会福祉行政業務報告書』各年度版
厚生労働省保険局（2010）「参考資料」第12回高齢者医療制度改革会議提出資料，平成22年11月16日
厚生労働省保険局（2011）「市町村国保等の現状について」
国立社会保障・人口問題研究所編『社会保障統計年報』 http://www.ipss.go.jp/site-ad/index_Japanese/securityAnnualReport.html
小坂紀一郎（2007）『一番やさしい　自治体財政の本［第一次改訂版］』学陽書房
個人住民税研究会（2001）『個人住民税研究会報告書』
小西砂千夫（2009）『基本から学ぶ　地方財政』学陽書房
財務省財務総合政策研究所（2002）『地方財政システムの国際比較』渡辺智之・近藤賢治執筆，非売品
清水谷諭・稲倉典子（2006）「公的介護保険制度の運用と保険者財政――市町村レベルデータによる検証」『会計検査研究』第34号
神野直彦（2003）「地方自治体の予算と経費」林健久編『地方財政読本［第5版］』第3章，東洋経済新報社
スティグリッツ（2003）『公共経済学［第2版］』上（藪下史郎訳）東洋経済新報社
スティグリッツ（2004）『公共経済学［第2版］』下（藪下史郎訳）東洋経済新報社
妹尾渉・日下田岳史（2011）「『教育の収益率』が示す日本の高等教育の特徴と課題」国立教育政策研究所紀要，第140集
総務省『地方財政白書』各年度
総務省「地方税に関する統計等」各年度
総務省（2012）『平成24年度　地方交付税関係参考資料』 http://www.soumu.go.jp/main_content/000153753. pdf
総務省自治財政局公営企業課編（2010）『地方公営企業年鑑』
総務省自治財政局公営企業課（2011a）『第三セクター等の状況に関する調査結果』
総務省自治財政局公営企業課（2011b）『地方公営企業改正制度の見直しについて

〈概要版〉』
総務省自治財政局地域企業経営企画室（2006）『今後の下水道財政の在り方に関する研究会報告書』
総務省自治財政局地域企業経営企画室（2007）『第三セクターと損失補償の現況』
総務省自治税務局『地方税に関する参考計数資料』各年度
園山大祐（2012）『学校選択のパラドックス――フランス学区制と教育の公正』勁草書房
高木浩子（2004）「義務教育費国庫負担制度の歴史と見直しの動き」『レファレンス』2004年6月号
高橋春天・宮本由紀（2004）「地方歳出における中位投票者仮説の再検証――都道府県別パネルデータによる推計」『日本経済研究』50号
橘木俊詔（2002）『安心の経済学――ライフサイクルのリスクにどう対処するか』岩波書店
地域の自主性・自立性を高める地方税制度研究会（2012）『地域の自主性・自立性を高める地方税制度研究会報告書』
地方交付税制度研究会『地方交付税のあらまし』各年度版，地方財務協会
地方債に関する調査研究委員会（2011）『地方債流通市場の現状と流動性の向上策――欧州財政危機や金融規制改革も踏まえて』地方債協会
地方債に関する調査研究委員会（2012）『今後の地方債IRの充実に向けて』地方債協会
地方債に関する調査研究委員会（2013）『民間資金調達方法の多様化と今後の発展に向けて――地方債届出制の導入も踏まえて』地方債協会
地方消費税の清算基準に関する研究会（2008）『地方消費税の清算基準に関する研究会報告書』地方自治情報センター　https://www.lasdec.or.jp/cms/resources/content/519/Chisho_Seisan_Houkoku.pdf
帝国データバンク（2009）『第三セクターの倒産動向調査』
土居丈朗（2000）『地方財政の政治経済学』東洋経済新報社
東京大学大学院経済学研究科・地方公共団体金融機構寄付講座（2013）「第3セクター等改革と資金調達手法の模索」『News letter』No.17
内閣府『国民経済計算』各年度版　http://www.esri.cao.go.jp/jp/sna/menu.html
中井英雄（2007）『地方財政学――公民連携の限界責任』有斐閣
中井英雄・斉藤愼・堀場勇夫・戸谷裕之（2010）『新しい地方財政論』有斐閣
中川秀空（2009）「国民健康保険の現状と課題」『レファレンス』2009年8月号
長沼進一（2011）『テキスト　地方財政論――公共経済学的アプローチの可能性』勁草書房

「なくそう！　子どもの貧困」全国ネットワーク（2013）『就学援助制度に関する調査』
西川雅史（2011）『財政調整制度下の地方財政――健全化への挑戦』勁草書房
西田安範編著（2012）『図説　日本の財政』平成24年度版，東洋経済新報社
野村資本市場研究所編著（2007）『変革期の地方債市場――地方債の現状と展望』金融財政事情研究会
畑農鋭矢・林正義・吉田浩（2008）『財政学をつかむ』有斐閣
80条バスと地方公営企業制度に関する研究会編（2003）『80条バスと地方公営企業制度に関する研究会報告書』公営交通事業協会
林健久編（2003）『地方財政読本［第5版］』東洋経済新報社
林宏昭（1995）『租税政策の計量分析――家計間・地域間の負担配分』日本評論社
林正義（2002）「地方自治体の最小効率規模――地方公共サービスの供給における規模の経済と混雑効果」『フィナンシャル・レビュー』61号
林正義（2008a）「日本の地方財政制度の特徴とその国際的位相」金融調査研究会『パブリック・ファイナンスの今後の方向性』全国銀行協会・金融調査部
林正義（2008b）「地方財政と生活保護」阿部彩・國枝繁樹・鈴木亘・林正義『生活保護の経済分析』東京大学出版会
林宜嗣（2008）『地方財政［新版］』有斐閣
深澤映司（2009）「特定補助金をめぐる改革――「一括交付金」への転換に関わる論点整理」国立国会図書館『調査と情報』第661号
船津鶴代・永井史男編（2012）『変わりゆく東南アジアの地方自治』アジ研選書No. 28，アジア経済研究所
ペストフ（2000）『福祉社会と市民民主主義――協同組合と社会的企業の役割』藤田暁男他訳，日本経済評論社
北條雅一（2011）「学力の決定要因――経済学の観点から」『日本労働研究雑誌』No. 614
星野菜穂子（2013）『地方交付税の財源保障』ミネルヴァ書房
堀場勇夫（1999）『地方分権の経済分析』東洋経済新報社
堀場勇夫・望月正光編（2007）『第三セクター――再生への指針』東洋経済新報社
本田良一（2010）『ルポ　生活保護――貧困をなくす新たな取り組み』中央公論新社
前田高志（2009）『地方財政――制度と基礎理論』八千代出版
前葉泰幸（2010）「入門・地方債の借入交渉」連載第1回～第9回『地方財政』2010年度，各号
松尾貴巳（2006）「地方公共団体における業績評価システムの導入研究」『会計検査研究』第33号

嶺井正也（2010）『転換点にきた学校選択制』八月書館
宮島洋（1994）「分権のコスト――税財源の分権化」『自治総研ブックレット』No.44
宮島洋・京極高宣・西村周三編（2010）『社会保障と経済 2　財政と所得保障』東京大学出版会
宮本憲一（2005）『日本の地方自治――その歴史と未来』自治体研究社
村松岐夫・稲継裕昭編（2003）『包括的地方自治ガバナンス改革』東洋経済新報社
持田信樹（1993）『都市財政の研究』東京大学出版会
持田信樹（2004）『地方分権の財政学――原点からの再構築』東京大学出版会
持田信樹編（2006）『地方分権と財政調整制度――改革の国際的潮流』東京大学出版会
持田信樹（2008）「地方債制度改革の基本的争点」貝塚啓明・財務省財務総合政策研究所編『分権化時代の地方財政』中央経済社
持田信樹（2009）『財政学』東京大学出版会
持田信樹（2011）「法人税改革の方向性――法人地方税の現状とあり方」『税研』Vol. 26, No.4
持田信樹・堀場勇夫・望月正光（2010）『地方消費税の経済学』有斐閣
望月正光（2007）「意義および分類」堀場勇夫・望月正光編『第三セクター――再生への指針』東洋経済新報社
諸富徹・門野圭司（2007）『地方財政システム論』有斐閣
矢吹初・高橋朋一・吉岡祐次（2008）『地域間格差と地方交付税の歪み――地方財政の外れ値の検索』勁草書房
湯田道生（2010）「国民健康保険における被保険者の最小効率規模」『医療経済研究』Vol.21，No.3
吉田あつし・張璐・牛島光一（2008）「学校の質と地価――足立区の地価データを用いた検証」『住宅土地経済』春季号
讀谷山洋司（2004）『第三セクターのリージョナル・ガバナンス――経営改善・情報開示・破綻処理』ぎょうせい

［欧文］

Barr, N.（2004）*The Economics of the Welfare State*, 4th edition, Oxford University Press.
Bersley, T. and H.Rosen（1998）'Vertical Externalities in Tax Setting: Evidence from Gasoline and Cigarettes,' *Journal of Public Economics* 70(3), 383–398.
Bird, R.M.（1999）'Rethinking Subnational Taxes:A New Look at Tax Assign-

ment,' *IMF working Paper,* WP/99/165.

Boadway, R. and A.Shah (2009) *Fiscal Federalism: Principles and Practice of Multi-order Governance,* Cambridge University Press.

Boadway, R. and D.Wildasin (1984) *Public Sector Economics,* 2nd edition, Little, Brown and Company.

Boadway, R., P.Hobson and N.Mochida (2001) 'Fiscal Equalization in Japan: Assessment and Recommendations,' *The Journal of Economics* 66(4), 24–57.（『經濟學論集』東京大学経済学会）

Buchanan, J. (1950) 'Federalism and Fiscal equity,' *The American Economic Review* 40(4), 583–599.

Hayashi, M. and R.Boadway (2001) 'An Empirical Analysis of Intergovernmental Tax Interaction: The Case of Business Income Taxes in Canada,' *The Canadian Journal of Economics* 34(2), 481–503.

Hindriks, J. and G.D.Myles (2006) *Intermediate Public Economics,* The MIT Press.

Ishi, H. (2000) *Making Fiscal Policy in Japan: Economic Effects and Institutional Settings,* Oxford University Press.

McLure, C.E. (2003) 'Taxation of electronic commerce in developing countries', in J. Martinez-Vazquez and J.Alm, *Public Finance in Developing and Transitional Countries,* Edward Elgar Publishing.

Mochida, N. (2008) *Fiscal Decentralization and Local Public Finance in Japan,* Routledge.

Musgrave, R. (1959) *The Theory of Public Finance: A Study in Public Economy,* McGraw-Hill.

Musgrave, R. (1983) 'Who should tax, where, and what?,' in Charles E. McLure, Jr ed., *Tax Assignment in Federal Countries : Conference : Papers,* Centre for Research on Federal Financial Relations, The Australian National University.

Norregaard, J. (1997) 'Tax Assignment,' in Teresa Ter-Minassian ed.,*Fiscal Federalism in Theory and Practice,* International Monetary Fund (IMF).

Oates, W.E. (1972) *Fiscal Federalism,* Harcourt Brace Jovanovich.（米原淳七郎・岸昌三・長峯純一訳（1997）『地方分権の財政理論』第一法規出版）

OECD (1999) *Taxing Powers of State and Local Government,* OECD tax policy studies No.1, Paris.

OECD (2005) *Economic Surveys:Japan,* Paris.

OECD (2006) *Economic Surveys: Japan,* Paris.

OECD Network on Fiscal Relations Across Levels of Government (2009a) 'The fiscal autonomy of sub central governments: an update,' COM/CTPA/ECO/GOV/WP9.

OECD Network on Fiscal Relations Across Levels of Government (2009b) 'Explaining the subnational tax-grant balance in OECD countries,' COM/CTPA/ECO/GOV/WP 12.

OECD (2009c) *Program for International Student Assessment.* http://www.oecd.org/pisa/

OECD (2011) *National Accounts of OECD Countries,* 2011.

OECD (2012) *Education at a Glance 2012,* Paris.

OECD and Korea Institute of Public Finance (KIPF) (2012) *Institutional and Financial Relations Across Levels of Government,* editors: J.Kim and C.Vammalle.

Peacock,A.T.and J.Wiseman (1961) *The Growth of Public Expenditure in the United Kingdom,* Princeton University Press.

Rodden, J.A., G.S.Eskeland and J.I.Litvack eds. (2003) *Fiscal Decentralization and the Challenge of Hard Budget Constraints,* The MIT Press.

Rosen, H. (2005) *Public Finance,* 7th edition, McGraw-Hill Irwin.

Rosen, H. and T.Gayer (2010) *Public Finance,* 9th edition, McGraw-Hill Higher Education.

Samuelson, P. (1954) 'The Pure Theory of Public Expenditure,' *The Review of Economics and Statistics* 36(4), 387–389.

Tiebout, C. (1956) 'A Pure Theory of Local Expenditures,' *Journal of Political Economy* 64(5), 416–424.

Tresch, R.W. (2008) *Public Sector Economics,* Palgrave Macmillan.

索　引

ア　行

カ　行

サ　行

タ　行

ナ　行

ハ　行

マ　行

ヤ　行

ラ　行

ワ　行

著者略歴

1953年　東京生まれ

1977年　東京大学経済学部卒業

　　　　同大学院経済学研究科修了

現　在　東京大学大学院経済学研究科教授，経済学博士（東京大学）

専　攻　財政学・地方財政論

主要著書

『都市財政の研究』（東京大学出版会）

『グローバル化と福祉国家財政の再編』（共編，東京大学出版会）

『地方分権の財政学』（東京大学出版会）

『地方分権と財政調整制度』（編著，東京大学出版会）

Fiscal Decentralization and Local Public Finance in Japan（単著，Routledge）

『財政学』（東京大学出版会）

『地方消費税の経済学』（共著，有斐閣）

地方財政論

2013年9月21日　初　版

［検印廃止］

著　者　持田信樹（もちだのぶき）

発行所　一般財団法人　東京大学出版会

代表者　渡辺　浩

113-8654　東京都文京区本郷7-3-1 東大構内

http://www.utp.or.jp/

電話 03-3811-8814　Fax 03-3812-6958

振替 00160-6-59964

印刷所　大日本法令印刷株式会社

製本所　矢嶋製本株式会社

ISBN 978-4-13-042140-9　Printed in Japan